劳动法丛书

企业劳动关系实务操作300问

QIYE LAODONGGUANXI SHIWU CAOZUO 300 WEN

王伟杰 潘黎明 主编

图书在版编目（CIP）数据

企业劳动关系实务操作300问/王伟杰，潘黎明主编. —北京：经济管理出版社，2013.3
ISBN 978-7-5096-2382-4

Ⅰ. ①企… Ⅱ. ①王… ②潘… Ⅲ. ①企业—劳动关系—中国—问题解答
Ⅳ. ①F279.23-44

中国版本图书馆CIP数据核字（2013）第057371号

组稿编辑：曹 靖
责任编辑：曹 靖
责任印制：黄 铄
责任校对：李玉敏

出版发行：经济管理出版社
（北京市海淀区北蜂窝8号中雅大厦A座11层 100038）
网 址：www. E-mp. com. cn
电 话：(010) 51915602
印 刷：三河市海波印务有限公司
经 销：新华书店
开 本：720mm×1000mm/16
印 张：20.25
字 数：329千字
版 次：2013年3月第1版 2013年3月第1次印刷
书 号：ISBN 978-7-5096-2382-4
定 价：43.00元

编委会名单

目　录

Contents

第二章 劳动合同 / 021

第三章 经济补偿金、赔偿金、违约金 / 059

第十章 女职工保护 / 181

附　录

第一章 劳动关系

001

什么是法律意义上的劳动者?

我国劳动法律关系中的劳动者具有特定性。依照我国《劳动法》及其相关的解释，我国劳动法律关系主体中的劳动者，是指具有劳动能力的并通过劳动合同与所在单位建立劳动关系的国家机关、事业组织、社会团体的工勤人员，实行企业化管理的事业组织的非工勤人员，以及其他通过劳动合同与企业、经济组织建立劳动关系的人员。

《劳动合同法》所指的劳动者，应当年满16周岁，且尚未享受基本养老保险待遇或退休金。按照《劳动合同法》第二条的规定，劳动者包括：与中华人民共和国境内的企业、个体经济组织、民办非企业单位建立劳动关系的劳动者；与国家机关、事业单位、社会团体建立劳动关系的劳动者。《劳动法》第十五条规定："禁止用人单位招用未满十六周岁的未成年人。"这是我国公民取得劳动权利能力和劳动行为能力的法定资格。当然也有特殊情况，《劳动法》第十五条第二款又规定："文艺、体育和特种工艺单位招用未满十六周岁的未成年人，必须依照国家有关规定，履行审批手续，并保障其接受义务教育的权利。"

002

哪些人适用《劳动法》?

《劳动法》的调整对象是劳动关系。这里的劳动关系是指劳动者与用人单位在实现劳动过程中建立的社会经济关系。劳动关系中的劳动者一般称为职工或员工，属于《劳动法》调整对象的劳动者包括：

（1）与企业、个体经济组织、民办非企业单位等组织（以下统称用人单位）

间形成劳动关系的劳动者。

（2）与国家机关、事业组织、社会团体实行劳动合同制度以及按规定应实行劳动合同制度的工勤人员。

（3）实行企业化管理的事业组织的人员。

（4）其他通过劳动合同与国家机关、事业单位、社会团体建立劳动关系的劳动者。

根据《劳动合同法》第九十六条规定，事业单位与实行聘用制的工作人员订立、履行、变更、解除或者终止劳动合同，法律、行政法规或者国务院另有规定的，依照其规定；未作规定的，依照本法有关规定执行。

003

哪些人不适用《劳动法》？

《劳动法》不适用以下人员：

（1）公务员和比照公务员制度的事业组织和社会团体的工作人员。

（2）农业劳动者（乡镇企业职工和进城务工、经商的农民除外）。

（3）现役军人。

（4）家庭保姆。

（5）事业单位、社会团体未建立劳动合同关系的干部。

（6）已享受基本养老保险待遇或领取退休金的人员。

（7）事业单位与实行聘用制的工作人员订立、履行、变更、解除或者终止劳动合同，法律、行政法规或者国务院另有规定的。

004

哪些用人单位由《劳动法》调整？

适用《劳动法》的用人单位包括：企业、个体经济组织、民办非企业单位、国家机关、事业组织、社会团体。其中，企业是指我国境内的所有企业，包括：法人企业和非法人企业，国有企业和非国有企业，内资企业和外资企业；个体经济组织是指经工商登记注册并招用雇工的个体工商户；国家机关、事业组织和社会团体是指通过劳动合同或应通过劳动合同与其工作人员建立劳动关系的单位。

005

事业单位在编人员主要适用什么规定？

事业单位中人员有在编和非在编之分。在编人员即为所谓的拥有事业单位编制的人员。这些人员在人事局的名单上，享受事业单位的政策，因此他们是不适用《劳动法》的。以上海市为例，从现在情况来看，主要由《上海市事业单位聘用合同办法》及其解释、《上海市事业单位聘用合同争议处理办法》、《上海市事业单位人事争议处理办法》等来规范。

006

劳动者有哪些基本权利？

国家法律规定，劳动者的基本权利有八项：

（1）平等就业和选择职业的权利。

（2）取得劳动报酬的权利。

（3）休息休假的权利。

（4）获得劳动安全卫生保护的权利。

（5）接受职业技能培训的权利。

（6）享受社会保险和福利的权利。

（7）提请劳动争议处理的权利。

（8）法律规定的其他劳动权利，如依法参加工会的权利，对用人单位管理人员违章指挥、强令冒险作业拒绝执行的权利，对危害生命安全和身体健康行为有权提出批评、检举和控告的权利等。

007

劳动者需要遵守哪些基本义务？

《劳动法》第三条第二款规定劳动者进入用人单位，就必须遵守以下四项基本义务：

（1）完成劳动任务。

（2）提高职业技能。

（3）执行劳动安全卫生规程。

（4）遵守劳动纪律和职业道德。

需要说明的是，很多人忽视了最后一项中所隐含的保密义务，即无论劳动合同或其他合同如何约定，劳动者都有义务对用人单位的商业秘密予以保护。而诸如保密和竞业限制的规定是针对一些有特殊保密需要的用人单位，在主观保密的基础上增加操作上的保密措施，使得用人单位的秘密得到双层的有力保护。但绝对不是说，没有了保密和竞业限制，劳动者就不必保护用人单位的商业秘密了。

008

什么是劳动关系？

劳动关系是指用人单位与劳动者运用劳动能力实现劳动过程中形成的一种社会经济关系，是依照国家劳动法律法规规范的劳动法律关系，即双方当事人是被一定的劳动法律规范所规定和确认的权利和义务联系在一起的，其权利和义务的实现，是由国家强制力来保障的。劳动法律关系的一方（劳动者）必须加入某一个用人单位，成为该单位的一员，并参加单位的生产劳动，遵守单位内部的劳动规则；而另一方（用人单位）则必须按照劳动者的劳动数量或质量给付其报酬，提供工作条件，并不断改进劳动者的物质文化生活。

个体工商户雇请帮工，则个体工商户属于用人单位的范畴。国家机关、事业组织、社会团体招用编制以外的劳动者，双方之间的关系也属于劳动关系。建立劳动关系就应该签订书面合同。另外，如果用人单位没有与员工签订劳动合同，但是只要员工在事实上为用人单位提供了劳动，用人单位与员工之间就形成了事实劳动关系。事实劳动关系受劳动法律法规的规范和保护。

企业停薪留职人员、未达到法定退休年龄的内退人员、下岗待岗人员以及企业经营性停产放长假人员，因与新的用人单位发生用工关系的，依法都应当属于劳动关系。

009

什么是劳务关系？

劳务关系是指两个或两个以上平等主体之间就劳务事项进行等价交换过程中

形成的一种经济关系。其主体是不确定的，可以是法人之间的关系，也可以是自然人之间的关系，还可以是法人与自然人之间的关系。其内容和表现形式是多样化的。

劳务合同与劳动合同不同，没有固定格式、必备条款。该合同可以是书面形式，也可以是口头形式或者其他形式。其适用的法律是《合同法》和《民法通则》等。

010

哪些情形属于劳务关系？

劳务关系大致有以下几种情形：

一是用人单位将某项工程发包给某个或某几个人员，或者将某项临时性或一次性工作交给某个或某几个人，双方订立劳务合同，形成劳务关系。

二是用人单位向劳务输出公司提出所需人员的条件，由劳务输出公司向用人单位派遣劳务人员，双方订立劳务派遣合同，形成较为复杂的劳务关系。

三是用人单位与其招用的已经依法享受养老保险待遇或领取退休金的人员发生的用工关系，属于劳务关系。

011

劳动关系与劳务关系有什么区别？

当劳务关系的平等主体是两个，而且一方是用人单位，另一方是自然人时，它的情形与劳动关系很相近，从现象上看都是一方提供劳动力，另一方支付劳动报酬，因此两者很容易混淆。还有一种派遣劳务人员或借用人员的情形，致使两个单位之间的劳务关系与派出或借出单位与劳动者之间的劳动关系紧密交叉在一起。这是劳动关系与劳务关系相联系的一面。

从整体上看，劳动关系与劳务关系主要有七点区别：

（1）法律依据。

劳动关系由《劳动法》和《劳动合同法》进行规范和调整，而且建立劳动关系必须签订书面劳动合同。劳务关系由《民法通则》和《合同法》进行规范和调整，建立和存在劳务关系的当事人之间是否签订书面劳务合同，由当事人双方协商确定。

(2) 关系主体。

劳动关系中的一方应是符合法定条件的用人单位，另一方只能是自然人，而且必须是符合劳动年龄条件，且具有与履行劳动合同义务相适应能力的自然人；劳务关系的主体类型较多，如可以是两个用人单位，也可以是两个自然人。法律法规对劳务关系主体的要求，不如对劳动关系主体要求的那么严格。

(3) 隶属关系。

劳动关系两个主体之间不仅存在财产关系即经济关系，还存在人身关系即行政隶属关系。处于劳动关系中的用人单位与当事人之间存在着隶属关系是劳动关系的主要特征。隶属关系的含义是指劳动者成为用人单位中的一员，即当事人成为该用人单位的职工或员工（以下统称职工)。因为用人单位的职工与用人单位之间存在劳动关系这是不争的事实。而劳务关系中，两个主体之间只存在财产关系，或者说是经济关系。即劳动者提供劳务服务，用人单位支付劳务报酬。彼此之间不存在行政隶属关系，而是一种相对于劳动关系当事人，主体地位更加平等的关系。

(4) 承担义务。

劳动关系中的用人单位必须按照法律法规和地方规章等为职工承担社会保险义务，且用人单位承担其职工的社会保险义务是法律的确定性规范；而劳务关系中的一方当事人不存在必须承担另一方当事人社会保险的义务。如居民不必为其雇用的家政服务员承担缴纳社会保险的义务。

(5) 内部管理。

用人单位具有对劳动者违章违纪进行处理的管理权。如对职工严重违反用人单位劳动纪律和规章制度、严重失职、营私舞弊等行为进行处理，有权依据其依法制定的规章制度解除当事人的劳动合同，或者对当事人给予警告、记过、降职等处分；劳务关系中的一方对另一方的处理虽然也有不再使用的权利，或者要求当事人承担一定的经济责任，但不含当事人一方取消当事人另一方本单位职工“身份”这一形式，即不包括对其解除劳动合同或给予其他纪律处分形式。

(6) 支付报酬。

劳动关系中的用人单位对劳动者具有行使工资、奖金等方面的分配权利。分配关系通常包括表现为劳动报酬范畴的工资和奖金，以及由此派生的社会保险关系等。用人单位向劳动者支付的工资应遵循按劳分配、同工同酬的原则，必须遵守当地有关最低工资标准的规定。而在劳务关系中的一方当事人向另一方支付的报酬完全由双方协商确定，当事人得到的是根据权利义务平等、公平等原则事先约定的报酬。

（7）合同的法定形式。

劳动关系用劳动合同来确立，其法定形式是书面的。而劳务关系须用劳务合同来确立，其法定形式除书面的以外，还可以是口头和其他形式，没有固定格式、必备条款。

012

什么是事实劳动关系？

事实劳动关系是指用人单位与劳动者没有订立书面合同，但双方实际履行了劳动权利义务而形成的劳动关系。其特征是：劳动者为用人单位提供劳动，接受用人单位的管理，遵守用人单位的劳动纪律，获得用人单位支付的劳动报酬，受到用人单位的劳动保护等。

根据有关规定，劳动合同期满后未签订书面劳动合同但又实际履行的，一般以原劳动合同条件确定双方的权利义务关系。但不能以原合同期限推定为新的劳动关系的期限。劳动合同期满后形成的劳动关系，其履行期限在法律上处于不明确状态，法理上将其定性为不定期合同。但劳动和社会保障部的规定却认为如果由用人单位提出解除事实劳动关系的，应给予劳动者经济补偿。

《劳动合同法》规定：只要劳动者开始在单位上班，就属于建立了事实劳动关系，就会受到《劳动合同法》的保护。

013

事实劳动关系有几种类型？

事实劳动关系根据其形成的原因不同分为以下两种：

（1）用人单位与劳动者应当签订劳动合同而没有签订的。

（2）劳动合同期满后，劳动者仍在原用人单位工作，原用人单位未拒绝的。

根据《上海市劳动合同条例》，前者通常劳动者可以随时终止劳动关系；而用人单位提出终止劳动关系，应当提前三十日通知劳动者。后者任何一方提出终止劳动关系的，应当提前三十天书面通知对方。用人单位提出终止，劳动者可以要求用人单位支付经济补偿金。

014

如何区分事实劳动关系与劳务关系？

用人单位与劳动者未签订书面劳动合同，且具有下列情形时，可认为双方之间形成事实劳动关系：

（1）用人单位向劳动者支付劳动报酬。

（2）劳动者付出劳动是用人单位业务的组成部分或劳动者实际接受用人单位的管理、约束。

（3）用人单位向劳动者发放“工作证”或“服务证”等身份证件，或填写“登记表”、“报名表”，允许劳动者以用人单位员工名义工作或不为反对意见的。

需要注意的是，不接受用人单位的管理、约束、支配，以自己的技能、设施、知识承担经营风险，基本不用听从单位有关工作指令，与用人单位没有身份隶属关系的，不是用人单位的劳动者，要根据双方关系的实际状况来确定双方的法律关系。

区别事实劳动关系和劳务关系，主要考虑以下几个方面：

第一，两者产生的依据。劳动关系是基于用人单位与劳动者之间生产要素的结合而产生的关系；劳务关系产生的依据是双方的约定。如果双方不存在协商订立契约的意思表示、没有书面协议，也不存在口头约定，而是根据章程的规定而产生的一种用人单位和劳动者之间的关系，应当认为是劳动关系而不是劳务关系。

第二，主体关系。劳动关系是一种不平等的关系，用人单位和劳动者之间是管理和被管理、支配和被支配的关系，是在用人单位与劳动者之间产生的一种劳动者提供劳动、用人单位支付报酬的稳定关系；劳务关系是平等主体之间的契约关系，不存在管理与被管理的情况，劳务方只要按照约定完成工作任务即可，另一方无权作出额外要求。

第三，以谁的名义实施工作以及由谁承担责任。事实劳动关系是劳动者以用人单位的名义进行工作，由用人单位承担法律责任，与劳动者本人没有关系；劳务关系是提供劳务的一方以本人的名义从事劳务活动，独立承担法律责任。

第四，两者关系的稳定性。事实劳动关系当事人之间关系较为稳定、长久，反映的是一种持续的生产资料、劳动者、劳动对象之间结合的关系；劳务关系当事人之间体现的是一种即时清结的关系。

015

人才派遣与劳务派遣有何不同?

派遣是一种间接的用工方式，用人单位不直接与劳动者签订劳动合同、办理录用，而是让劳动者与派遣公司建立劳动关系，然后以委派的方式到单位工作。用人单位与派遣公司之间即为劳务输出关系，它们之间的合同叫劳务合同。

人才派遣与劳务派遣的法律关系的本质是一样的，都涉及三方主体、两个法律关系。实际用工单位与劳动者都不存在劳动关系，只是涉及人员层次不同。

前者较多用于用人单位招聘白领员工，一般习惯称为人才派遣；后者多用于招收农民工，一般称为劳务派遣。但是两者的概念界限非常模糊，在法律上它们的用工关系其实是一模一样的，只是由于这几年的发展而有所区分。当然，这与我国实行人事劳动两条线的政策也有一定的关系。此外，人事部门还有“人才租赁”的说法，在法律关系上与派遣也非常相近，只是特点更偏向于短期派遣。

一般来说，人才派遣组织必须与人才签订劳动合同，建立劳动关系。人才派遣组织与劳务人员是企业和员工的关系，其相互关系调整适用《劳动法》。而劳务派遣主要是通过向企业和劳动者提供劳务信息服务，并收取一定的劳务中介费用，劳动者与劳务中介组织不签订劳动合同，所以也不存在劳动关系，其相互间的关系不受《劳动法》及相关法律保护。人才派遣对象是以大中专毕业生为主的知识型人才、技能型人才，劳动者通过出让脑力体力劳动支配权给用人单位并获得劳动报酬，其就业能力比较强。劳务派遣对象以城市外来劳动力、下岗失业人员为主，劳动者通过出让体力劳动支配权给用人单位并获得劳动报酬，其就业能力比较弱。

根据不同的操作方式，派遣概念下又有两类细分小类：

(1) 用人单位自己寻找招聘员工，在录用时与派遣公司一起办理三方手续。

(2) 用人单位委托派遣公司寻找员工，自己仅与派遣公司签订合同，不负责员工的合同。

近年来，越来越多的人才服务公司开始涉足派遣行业。一部分获得的是劳务派遣的允许，一部分获得的是人才派遣的允许，双方的业务实际是互有介入，使得这两者的概念更加趋同。

016

在办事处工作的一定是派遣吗？

代表处、办事处是公司派驻外地代表机构的称呼。并不是所有在代表机构中工作的中国员工都必须派遣，因为中国公司设立的代表机构可以由其公司设立劳动关系。当然如果一些公司认为异地员工无法很好地办理录用、缴纳社会保险等工作，也可以采取当地派遣的方式操作。

一段时间内，在中国的员工无法与外国公司建立劳动关系，而且中国法律也不允许这样操作。因此，如果这些代表机构需要聘用中国员工，必须有合法的人才派遣公司办理派遣业务。但是现在上海等地区的劳动保障部门的政策已经有所改变，可以直接用工。

派遣员工该找谁仲裁诉讼？

派遣的一大特色是：用人单位没有劳动关系，不用人单位倒有劳动关系。看上去有点像吃葡萄的绕口令，但却很好地说明了其中的关系，这对于仲裁诉讼是非常关键的。

一般来说，派遣员工与工作单位发生劳动纠纷后，可以首先由劳务派遣公司协调。如协调不成的，派遣员工有权提出仲裁。但仲裁对象应为劳务派遣公司，而不是实际工作单位。劳动仲裁的诉讼时效为一年。

以上海市为例，《上海市劳动合同条例》第二十五条规定："签订劳动合同的用人单位和实际使用劳动者的单位不一致的，用人单位可以与实际使用劳动者的单位约定，由实际使用劳动者的单位承担或者部分承担对劳动者的义务。实际使用劳动者的单位未按照约定承担对劳动者的义务的，用人单位应当承担对劳动者的义务。”这一法规确立了与劳动者签订合同一方的兜底义务，即无论实际用人单位是否履行对劳动者的义务，派遣单位总是逃不掉自己的责任。

派遣这种三角关系可通过下面三种方式理顺：

（1）签订劳动合同的用人单位应该承担该员工“劳动法上的义务”，即劳动报酬、社保等劳动关系发生所带来的问题都找签约单位解决，如果就这些问题诉讼也是把签订劳动合同的单位作为被告。

（2）如果签订劳动合同的单位、实际用人单位就某些权利义务达成一致且劳动者同意的，两家单位共同承担责任，劳动者针对这些问题发生争议可以把两家单位作为共同被告。

（3）劳动者与实际用人单位做的用工特别约定，签订劳动合同的用人单位并不知道的，就此发生争议，劳动者可以找实际用人单位。

2006 年，最高人民法院《关于审理劳动争议案件适用法律若干问题的解释(二)》第十条规定：“劳动者因履行劳动力派遣合同产生劳动争议而起诉，以派遣单位为被告；争议内容涉及接受单位的，以派遣单位和接受单位为共同被告。”这里的“劳动力派遣”即“劳务派遣”，“接受单位”即“用工单位”。本解释是为贯彻《劳动法》，解决司法实践中出现的相关劳动争议而作出的程序性规定，《劳动合同法》关于劳务派遣的规定属于实体性规定，二者是相辅相成的。尤其是在劳务派遣单位与用工单位依法承担连带责任的情形下，将劳务派遣单位和用工单位列为共同被告是必要的。劳务派遣的法律用语应与《劳动合同法》的表述相一致。

2008 年《劳动合同法》对劳务派遣作了专门规定，结束了我国劳务派遣无法可依的历史。《劳动合同法》对于劳务派遣公司的门槛作了规范和规制，其中最重要的武器是资质审查。《劳动合同法》第五十七条规定：劳务派遣单位应当依照公司法的有关规定设立，且注册资本不得少于五十万元。第五十八条提出：劳务派遣单位是本法所称用人单位，应当履行用人单位对劳动者的义务。劳务派遣单位与被派遣劳动者订立的劳动合同，除应当载明本法第十七条规定的事项外，还应当载明被派遣劳动者的用工单位以及派遣期限、工作岗位等情况。劳务派遣单位应当与被派遣劳动者订立二年以上的固定期限劳动合同，按月支付劳动报酬；被派遣劳动者在无工作期间，劳务派遣单位应当按照所在地人民政府规定的最低工资标准，向其按月支付报酬。同时，根据《劳动合同法》规定，被派遣人员与劳务公司签订劳动合同后，如劳务公司违反法律、法规损害职工利益的，用人单位应当与劳务公司承担连带赔偿责任。

018

法律允许兼职吗？

简单地来说，兼职就是在本职之外的工作。它不是一个法律上的概念，现实生活中主要把以下三种情况称为兼职：

（1）在校学生在外打工。

（2）已有本职工作者为他人或单位提供松散式不固定劳务。

（3）已有本职工作者与其他用人单位有劳动关系的。

可能有疑问的是第（3）类，劳动者在建立劳动关系的本职工作外，与其他用人单位存在有劳动关系特点的付出劳动力的现象的情况。

我国从计划经济走来，因此至今的《劳动法》和社会保障的设计都是根据一个用人单位设计的。一般来说，员工无法与两家或两家以上的用人单位建立同样的劳动关系。我国的员工录用、社会保障的体系也是依据一个劳动关系制作的。所以从登记体系上来说，同一时段只能有一家用人单位为员工办录用手续，同一时段也只有一家单位能缴得上社保。

根据《劳动合同法》的相关规定：从事非全日制用工的劳动者可以与一个或者一个以上用人单位订立劳动合同；但是，后订立的劳动合同不得影响先订立劳动合同的履行。《劳动合同法》从法律上确认了劳动者可以同时与一个以上的用人单位建立劳动关系的合法性。

一般来讲，如果劳动者与用人单位之间建立全日制用工的劳动关系，由于时间上的要求，只能在全日制工作之余，比如全日制用工下班之后，才能与其他用人单位建立非全日制用工关系，这实际上是全日制用工下的兼职问题。因此，一旦与单位建立全日制用工关系，是否还能到其他单位做“小时工”，一般应以不影响该全日制用工的工作为前提；而且，必要时，还需要全日制用工单位的许可。

019

单位可以不允许员工兼职吗？

兼职会分散员工的有限精力，所以不少单位为了员工能集中精力于本单位的事务，而在劳动合同、规章制度等处规定禁止兼职。由于我国对于兼职没有禁止性规定，同时也尊重劳动合同及规章制度的制定自由，所以在合同和规章有效的前提下，劳动合同中相关约定或规章制度中相关规定是被法律认可的。员工应该遵守这样的约定和规定。如果违反，员工应该按约定或规定处理。

020

兼职工作发生争议是否适用《劳动法》？

劳动者由于政策原因或维持生计的原因，可能在正式用人单位以外的其他单位实际劳动，以取得报酬。这种关系仍属于劳动关系，不仅仅是处理程序上适用劳动争议仲裁前置，更主要的是要求用人单位仍应承担劳动法上的义务。这主要体现在单方解除合同的，需提前一个月通知，按一年一个月标准给付经济补偿金等。所以员工兼职应当认定劳动者与其他单位之间形成劳动关系，并适用劳动法，不过社会保险关系只能由本职单位依相关政策处理。

021

单位工作人员在外招聘的员工算谁的？

劳动关系中的雇主是用人单位，但不是说所有确定劳动关系的行为都应由单位法定代表人直接出面。如果单位工作人员或承包人以单位名义招用劳动者，单位不为反对的，应视为单位已承诺。因为劳动用工也是一种交易行为，根据表见代理的原理，如果劳动者有充分理由相信某一单位的工作人员或承包人是代表单位招用时，即可以认定形成了劳动关系。所以如果存在以下两种情况，员工应该属于用人单位的：

（1）用人单位知道或应当知道其工作人员或承包人以单位名义在外招用人员，不为反对意见。

（2）受招用人员有充分理由相信该工作人员或承包人是代表用人单位的，如果劳动者确实是为该用人单位工作的，应当认定受招用人员与该用人单位之间形成劳动关系。

如果不签订劳动合同，但安排劳动者从事单位的工作，一旦发生争议，单位则以未签订劳动合同，劳动者属个人雇佣为由，否认劳动关系，这对劳动者明显不公平。

022

什么是单位规章制度？

单位规章制度也称为内部劳动规则，是企业内部的“法律”，指由用人单位有权部门制定的，以书面形式表达的，并以一定方式公示的非针对个别事务的处理的规范总称。

首先，规章制度必须出自单位有权部门，或经其审查批准，否则不具有任何效力；

其次，规章制度必须按照单位内部规定的程序制作，法律对单位规章制度的制定又规定了特定的程序，必须遵循该程序；

再次，规章制度必须向劳动者公示；

最后，规章制度是类似单位内部法律法规一样的规范，是有关权利义务的设定，非针对个别人个别事件，如单位就召开某次会议的特别决定就不是规章制度，但单位就会议制度做出规定，可以是单位规章制度的组成部分。

《劳动合同法》第四条规定：用人单位应当依法建立和完善劳动规章制度，保障劳动者享有劳动权利、履行劳动义务。

023

员工手册是规章制度吗？

员工手册不是一个法律上的概念，而是现在用人单位集结员工涉及的权利义务制作的一本册子，方便员工知晓自己在单位里可以做什么和不可以做什么。究其根本，员工手册就是规章制度的一部分，因此员工手册的制订、修改、发布也要遵守规章制度的要求进行。

024

规章制度的重要性在哪里？

规章制度是用人单位的内部“法律”，贯穿于用人单位的整个用工过程，是用人单位行使管理权、合同解除权的重要依据。劳动者严重违反用人单位的规章制度的，用人单位可解除劳动合同，没有规章制度，公司的管理将会陷入困境。由于大多数用人单位在法律上是属于法人，具有独立承担责任的能力，因此用人单位虽然可以体现领导的意志，但是并不与领导合二为一。基于这点概念，用人单位内部的管理不能随便按照领导的意志呼风唤雨，而是要在规章制度的框架下做出决定。

作一个不恰当的比喻，用人单位就像是一个小国家。现代国家行政管理提倡依法治国，凡事不能光凭领导说了算，还要遵守法律法规。而这里的法律法规就是用人单位的规章制度。

缺乏完整的规章制度，用人单位在很多工作中将陷入无据不可为的结果。如某企业员工与领导不和，竟然殴打领导，造成极坏的影响。但是公司的规章制度中没有员工打人的处罚规定，因此领导恨得咬牙切齿，却不能将其辞退。

归纳来说，规章制度主要有以下几个功能：

（1）依法制定的规章制度可以保障企业合法有序地运作，将纠纷降到最低限度。

（2）好的企业规章制度可以保障企业的运作有序化、规范化，降低企业经营运作成本。

（3）规章制度可以防止管理的任意性，保护职工的合法权益，对职工来讲服从规章制度，比服从主管任意性的指挥更易于接受，制定和实施合理的规章制度能满足职工公平感的需要。

（4）优秀的规章制度通过合理地设置权利义务责任，使职工能预测到自己的行为和努力的后果，激励员工为企业的目标和使命努力奋斗。

025

哪些规定算是单位的规章制度？

通常在用人单位内部起到普遍约束作用的文件都算是用人单位的规章制度。包括企业经营管理制度、组织机构管理制度、办公总务管理制度、财务管理制度、会计管理制度、人事管理制度、员工勤务管理制度、员工培训制度、员工福利管理制度、生产管理制度、质量管理制度、采购管理制度、仓储管理制度、销售管理制度、代理连锁业务管理制度、广告策划制度、CI管理制度、进出口管理制度、工程管理制度、信息管理制度等方面。根据1997年11月劳动部颁发的《劳动部关于对新开办用人单位实行劳动规章制度备案制度的通知》，规章制度主要包括：劳动合同管理、工资管理、社会保险福利待遇、工时休假、职工奖惩，以及其他劳动管理规定。用人单位制定规章制度，要严格执行国家法律、法规的规定，保障劳动者的劳动权利，督促劳动者履行劳动义务。制定规章制度应当体现权利与义务一致、奖励与惩罚结合，不得违反法律、法规的规定。否则，就会受到法律的制裁。《劳动合同法》第八十条规定：用人单位制度直接涉及劳动者切身利益的规章制度违反法律、法规规定的，由劳动行政部门责令改正，给予警告；给劳动者造成损害的，用人单位应当承担赔偿责任。

026

合法制定规章制度要注意哪些？

规章制度的制定程序关键是要保证制定出来的规章制度内容具有合法性、民主性和科学性。用人单位制定的规章制度必须符合以下条件才算有效：

（1）规章制度必须合法，包括内容合法和程序合法。

①内容合法。根据《劳动法》第八十九条规定："用人单位制定的劳动规章制度违反法律、法规规定的，由劳动行政部门给予警告，责令改正；对劳动者造成损害的，应当承担赔偿责任。"这就是内容合法的要求。另外，用人单位的规章制度既要符合法律、法规的规定，也要合理，符合社会道德。

②程序合法。规章制度的制定必须符合法律规定的程序，对于法律规定必须经过职代会或员工大会及法律规定的其他民主形式通过的还必须按法定的民主程

序制定。

《最高人民法院司法解释（一）》第十九条指出：用人单位根据《劳动法》第四条之规定，通过民主程序制定的规章制度，不违反国家法律、行政法规及政策规定，并已向劳动者公示的，可以作为人民法院审理劳动争议案件的依据。

《劳动合同法》第四条明确规定：用人单位在制定、修改或者决定直接涉及劳动者切身利益的劳动报酬、工作时间、休息休假、劳动安全卫生、保险福利、职工培训、劳动纪律以及劳动定额管理等规章制度或者重大事项时，应当经职工代表大会或者全体职工讨论，提出方案和意见，与工会或者职工代表平等协商确定。

具体制定程序：第一步是经职工代表大会或者全体职工讨论，提出方案和意见；第二步是与工会或者职工代表平等协商确定。一般来说，企业建立了工会的，与企业工会协商确定；没有建立工会的，与职工代表协商确定。这种程序，可以说是“先民主，后集中”。

（2）规章制度不得违反劳动合同和集体合同的约定。劳动合同是劳动者与用人单位就劳动权利义务达成的协议，如果不违反法律、法规，一成立就具有法律约束力。规章制度是用人单位方面制定的，单位不能通过规章制度单方面变更劳动合同的设定，即使规章制度由职代会通过，如果与劳动合同冲突不一致，或增加劳动者的义务，除非劳动者认可，否则无效。另外，单位规章制度不得违反集体合同的约定，不能通过规章制度违反集体合同的约定。

（3）向劳动者公示。公示原则是现代法律法规生效的一个要件，作为单位内部的规章制度必须对其适用的人公示，未经公示的单位内部规章制度，员工无所适从，对员工不具有约束力。如今审判实践中，公示程序尤其得到裁判人员的关注，即使一个规章制度其他地方都合法，但没有公示，也不会被裁判人员采用。

027

规章制度怎么公示呢？

公示的意思就是使用人单位内的员工都知晓。只有知晓了规则，人才能去遵守，否则就不公平，现在的法律法规颁布后往往会过一段时间再实施就是这个原因。很多用人单位都很迷惘，公示不就是给员工看吗？但是大家应该考虑到，如果仅仅是看过即可，那以后打官司时，员工不承认他看过怎么办？所以在这个问题上用人单位应该考虑得远一些，在公示规章制度时应该注意保留公示的证据。以下是几种比较好的公示方法：

（1）员工阅读规章制度后签字表示自己已阅读。

（2）签订劳动合同时注明员工已阅读规章制度并同意遵守。

（3）在用人单位内部报刊上刊登，如果是在公司网站上刊登的，有必要请公证处公证。

（4）印刷内部规章制度汇编并收取签收单。

规章制度公示的方式非常多，关键在于有便捷的证据即可。

028

规章制度对制定后进入单位的员工有效吗？

规章制度是用人单位内部的“法律”，因此后来者应该遵守单位的规章制度。不过，与制定时的原则一样，新来员工必须在知晓用人单位的规章制度后才能遵守，所以新员工应该有阅读规章制度并签收的程序，这样才能使规章制度起到其应有的作用。

企业劳动关系实务操作300问

第二章 劳动合同

029

什么是劳动合同？

劳动合同是指用人单位与被招聘录用的劳动者依法确立劳动关系，明确双方权利义务的协议。劳动合同具有以下的法律特征：

（1）劳动合同的形式是一种协议，即当事人的合意，这种合意可以各种外在形式出现，比如承诺书、意向书、契约、合同、协议等。

（2）劳动合同的内容是有关劳动的权利和义务。

（3）劳动合同的主体是劳动者和用人单位。

（4）《劳动合同法》第十二条指出：劳动合同分为固定期限劳动合同、无固定期限劳动合同和以完成一定工作任务为期限的劳动合同。

030

哪些单位和劳动者可以签订劳动合同？

凡依法设立的各种所有制形式的企业、个体经济组织、实行企业化管理的事业组织与劳动者形成劳动合同关系的，以及国家机关、事业组织、社会团体与在国家行政编制内录用的工勤人员建立劳动合同关系的，均为适用范围。应当注意的是，这里依法设立的企业，包括不具有独立法人资格的企业。

从劳动者看，凡符合法定就业年龄以及国家和上海市规定的就业条件，并具有劳动能力的劳动者与上述用人单位建立或者形成劳动合同关系的，均为适用对象。

031

劳动合同主要由哪些内容构成？

根据《劳动合同法》第十七条，劳动合同应当具备以下条款：

(1) 用人单位的名称、住所和法定代表人或者主要负责人。

(2) 劳动者的姓名、住址和居民身份证或者其他有效身份证件号码。

(3) 劳动合同期限。

(4) 工作内容和工作地点。

(5) 工作时间和休息休假。

(6) 劳动报酬。

(7) 社会保险。

(8) 劳动保护、劳动条件和职业危害防护。

(9) 法律、法规规定应当纳入劳动合同的其他事项。

除上述规定的必备条款外，用人单位与劳动者可以约定试用期、培训、保守秘密、补充保险和福利待遇等其他事项。

032

劳动合同缺少法定的必备条款有效吗？

如果劳动合同必备条款不全，只要不影响劳动者履行劳动义务并取得报酬的，劳动合同就成立。缺少部分可以通过法律规定的标准，集体合同确定的标准和规章制度规定的标准处理。

033

什么是劳务合同？

劳务合同指双方当事人约定，在确定或不确定期间内，一方向他方提供劳务，他方给付报酬的合同，是平等主体的公民之间、法人之间、公民与法人之间，以提供劳务内容而签订的协议。

034

劳动合同和劳务合同有什么区别？

劳动合同和劳务合同有以下十大区别：

（1）主体资格不同。劳动合同的主体只能一方是法人或组织，即用人单位，另一方则必须是劳动者个人，劳动合同的主体不能同时都是自然人；劳务合同的主体双方当事人可以同时都是法人、组织、公民，也可以是公民与法人、组织。

（2）主体性质及其关系不同。劳动合同的双方主体间不仅存在财产关系即经济关系，还存在人身关系即行政隶属关系。劳动者除提供劳动之外，还要接受用人单位的管理，服从其安排，遵守其规章制度等，成为用人单位的内部职工。但劳务合同的双方主体之间只存在财产关系，即经济关系，彼此之间无从属性，不存在行政隶属关系，劳动者提供劳务服务，用人单位支付劳务报酬，各自独立、地位平等。

（3）主体的待遇不同。劳动关系中的劳动者除获得工资报酬外，还有保险、福利待遇等；而劳务关系中的自然人，一般只获得劳动报酬。

（4）确定报酬的原则不同。在劳动合同中，用人单位按照劳动的数量和质量及国家的有关规定给付劳动报酬，体现按劳分配的原则，而劳务合同中的劳务价格是按等价有偿的市场原则支付，完全由双方当事人协商确定。

（5）雇主的义务不同。劳动合同履行贯穿着国家的干预，给用人单位强制性地规定了许多义务，这些必须履行的法定义务，不得协商变更。劳务合同的雇主一般没有上述义务，当然双方可以约定上述内容，也可以不约定上述内容。

（6）合同内容的任意性不同。劳动合同的主要条款由法律明确规定，不能由当事人协商，如用人单位要为劳动者提供符合国家规定的劳动条件和劳动保护用品等。但劳务合同由合同双方当事人在不违背强行法规的情况下自由协商，任意性很强。

（7）法律调整不同。劳务合同主要由民法、经济法调整，而劳动合同则由社会法中的劳动法来规范调整。

（8）受国家干预程度不同。劳动合同的条款及内容，国家常以强制性法律规范来规定。如用人单位的强制性义务及合同的解除，除双方当事人协商一致外，用人单位解除劳动合同必须符合《劳动法》规定的条件等。劳务合同受国家干预程度低，除违反国家法律、法规强制性规定外，在合同内容的约定上主要取决于双方当事人的意思自治，由双方当事人自由协商确定。

(9) 合同的法律责任不同。劳动合同不履行、非法履行所产生的责任不仅有民事上的责任，而且还有行政上的责任，如用人单位支付劳动者的工资低于当地的最低工资标准，劳动行政部门限期用人单位补足低于标准部分的工资，拒绝支付的，劳动行政部门同时还可以给用人单位警告等行政处分。劳务合同所产生的责任只有民事责任——违约责任和侵权责任，不存在行政责任。

(10) 纠纷的处理方式不同。劳动合同纠纷发生后，应先到劳动机关的劳动仲裁委员会仲裁，不服的在法定期间内才可以到人民法院起诉，劳动仲裁是前置程序；但劳务合同纠纷出现后可以诉讼，也可以经双方当事人协商解决。

035

协议是合同吗？

协议和合同都是对双方意思一致的结果的书面确认，两者并没有本质区别。在人们的生活中，似乎认为合同稍微正式一些，而协议则简单非正式一些，其实这是没有依据的，仅仅是人们的习惯而已。

036

标题是“劳务协议”的就是劳务合同吗？

合同的性质是由合同的内容决定的，而不是合同的名字。只要合同的内容符合劳动合同的特征，即使合同上写的是“买卖合同”仍然改变不了其劳动合同的实质。如今一些用人单位使用“劳务合同”、“合作协议”的标题，希望规避劳动法的约束，其效果往往背道而驰。一旦发生争议，用人单位根本摆脱不了干系。

037

聘用合同是什么意思？

聘用合同是事业单位编制下建立人事关系，明确双方权利义务的合同。由于历史的原因，在我国一直把人事关系与劳动关系看作两个不同的概念。在高度集中的行政管理体制下，人事关系反映的是干部与用人单位的关系；劳动关系反映的则是工人与用人单位的关系。因此，不管是在国家机关、事业单位还是在国有企业中，都存在着划分为干部编制和工人编制两种身份关系的人员。至今在企业与事业单位人员的招聘上也划分为“劳务市场”和“人才市场”，或多或少还留有这种偏见。

20世纪90年代后期，国家开展事业单位改革，将用工合同制度推行到各个事业单位。可是，由于上述人为的划分，以及事业单位编制的存在，不得不将人事独立于劳动之外，于是便设立了聘用合同的概念。

038

聘用合同和劳动合同一样吗？

聘用合同和劳动合同在本质上极为类似，这点与劳务合同不同。但是由于我国的人事劳动两条线的传统，使得聘用合同和劳动合同在法律上大相径庭：

（1）主体不同。聘用合同主要是事业单位与有编制的员工之间签订的用工合同；而劳动合同则是企业与员工、机关事业单位社会团体与工勤人员等签订的用工合同。

（2）适用法律不同。聘用合同适用于国家及上海有关于聘用合同的相关法律法规；劳动合同适用于劳动法。

（3）争议解决不同。聘用合同争议去人事仲裁申请；劳动合同争议去劳动仲裁申请。当然对这两个仲裁结果不满意，都可以去法院起诉。

在实际运作中，存在以下几种情况：

（1）如果一个用人单位同时存在劳动合同和聘用合同，往往两者是主附关系，即劳动合同是劳动者与用人单位建立劳动关系的基础，它约定了双方详细的权利、义务，劳动合同的签订表明一个单位已经正式录用了某个劳动者，双方的关系受到了劳动法律、法规的约束。而聘用合同是以所建立的劳动合同为前提的，是劳动合同的补充，聘用合同一般主要约定劳动者聘用在什么岗位、该岗位的职责、该岗位应遵守什么特殊的规定、该岗位存在何种师徒关系、何时到岗上班、何时终止师徒关系，等等。如发生劳动仲裁或诉讼，则以劳动合同的约定为基础，聘用合同的约定为解释处理。

（2）如果一个用人单位只存在劳动合同而没有聘用合同，往往把聘用合同的内容在劳动合同中作了约定，如发生劳动仲裁或诉讼，以劳动合同约定为依据进行处理。

（3）如果一个用人单位只存在聘用合同而没有劳动合同，往往在聘用合同中描述了劳动合同的内容，如发生劳动仲裁或诉讼，以聘用合同约定为依据进行处理。

《劳动合同法》第九十六条规定：事业单位与实行聘用制的工作人员订立、履行、变更、解除或者终止劳动合同，法律、行政法规或者国务院另有规定的，依照其规定；未作规定的，依照本法有关规定执行。从此条文看，其表述本身似乎存在诸多问题：

（1）事业单位实行聘用制工作人员签订聘用合同，而非劳动合同。

（2）若聘用合同适用《劳动合同法》则没有必要设立第九十六条。

（3）第九十六条的本意似乎是适用《劳动合同法》。

（4）第九十六条的特别规定缺乏可操作性。

但不管今后的实施细则规定聘用合同是否适用《劳动合同法》，单从聘用合同与劳动合同本质来说，两者是极为相似的。

039

劳动合同可以口头约定吗？

《劳动合同法》第六十九条规定，非全日制用工双方当事人可以订立口头协议。因此，作为“小时工”可以与用人单位通过口头约定的方式，建立和确定双方之间的劳动关系。

而与此不同的是，全日制用工下的用人单位则应与劳动者订立书面的劳动合同。《劳动合同法》第十条规定，用人单位自用工之日起即与劳动者建立劳动关系。建立劳动关系，应当订立书面劳动合同。已建立劳动关系，未同时订立书面劳动合同的，应当自用工之日起一个月内订立书面劳动合同。

用人单位自用工之日起超过一个月不满一年未与劳动者订立书面劳动合同的，应当向劳动者每月支付二倍的工资；用人单位违反本法规定不与劳动者订立无固定期限劳动合同的，应当自订立无固定期限劳动合同之日起向劳动者每月支付二倍的工资。

因此，用人单位如果未依法与劳动者订立劳动合同，除应向劳动者支付其应得的工资以外，还需再支付一倍的工资作为对劳动者的补偿。

040

现在的劳动合同还需要鉴证吗？

上海劳动行政部门早已停止了对劳动合同的鉴证服务，因为劳动合同鉴证已与时代不符。

劳动合同鉴证制度是随着劳动合同制度开始实施而出现的。当年建立劳动合同制度时考虑到全国人民对于一个新的劳动制度不熟悉，难免出现一些问题，况且当时劳动纠纷解决机制也比较缺乏，司法解决途径也没有深入人们的思想，所以劳动合同鉴证对于纠正无效和违法合同，加强劳动合同管理，保证合同的严格履行，维护劳动合同当事人双方的合法权益，起到了积极作用。

实践证明，在当时人们劳动合同意识和法制观念比较淡薄的情况下，劳动合同鉴证是劳动部门对劳动用工进行监督、检查，为企业和职工提供政策、法规咨询服务的较好措施。

不过劳动合同的鉴证从一开始就不是强制性的。当时为了保证劳动者的合法权益，劳动部门对劳动合同鉴证的宣传力度比较大，以至于不少企业和劳动者认为劳动合同不经过鉴证就是没有效力的，造成一些这样的误解流传至今。事实是，一份经过鉴证的合同和一份没有经过鉴证的合同放在一起，效力是完全一样的。

随着社会的发展、劳动合同制度的广泛推行，一方面，人们的法律意识越来越强，越来越多的人了解劳动法律法规，知道了通过司法途径保护自己的权益，也知道了司法解决纠纷的优越性、可行性；另一方面，现代社会的法律服务越来越完善，人们可以通过各种各样的途径获得法律服务，考察劳动合同的合法性完全可以由其他服务机构去做。因此，现在上海等一些经济发达地区已经开始逐渐摒弃劳动合同鉴证的制度，一些地方为了兼顾不发达地区还是保留了这个制度，但是总的一个趋势是劳动合同鉴证渐渐淡出劳动部门的职能。需要注意的是，没有鉴证的劳动合同并不影响其效力。

041

劳动合同什么时候生效?

《劳动合同法》第十六条规定，劳动合同由用人单位与劳动者协商一致，并经用人单位与劳动者在劳动合同文本上签字或盖章生效。

《上海市劳动合同条例》第十二条规定：劳动合同自双方当事人签字之日起生效，当事人对生效的期限或者条件有约定的，从其约定。也就是说，在一般情况下，劳动合同自双方当事人签字之日起生效，但法律也不反对合同双方当事人另外约定合同的生效时间。如果双方当事人根据特定的需要，在劳动合同中对生效的期限或者条件作出特别约定的，那么该约定有效，一旦当事人约定的时间或条件成立，劳动合同即行生效，生效时间不应早于签字时间。

042

双方签字日期不同以哪个为生效日期?

如果没有约定生效日期，且双方签字日期不一样，应该以在后的日期为生效日期。如用人单位与小李签订劳动合同，小李先于2004年4月30日签字同意，然后人力资源部门拿去给人事主管副总签字盖章，由于五一长假，所以拖延到了5月8日才盖章写上日期。那这份劳动合同就应该从5月8日起生效。

043

签字日期与实际情况不符算哪天生效?

劳动合同的签字日期可以与实际情况有所出入，如果合同没有约定生效日期，应以合同的签字日期为准。

044

劳动合同可以用外语写吗?

劳动合同应当用中文书写，但也可以在有中文的基础上用外文书写，双方当事人另有约定的，从其约定。同时用中、外文书写的劳动合同文本，内容不一致的，以中文劳动合同文本为准。政府部门在办理录用等手续，争议解决机构在解决争议时也只看中文版本。

045

劳动者与用人单位平等吗？

劳动者与用人单位在签订劳动合同时应该坚持平等原则，双方均能友好协商，将自己的意志与对方沟通一致后落笔到合同之上。但是劳动者进入用人单位后，应该接受用人单位的管理，从这点上来说，劳动者和用人单位又不是平等的，是一个行政隶属的关系。基于这种情况，劳动法在制定过程中适当考虑了劳动者的特殊地位，对劳动者作了适当的立法倾斜，更好地保护了劳动者的权益。

046

老板怎么和自己签合同？

有几类人员签订劳动合同时有特殊性，我们归纳如下：

（1）国有企业的厂长、经理，由于其是上级部门聘任（委任）的，所以应与聘任（委任）部门签订劳动合同。实行公司制的厂长、经理和有关经营管理人员，应根据《中华人民共和国公司法》中有关经理和经营管理人员的规定与董事会签订劳动合同。

（2）国有企业的党委书记和工会主席，由于其特殊情况，也采取与厂长、经理同样的方式，与上级主管部门订立劳动合同。

（3）派出到合资、参股单位的职工如果与原单位仍保持着劳动关系，应当与原单位签订劳动合同，原单位可就劳动合同的有关内容在与合资、参股单位订立劳务合同时，明确职工的工资、保险、福利、休假等有关待遇。这是一种劳动关系与劳务关系相交叉的情况。

047

在校学生勤工俭学要签劳动合同吗？

根据我国《劳动部关于贯彻执行〈中华人民共和国劳动法〉若干问题的意见》的相关规定，在校学生利用业余时间勤工俭学，不视为就业，未建立劳动关系，可以不签劳动合同。这种在校学生与用人单位之间的关系，类似于劳务关系。为维护自身权益，在勤工俭学时，在校学生最好与用人单位在自愿、公平、等价、有偿的基础上签订相关协议。在有协议的条件下，如学生与用人单位发生报酬、人身伤害等方面的争议，将更容易解决。若发生纠纷，当事人可以以追索报酬的民事案件向人民法院提起诉讼，而不走劳动仲裁的路了。

《劳动合同法》出台后，在校学生能否纳入《劳动合同法》适用对象之中还存在争议。不过《劳动合同法》实施后，劳动者的界定是“16周岁到能依法领取基本养老保险”期间都应该是劳动者，无论勤工助学性质的，还是毕业前实习性质的，都应该可以纳入新法的调整范围。当然，这一问题在“实施条例”中尚未给出明确的说法。

048

劳动合同可以以完成工作为期限吗？

《劳动合同法》第十二条指出，劳动合同分为固定期限劳动合同、无固定期限劳动合同和以完成一定工作任务为期限的劳动合同。《劳动合同法》第十五条规定，以完成一定工作任务为期限的劳动合同，是指用人单位与劳动者约定以某项工作的完成为合同期限的劳动合同。用人单位与劳动者协商一致，可以订立以完成一定工作任务为期限的劳动合同。

以完成一定工作为期限的合同具有非常强的灵活性，合同的起始时间为某项工作的开始之日，截止时间为该项工作的结束之日，对用人单位来讲，可减少人浮于事的开支。

049

什么是无固定期限劳动合同？

《劳动合同法》第十四条指出，无固定期限劳动合同是指用人单位与劳动者约定无确定终止时间的劳动合同。用人单位与劳动者协商一致，可以订立无固定期限劳动合同。有下列情形之一，劳动者提出或者同意续订、订立劳动合同的，除劳动者提出订立固定期限劳动合同外，应当订立无固定期限劳动合同：

（1）劳动者在该用人单位连续工作满十年的。

（2）用人单位初次实行劳动合同制度或者国有企业改制重新订立劳动合同

时，劳动者在该用人单位连续工作满十年且距法定退休年龄不足十年的。

(3) 连续订立二次固定期限劳动合同，且劳动者没有本法第三十九条和第四十条第一项、第二项规定的情形，续订劳动合同的。

用人单位自用工之日起满一年不与劳动者订立书面劳动合同的，视为用人单位与劳动者已订立无固定期限劳动合同。

无固定期限劳动合同只有起始时间，没有截止时间，因此无固定期限最好约定合同终止的条件。无特殊情况，无固定期限劳动合同会一直延续到劳动者退休这一法定终止条件的满足。无固定期限劳动合同有利于稳定工作团队，特别是技术骨干人员，解除他们的后顾之忧，安心为用人单位服务。如美国花旗银行对于工作服务到一定年限的员工奖励的福利待遇即是与其签订无固定期限劳动合同，以此获得员工的高忠诚。不过，这种合同当事人结束劳动关系，采取终止方式的机会较少，一般须采用解除合同的方式，对用人单位来说，离职成本要高。

由于缺乏对无固定期限劳动合同制度的正确认识，不少人认为无固定期限劳动合同是“铁饭碗”、“终身制”，认为无固定期限劳动合同一经签订就不能解除。因此，很多劳动者把无固定期限劳动合同视为“护身符”，千方百计要与用人单位签订无固定期限劳动合同。另外，用人单位则将无固定期限劳动合同看成了“终身包袱”，想方设法逃避签订无固定期限劳动合同的法律义务。其实这里所说的无确定终止时间，是指劳动合同没有一个确切的终止时间，劳动合同的期限长短不能确定，但并不是没有终止时间。只要没有出现法律规定的条件或者双方约定的条件，双方当事人就要继续履行劳动合同规定的义务。一旦出现了法律规定的情形，无固定期限劳动合同也同样能够解除。

050

连续工作满十年就必须签订无固定期限劳动合同吗？

《劳动合同法》第十四条指出，用人单位与劳动者协商一致，可以订立无固定期限劳动合同。劳动者在该用人单位连续工作满十年的，劳动者提出或者同意续订、订立劳动合同的，除劳动者提出订立固定期限劳动合同外，应当订立无固定期限劳动合同。另外，用人单位初次实行劳动合同制度或者国有企业改制重新订立劳动合同时，劳动者在该用人单位连续工作满十年且距法定退休年龄不足十年的，劳动者提出或者同意续订、订立劳动合同的，除劳动者提出订立固定期限劳动合同外，应当订立无固定期限劳动合同。这些条款表明并不是连续工作满十年就必须签订无固定期限劳动合同，达到签订条件后，还需劳动者提出。但是只要劳动者提出，作为用人单位就必须签订无固定期限劳动合同。

051

试用期的期限如何确定？

试用期是指用人单位与劳动者相互了解、选择而约定的考察期。《劳动合同法》延续了《劳动法》有关试用期的一些规定。同时，针对实践中一些用人单位滥用试用期的问题，如试用期过长、过分压低劳动者在试用期内的工资、在试用期内随意解除劳动合同等,《劳动合同法》作出了一些与《劳动法》不同的新规定，根据《劳动合同法》第十九条，劳动合同期限三个月以上不满一年的，试用期不得超过一个月；劳动合同期限一年以上不满三年的，试用期不得超过二个月；三年以上固定期限和无固定期限的劳动合同，试用期不得超过六个月。同一用人单位与同一劳动者只能约定一次试用期。以完成一定工作任务为期限的劳动合同或者劳动合同期限不满三个月的，不得约定试用期。试用期包含在劳动合同期限内。劳动合同仅约定试用期的，试用期不成立，该期限为劳动合同期限。

052

试用期应该签合同吗？

试用期是劳动合同中可以设立的一项制度，它的设立前提是存在劳动合同。所以如果没有劳动合同，是不可能有试用期的。口头约定试用期，作为事实劳动关系处理。

劳动合同当事人仅约定试用期的，试用期不成立，该期限即为劳动合同期限。如用人单位与小李签了三个月的试用期合同，那这份合同的试用期约定无效，三个月就是劳动合同的期限。

053

若地方的试用期规定与国家有出入怎么办？

这与我国立法冲突制度有关。以上海市为例，上海市关于试用期的规定是上海市人民代表大会制定通过的，属于上海市地方性法规，而劳动部正好与其处于平行的体系中。上海市的法规不能否定劳动部的通知，劳动部的通知也不能否定上海市的法规。于是形成了在上海适用上海市法规的局面。

但根据下位法不得冲突上位法、新法优于旧法的原则，试用期规定应遵照新出台的《劳动合同法》相关规定，其他法规、规章的规定与之抵触的都无效。

054

试用期内可以随便解除员工吗？

当然不可以。不少用人单位以为，试用期是双方选择的，所以能够随便解除员工。《劳动合同法》第二十一条规定，在试用期中，除劳动者有本法第三十九条（在试用期间被证明不符合录用条件的；严重违反用人单位的规章制度的；严重失职，营私舞弊，给用人单位造成重大损害的；劳动者同时与其他用人单位建立劳动关系，对完成本单位的工作任务造成严重影响，或者经用人单位提出，拒不改正的；因本法第二十六条第一款第一项规定的情形致使劳动合同无效的；被依法追究刑事责任的）和第四十条第一项、第二项（劳动者患病或者非因工负伤，在规定的医疗期满后不能从事原工作，也不能从事由用人单位另行安排的工作的；劳动者不能胜任工作，经过培训或者调整工作岗位，仍不能胜任工作的）规定的情形外，用人单位不得解除劳动合同。用人单位在试用期解除劳动合同的，应当向劳动者说明理由。

055

用人单位如何通过劳动合同保护商业秘密？

商业秘密，是指不为公众所知悉，能为用人单位带来经济利益，具有实用性并经用人单位采取保密措施予以限制范围的技术信息和经营信息，包括生产技巧、化学配方、工艺流程、客户名单、货源情报等。

用人单位必须学会运用劳动合同来保护商业秘密。员工保护用人单位的商业秘密是作为劳动者的法定义务。这一义务不需要双方作任何约定。如果员工泄露用人单位的商业秘密造成重大损失的，用人单位可以要求赔偿。但是在实践中，泄露商业秘密的举证往往非常困难，因此劳动法赋予用人单位特殊手段保护他们的商业秘密。

《劳动合同法》第二章第二十三条规定，用人单位与劳动者可以在劳动合同中约定保守用人单位的商业秘密和与知识产权相关的保密事项。对负有保密义务的劳动者，用人单位可以在劳动合同或者保密协议中与劳动者约定竞业限制条款，并约定在解除或者终止劳动合同后，在竞业限制期限内按月给予劳动者经济补偿。劳动者违反竞业限制约定的，应当按照约定向用人单位支付违约金。

用人单位与劳动者在签订保守商业秘密的协商条款时，一般应包括以下内容：

（1）明确规定在劳动合同履行期间，劳动者负有保守用人单位商业秘密不对外泄密的义务。

（2）对劳动者“跳槽”到同类企业、从事同种职业进行合理限制。

（3）违反劳动合同保守商业秘密条款所应承担的责任，主要是赔偿损失，具体数额由劳动合同当事人双方在劳动合同中约定。

056

什么是竞业限制?

根据《劳动合同法》第二十三条、第二十四条的规定，竞业限制是指用人单位在劳动合同或者保密协议中，与掌握本单位商业秘密和与知识产权相关的保密事项的劳动者约定，在劳动合同解除或者终止后的一定期限内，不得到与本单位生产或者经营同类产品、从事同类业务的有竞争关系的其他用人单位任职，也不得自己开业生产或者经营同类产品、从事同类业务。在解除或者终止劳动合同后，用人单位应按月向遵守竞业限制的劳动者支付经济补偿，劳动者违反竞业限制约定的，应当按照约定向用人单位支付违约金。

《劳动合同法》要求，竞业限制的人员限于用人单位的高级管理人员、高级技术人员和其他负有保密义务的人员。竞业限制的范围、地域、期限由用人单位与劳动者约定，竞业限制的约定不得违反法律、法规的规定。在解除或者终止劳动合同后，前款规定的人员到与本单位生产或者经营同类产品、从事同类业务的有竞争关系的其他用人单位，或者自己开业生产或者经营同类产品、从事同类业务的竞业限制期限，不得超过二年。

057

如果用人单位不按协议支付竞业限制补偿怎么办？

根据上海市劳动和社会保障局《关于实施〈上海市劳动合同条例〉若干问题的通知（二）》第四条第一款的规定："用人单位与负有保守用人单位商业秘密义务的劳动者在竞业限制协议中对经济补偿金的标准、支付形式有约定的，从其约定。因用人单位原因未按协议约定支付经济补偿金，经劳动者要求仍不支付的，劳动者可以解除竞业限制协议。"

但对于用人单位未按约支付经济补偿时，竞业限制条款是否失效，实践中一直存有不同观点。有的认为，为了保护劳动者权益，应认定为失效；有的认为不失效，未按约支付经济补偿，只能导致用人单位的违约，劳动者可请求原用人单位支付竞业限制的补偿金。对此问题，《劳动合同法》的立法过程中，亦一直存有争论。在公布的劳动法草案中，第四十一条规定："用人单位未按照约定在劳动合同终止或者解除时向劳动者支付竞业限制经济补偿的，竞业限制条款失效。"但是，在审议通过的《劳动合同法》中，则将此条款删去。

058

没有约定竞业限制补偿金怎么办？

《劳动合同法》没有明确规定竞业限制补偿金的标准，可由合同双方约定，但需注意合理性的问题。根据上海市劳动和社会保障局作出的规定，竞业限制协议对经济补偿金的标准、支付形式等未作约定的，劳动者可以要求用人单位支付经济补偿金。双方当事人由此发生争议的，可按劳动争议处理程序解决。用人单位要求劳动者继续履行竞业限制协议的，应当按劳动争议处理机构确认的标准及双方约定的竞业限制期限一次性支付经济补偿金，劳动者应当继续履行竞业限制义务；用人单位放弃对剩余期限竞业限制要求的，应当按劳动争议处理机构确认的标准支付已经履行部分的经济补偿金。

059

在哪些情况下用人单位可以与劳动者约定服务期？

服务期是劳动合同当事人通过协商约定的劳动者为用人单位必须服务的期限。当事人约定服务期应以用人单位提供特殊待遇为前提。服务期可以在劳动合同中约定，也可以通过其他专项协议约定。

《劳动法》没有关于服务期的约定，《劳动合同法》第一次规定了服务期。《劳动合同法》第二十二条规定：用人单位为劳动者提供专项培训费用，对其进行专业技术培训的，可以与该劳动者订立协议，约定服务期。关于接受培训的职工签订服务期的年限，《劳动合同法》没有具体规定，应当理解为服务期的长短可以由劳动合同双方当事人协议确定。但是，用人单位在与劳动者协议确定服务期年限时要遵守两点：

第一，要体现公平合理的原则，不得滥用权利；

第二，需要注意的是，用人单位与劳动者约定的服务期较长的，用人单位应当按照工资调整机制提高劳动者在服务期间的劳动报酬。

另外，用人单位提供的专项培训费用的数额应当是比较大的，这个数额到底多高，劳动合同法没有规定一个具体的数额，将来可由各地方予以细化。培训的形式可以是脱产的、半脱产的，也可以是不脱产的。用人单位对劳动者进行必要的职业培训不可以约定服务期。

060

签订劳动合同后又签服务期协议的，服务期限按哪个为准？

以上海市为例，根据上海市劳动和社会保障局《关于实施〈上海市劳动合同条例〉若干问题的通知（二）》，用人单位和劳动者在劳动合同期限之外又约定了服务期的，在实践中主要有以下几种情况：

（1）服务期短于劳动合同期限。由于双方已经在劳动合同中明确约定了必备的劳动合同期限条款，该条款对双方均有约束力。用人单位在为劳动者提供某种特殊待遇后与其签订关于服务期合同，并不影响双方原来劳动合同的履行。如果该期限短于劳动合同期限，应当视为被劳动合同期限吸收。服务期期间辞职需要承担违约金，超出服务期仍在合同期则只要提前三十天就无需支付违约金。

（2）服务期长于合同期限。劳动部《关于实行劳动合同制度若干问题的通知》规定承认当事人在劳动合同中有关工作岗位、劳动报酬等内容可在协商一致的基础上通过签订专项协议来规定。专项协议作为劳动合同的附件，具有与劳动合同同等的约束力。劳动合同中的服务期条款，或因单位提供培训、特殊福利而约定的服务期，可视为劳动合同中的专项条款或专项协议，只要内容与法律、法规不相冲突，应当认定是合法有效。服务期的约定可视为双方对合同期限的延长，劳动合同顺延至服务期满。如果用人单位不提供工作岗位，视为放弃对剩余服务期的权利，劳动关系终止；如果劳动者违反服务期约定的，应当承担违约责任。

（3）对服务期没有特别约定。《劳动部办公厅关于试用期内解除劳动合同处理依据问题的复函》规定："用人单位出资对职工进行各类技术培训，职工提出与单位解除劳动关系的，如果在试用期内，则用人单位不得要求劳动者支付该项培训费用。如果试用期满，在合同期内，则用人单位可以要求劳动者支付该项培训费用；没约定服务期的，按劳动合同等分出资金额，以职工已履行的合同期限递减支付。"因此，如果用人单位为劳动者提供特殊培训或特殊福利待遇的，但对服务期限没有特别约定的，劳动者提前解除劳动合同时，应按比例支付违约金。

061

什么样的劳动合同属于无效劳动合同？

根据《劳动合同法》第三条，订立劳动合同，应当遵循合法、公平、平等自愿、协商一致、诚实信用的原则。根据第二十六条、第二十七条，下列劳动合同无效或者部分无效：

（1）以欺诈、胁迫的手段或者乘人之危，使对方在违背真实意思的情况下订立或者变更劳动合同的。

（2）用人单位免除自己的法定责任、排除劳动者权利的。

（3）违反法律、行政法规强制性规定的。

对劳动合同的无效或者部分无效有争议的，由劳动争议仲裁机构或者人民法院确认。劳动合同部分无效，不影响其他部分效力的，其他部分仍然有效。

不少劳动者认为自己处于弱势。自己为了找到工作，不得不答应用人单位一些自己不愿意的条件，如工资可能比较低等。其实这种并不是法律上的威胁，只是劳动者和用人单位在就合同内容平等协商过程中的让步而已。如果劳动者觉得自己很吃亏，那应加强自己的谈判技能才是，或者邀请专门的谈判专家也能达到较好的效果。

062

谁来认定劳动合同无效？

由于劳动合同无效将对用人单位和劳动者的权益产生很大的影响，因此我国劳动法对此极为谨慎，根据《劳动合同法》第二十六条，对劳动合同的无效或者部分无效有争议的，由劳动争议仲裁机构或者人民法院确认。因此，只有劳动争议仲裁委员会或者人民法院才能认定劳动合同无效。用人单位或劳动者的认定没有法律效力。

063

什么是劳动合同变更？

劳动合同变更是指劳动合同订立时所依据的客观情况发生变化，致使某些条款内容无法继续履行，从而经双方当事人协商一致调整劳动合同部分内容的法律行为。用人单位与劳动者变更劳动合同也应当遵循合法、公平、平等自愿、协商一致、诚实信用的原则。变更合同的方式分为两种，一种是依法变更，即根据法律规定的原则、条件，双方协商一致变更合同的情形；另一种是依约变更，也就是双方当事人在订立合同时就将某些需要变更合同的条件、程序作具体约定，当须变更合同的条件出现时，则按约定的程序办理变更合同的事宜。

根据《劳动合同法》第三十五条，用人单位与劳动者协商一致，可以变更劳动合同约定的内容。变更劳动合同，应当采用书面形式。变更后的劳动合同文本由用人单位和劳动者各执一份。

劳动合同变更一般有如下情形：

（1）订立劳动合同所依据的法律、法规已经修改或者废止。

（2）用人单位方面的原因。用人单位经上级主管部门批准或者根据市场变化决定转产、调整生产任务或者生产经营项目等。

（3）劳动者方面的原因。如劳动者的身体健康状况发生变化、劳动能力部分丧失、所在岗位与其职业技能不相适应、职业技能提高了一定等级等，造成原劳动合同不能履行或者如果继续履行原合同规定的义务对劳动者明显不公平。

（4）客观方面的原因。这种客观原因的出现使得当事人原来在劳动合同中约定的权利义务的履行成为不必要或者不可能。这时应当允许当事人对劳动合同有关内容进行变更。主要有：

①由于不可抗力的发生，使得原来合同的履行成为不可能或者失去意义。不可抗力是指当事人所不能预见、不能避免并不能克服的客观情况，如自然灾害、意外事故、战争等。

②由于物价大幅度上升等客观经济情况变化致使劳动合同的履行会花费太大代价而失去经济上的价值。这是民法的情势变更原则在劳动合同履行中的运用。

064

用人单位可以调整劳动者岗位和薪水吗？

单纯从民法的角度说，调整劳动者岗位和薪水属于变更劳动合同，如果双方没有协商一致，是不能变更合同的。但是劳动关系中存在用人单位对于劳动者的管理权力，劳动者隶属于用人单位，这层行政上的关系使得调整工作岗位变得复杂。

根据相关法律的规定（《劳动部办公厅关于职工因岗位变更与企业发生争议等有关问题的复函》等），按照《劳动法》第十七条、第二十六条、第三十一条的规定精神，因劳动合同订立时所依据的客观情况发生重大变化，致使原劳动合同无法履行而变更劳动合同，须经双方当事人协商一致，若不能达成协议，则可按法定程序解除劳动合同；因劳动者不能胜任工作而变更、调整职工工作岗位，则属于用人单位的自主权。对于因劳动者岗位变更引起的争议应依据上述规定精神处理。

由此可见，劳动者不能胜任工作的，用人单位可以适当地调整其工作岗位，这种情形下岗位的变更可不经劳动者同意，属于用人单位的用工自主权。但岗位的调整是否可以降低工资？这个问题法律上没有明确，因此，用人单位可以在规章制度或劳动合同中予以明确。

实践中主要有以下几种情况：

(1) 劳动合同中没有固定岗位和薪水，或者约定“公司可根据生产经营状况并依据公司规章制度予以相应调整”时，企业在有充分合理理由的前提下可以调整劳动者的岗位和薪水，不需要劳动者同意。

(2) 劳动合同中固定了劳动者的岗位和薪水时，由于企业拥有用工自主权，仍然可以在有充分合理理由的前提下调整劳动者的岗位和薪水。以上海市为例，《上海市高级人民法院民一庭关于审理劳动争议案件若干问题的解答》指出，用人单位和劳动者因劳动合同中约定，用人单位有权根据生产经营需要随时调整劳动者工作内容或岗位，双方为此发生争议的，应由用人单位举证证明其调职具有充分的合理性。用人单位不能举证证明其调职具有充分合理性的，双方仍应按原劳动合同履行。

(3) 劳动合同中不仅固定了岗位和薪水，而且还明确在合同中约定“如欲调整须经双方协商同意”，任何调岗调薪举措都要以双方协商并且劳动者同意为前提。

上述可以调整工作岗位和薪水的情况下，用人单位要能够举证证明其调职调薪具有充分合理性。用人单位不能举证证明其调职调薪具有充分合理性的，双方仍应按原劳动合同履行。

065

公司被收购了，劳动合同如何继续履行？

根据《劳动合同法》第三十四条，用人单位发生合并或者分立等情况，原劳动合同继续有效，劳动合同由承继其权利和义务的用人单位继续履行。根据第三十五条，用人单位与劳动者协商一致，可以变更劳动合同约定的内容。当事人另有约定的，从其约定。

066

改制重组后劳动合同由谁来继续履行？

以上海市为例，用人单位转制、改制、资产重组等，根据《上海市劳动合同条例》第二十四条规定的原则，劳动合同可以由转制、改制、资产重组后的用人单位继续履行；经劳动合同当事人协商一致，劳动合同也可以变更或者解除；当事人另有约定的，从其约定。

067

哪些情况劳动合同可以中止？

劳动合同中止履行是指因某种特殊的原因，致使劳动合同一方主体暂时无法履行劳动合同，另一方主体采取暂停履行劳动合同的行为。中止可能出现两种结果：一种是特殊情况消失，继续履行合同；另一种是特殊情况没有消失，那么就可能从中止变成终止。根据《上海市劳动合同条例》第二十六条规定，劳动合同期限内，有下列情形之一的，劳动合同中止履行：

（1）劳动者应征入伍或者履行国家规定的其他法定义务的。

（2）劳动者暂时无法履行劳动合同的义务，但仍有继续履行条件和可能的。

（3）法律、法规规定的或者劳动合同约定的其他情形。

劳动合同中止情形消失的，劳动合同继续履行，但法律、法规另有规定的除外。

在这里需要明确中止并非终止，两者概念不同。终止一般是指合同到期后自然结束。而中止一般是由于特殊的情况，在合同的有效期内，合同无法履行，暂时停止履行。《劳动合同法》规定了劳动合同终止的条件，却没有提及劳动合同的中止。

068

没签劳动合同如何确定劳动报酬？

应当订立书面劳动合同而未订立，但劳动者按照用人单位要求履行了劳动义务的，当事人的劳动合同关系成立，用人单位应当按规定向劳动者支付劳动报酬，提供相应的待遇，并按照国家和省的规定缴纳社会保险费。

根据《劳动合同法》第十一条，用人单位未在用工的同时订立书面劳动合同，与劳动者约定的劳动报酬不明确的，新招用的劳动者的劳动报酬按照集体合同规定的标准执行；没有集体合同或者集体合同未规定的，实行同工同酬。

根据《上海市劳动合同条例》第二十七条，劳动者的劳动报酬和劳动条件，按照下列规定确认：

（1）劳动报酬和劳动条件高于用人单位规章制度、集体合同规定或者法定劳动标准相应内容的，按照实际已经履行的内容确认。

（2）劳动报酬和劳动条件低于用人单位规章制度、集体合同或者法定劳动标准的，按照法定劳动标准予以确认，用人单位规章制度、集体合同规定的相对应标准高于法定劳动标准的，按照用人单位规章制度、集体合同规定中相对应的标准确认。

069

什么是劳动合同的解除？

劳动合同的解除是指劳动合同签订后，尚未履行完毕以前，由于某种因素，导致双方当事人提前结束劳动合同的法律效力，解除双方权利义务关系的法律行为。

070

协商解除劳动合同应具备哪些条件？

经劳动合同当事人协商一致，劳动合同可以解除。劳动合同的履行过程中，如果未发生特殊情况，但双方认为继续履行合同已经没有必要时，可以在协商一致的情况下解除劳动合同，这是契约自由原则在劳动关系调整中的具体体现。劳动合同的协商解除是劳动合同双方的法律行为。所以，用人单位由于某种原因，提出解除劳动合同时，必须与劳动者协商，双方一致同意，劳动合同才能解除。

071

劳动者提出解除劳动合同应具备什么样的条件？

《劳动法》赋予了劳动者辞职权，规定了劳动者在正常履行劳动合同的情况下单方面解除劳动合同的情形，只要提前三十天通知即可。

根据《劳动合同法》第三十七条，劳动者提前三十日以书面形式通知用人单位，可以解除劳动合同。劳动者在试用期内提前三日通知用人单位，可以解除劳动合同。

072

劳动者提出辞职需要用人单位批准吗？

不需要。辞职权是择业权的一种派生权利，劳动者作为劳动力的所有者有权让渡自己的劳动权，也有权收回，这就是辞职权。辞职权是一种形成权，即劳动者不需要任何理由，只要做出辞职的意思表示即成立。用人单位没有法定事由不得拒绝。

073

在什么情况下劳动者可以随时通知用人单位解除劳动合同？

根据《劳动合同法》第三十八条规定，用人单位有下列情形之一的，劳动者可以解除劳动合同：

（1）未按照劳动合同约定提供劳动保护或者劳动条件的。

（2）未及时足额支付劳动报酬的。

（3）未依法为劳动者缴纳社会保险费的。

（4）用人单位的规章制度违反法律、法规的规定，损害劳动者权益的。

（5）因本法第二十六条第一款规定的情形致使劳动合同无效的。

（6）法律、行政法规规定劳动者可以解除劳动合同的其他情形。

用人单位以暴力、威胁或者非法限制人身自由的手段强迫劳动者劳动的，或者用人单位违章指挥、强令冒险作业危及劳动者人身安全的，劳动者可以立即解除劳动合同，不需事先告知用人单位。

另外，劳动者在解除劳动合同的同时，可以提请劳动争议仲裁，追究用人单位的违约责任，要求用人单位支付所欠工资报酬、给予经济补偿或者承担赔偿责任。

074

在什么情况下用人单位可以当即解除劳动合同？

根据《劳动合同法》第三十九条，劳动者有下列情形之一的，用人单位可以解除劳动合同：

（1）在试用期间被证明不符合录用条件的。

（2）严重违反用人单位的规章制度的。

（3）严重失职，营私舞弊，给用人单位造成重大损害的。

（4）劳动者同时与其他用人单位建立劳动关系，对完成本单位的工作任务造成严重影响，或者经用人单位提出，拒不改正的。

（5）以欺诈、胁迫的手段或者乘人之危，使对方在违背真实意思的情况下订立或者变更劳动合同的致使劳动合同无效的。

（6）被依法追究刑事责任的。

075

用人单位不得与哪些劳动者解除劳动合同？

《劳动合同法》第四十二条规定，劳动者有下列六种情形之一的，用人单位不得以劳动者不能胜任工作、生产经营发生严重困难、企业转产、重大技术革新或者经营方式调整以及劳动合同订立时依据的客观情况发生重大变化等为由解除劳动合同：

（1）从事接触职业病危害作业的劳动者未进行离岗前职业健康检查，或者疑似职业病病人在诊断或者医学观察期间的。

（2）在本单位患职业病或者因工负伤并被确认丧失或者部分丧失劳动能力的。

（3）患病或者非因工负伤，在规定的医疗期内的。

（4）女职工在孕期、产期、哺乳期的。

（5）在本单位连续工作满十五年，且距法定退休年龄不足五年的。

（6）法律、行政法规规定的其他情形。

076

女职工在“三期”期间劳动合同期限已满，企业是否可以终止劳动合同？

我国对女职工实行特殊劳动保护，是指国家根据女职工的生理和心理特点而采取的特殊劳动保护措施。《女职工劳动保护特别规定》第五条明确规定：用人单位不得因女职工怀孕、生育、哺乳降低其工资、予以辞退、与其解除劳动或者聘用合同。

《劳动合同法》第四十二条规定，对“三期”之内的女职工，用人单位不得依照该法第四十条（用人单位以劳动者不能胜任工作而解除劳动合同，必须经过一定的程序。即对劳动者进行培训或者调整工作岗位，经过培训或者调整工作岗位，仍不能胜任工作的，用人单位才可解除与其的劳动合同，但必须提前三十日以书面形式通知劳动者本人或者额外支付劳动者一个月工资）解除劳动合同。

综上所述，在合同期未满和已满的情况下，任何企业和个人都不得在女职工“三期”内以怀孕、生育、哺乳及不能胜任工作为由解除其劳动合同；如期间劳动合同期限届满时，应续订劳动合同至哺乳期结束。

077

女职工在“三期”期间有违反公司规章制度行为，企业是否可以与其解除劳动合同？

女职工“三期”问题一直是个比较敏感的问题。在我们的实践中，很多人都容易产生误区，认为女职工只要在“三期”，就等于拥有一个万能的“护身符”。因为现在通行的规定是女职工在“三期”内，企业是不能与其解除劳动合同的；其实，这个保护并不是无限制的，它的前提在于处于“三期”的女职工没有触犯《劳动法》第二十五条的规定，女职工在怀孕、生育和哺乳期内有违纪行为的或给企业造成经济损失的，应按照有关规定和劳动合同约定予以处理。也就是说，如果女职工在此期间有严重违纪行为，企业也是可以与其解除劳动合同的。

078

无固定期限的劳动合同是否可以解除或者终止？

可以。无固定期限的劳动合同，是指当事人双方在劳动合同中没有明确规定具体的合同终止日期，这并不等于合同就不可以解除或者终止。按照《劳动法》规定，对于无固定期限劳动合同除了可以依据法定条件解除外，也可以通过约定终止条件，当条件成立时，无固定期限劳动合同终止。《劳动合同法》并没有明确规定双方对于劳动合同可以约定终止条件，所以 2008 年 1 月 1 日后，这样的约定是否可以还不明确，但明确了无固定期限劳动合同单位可以依据法定解除条件来与劳动者解除。单位方对于无固定期限劳动合同的法定解除权包括以下几种情形：

(1) 双方协商一致的解除。

(2) 劳动者重大违纪解除。

(3) 劳动者无过错解除：①不能胜任的解除；②医疗期满不能从事原工作，也不能从事用人单位另行安排的工作；③情势变更的解除。

(4) 经济性裁员。

无固定期限劳动合同的终止情形包括：

(1) 劳动者开始依法享受基本养老保险待遇。

(2) 劳动者死亡，或者被人民法院宣告死亡或者宣告失踪的。

(3) 用人单位被依法宣告破产的。

(4) 用人单位被吊销营业执照、责令关闭、撤销或者用人单位决定提前解散的。

(5) 法律、行政法规规定的其他情形。

079

对裁员有什么规定？

用人单位濒临破产进行法定整顿期间或者生产经营状况发生严重困难，确需裁员的，可以依法实施裁员。以上海市为例，《上海市劳动合同条例》强化了用人单位与工会或者职工代表的协商功能，提供协商空间，增强工会或者职工代表的参与和监督作用。具体表现在，生产经营状况困难程度的界定、裁员前应采取的补救措施等都应与工会或者职工代表协商确定，裁员方案应当向工会或者全体职工说明情况，听取意见。在此基础上，向劳动行政部门报告。

用人单位实施裁员方案，应当提前三十日通知工会和劳动者本人。并规定如在六个月内录用人员的，应当优先录用被裁减的人员。

080

对经济性裁员中的“依法”应当如何理解？

经济性裁员中所说的依法是指依据劳动法规定的裁员条件。经济性裁员作为用人单位单方解除劳动合同的一种方式，必须满足法定条件。这些法定条件包括实体性条件和程序性条件，只有同时具备了实体性条件之一和全部的程序性条件，才是合法有效的经济性裁员。《劳动合同法》第四十一条规定，有下列情形之一，需要裁减人员二十人以上或者裁减不足二十人但占企业职工总数百分之十以上的，用人单位应当提前三十日向工会或者全体职工说明情况，听取工会或者职工的意见后，裁减人员方案经向劳动行政部门报告，可以裁减人员：

（1）依照企业破产法规定进行重整的。

（2）生产经营发生严重困难的。

（3）企业转产、重大技术革新或者经营方式调整，经变更劳动合同后，仍需裁减人员的。

（4）其他因劳动合同订立时所依据的客观经济情况发生重大变化，致使劳动合同无法履行的。

裁减人员时，应当优先留用下列劳动者：

（1）与本单位订立较长期限的固定期限劳动合同的。

（2）订立无固定期限劳动合同的。

（3）家庭无其他就业人员，有需要扶养的老人或者未成年人的。

用人单位在六个月内重新招用人员的，应当通知被裁减的人员，并在同等条件下优先招用被裁减的人员。

081

裁员的程序是如何规定的？

为了尽量缓减经济性裁员对劳动者和整个社会的安定团结造成的冲击，《劳动合同法》延续了《劳动法》关于经济性裁员的程序性规定，要求用人单位进行经济性裁员必须履行一套法定程序。这些法定程序是有顺序的，须全部履行。

（1）必须裁减人员二十人以上或者裁减不足二十人但占企业职工总数百分之十以上的。

（2）必须提前三十日向工会或者全体职工说明情况，并听取工会或者职工的意见。

（3）裁减人员方案向劳动行政部门报告。

（4）进行经济性裁员必须遵循社会福利原则。即经济性裁员中还要考虑社会因素，优先保护对用人单位贡献较大、再就业能力较差的劳动者。

（5）重新招用人员的，被裁减人员具有优先就业权。

082

在什么情况下用人单位解除或终止劳动合同时应当支付劳动者经济补偿金？

经济补偿金是在指劳动者无过失的情况下，用人单位解除或终止与劳动者的劳动合同时，依照法律规定给予劳动者的经济补偿。根据《劳动合同法》相关规定，以下情况用人单位解除或终止劳动合同时应当支付劳动者经济补偿金：

（1）未按照劳动合同约定提供劳动保护或者劳动条件的。

（2）未及时足额支付劳动报酬的。

（3）未依法为劳动者缴纳社会保险费的。

（4）用人单位的规章制度违反法律、法规的规定，损害劳动者权益的。

（5）订立劳动合同时用人单位以欺诈、胁迫或乘人之危；使劳动者缺乏真实意思表示致使劳动合同无效的；用人单位免除己方法定责任、排除劳动者合法权益而致合同无效的。

（6）用人单位以暴力、威胁或者非法限制人身自由的手段强迫劳动者劳动的，或者用人单位违章指挥、强令冒险作业危及劳动者人身安全的。

（7）用人单位向劳动者提出解除劳动合同并与劳动者协商一致解除劳动合同的。

（8）因劳动者患病或者非因工负伤，医疗期满后，不能从事原工作也不能从事由用人单位另行安排的工作，被用人单位解除劳动合同的。

（9）因劳动合同订立时所依据的客观情况发生重大变化，致使原劳动合同无法继续履行，经双方协商不能就变更劳动合同达成协议，劳动者被用人单位解除劳动合同的。

（10）劳动者不能胜任工作，经过培训或者调整工作岗位，仍不能胜任工作，劳动者被用人单位解除劳动合同的。

（11）依照企业破产法规定进行重整、生产经营发生严重困难、企业转产、重大技术革新或者经营方式调整，经变更劳动合同后，仍需裁减人员，用人单位依法裁员而解除劳动合同的。

（12）除用人单位维持或者提高劳动合同约定条件续订劳动合同，劳动者不同意续订的情形外，劳动合同期满终止固定期限劳动合同的。

（13）用人单位被依法宣告破产，终止劳动合同的。

（14）用人单位被吊销营业执照、责令关闭、撤销或者用人单位决定提前解散而终止劳动合同的。

（15）法律、行政法规规定的其他情形。

对于经济补偿金具体支付请参照经济补偿金、违约金、赔偿金部分。

083

对劳动者享受医疗补助费有哪些规定？

劳动者患病或者非因工负伤，因医疗期满不能从事原工作也不能从事由用人单位另行安排的工作而被用人单位解除劳动合同的，除按规定享受经济补偿金外，还可享受医疗补助费。用人单位应当支付的医疗补助费不应低于劳动者本人六个月工资收入的水平。患重病和绝症的还应增加医疗补助费，患重病的增加部分不低于医疗补助费的50%，患绝症的增加部分不低于医疗补助费的100%。

084

如何理解“本单位工作年限，满六个月不满一年的，按一年计算”规定？

《劳动合同法》对经济补偿金的标准作出了变动：取消了以往劳动法规“工作时间每满一年，发给相当于一个月工资的经济补偿金”的规定，变更为“经济补偿按劳动者在本单位工作的年限，每满一年支付一个月工资的标准向劳动者支付。六个月以上不满一年的，按一年计算；不满六个月的，向劳动者支付半个月工资的经济补偿”。

以上海市为例，《上海市劳动合同条例》第四十五条第二款规定中“本单位工作年限，满六个月不满一年的，按一年计算”，包括以下两种情形：

一是劳动者进入本单位工作满六个月不满一年的，按一年计算其本单位工作年限。如本单位工作年限七个月，按一年计算。

二是劳动者在本单位工作超过一年以上时间，扣除整数年后剩余时间不满六个月的，不能按一年工作年限计算；满六个月但不满一年的，可按一年计算。如本单位工作年限八年零七个月，可按九年计算。

085

用人单位单方面解除劳动合同未通知工会的，如何处理？

以上海市为例，《上海市劳动合同条例》第三十六条规定，用人单位单方面解除劳动者劳动合同，应当事先将理由通知工会。这是《上海市劳动合同条例》赋予工会对用人单位在单方面解除劳动合同中的监督权，也是工会依法维护劳动者合法权益的职能。因此，对于已经成立工会组织的用人单位应按规定执行，工会有权对此进行监督。对未通知工会并由此发生争议的，用人单位应当在劳动争议处理程序中予以补正。

086

什么是劳动合同终止？

劳动合同终止是指在劳动合同期满或终止合同的条件出现时，用人单位与劳动者双方当事人结束劳动关系的一种法律行为。劳动合同终止后，用人单位和劳动者不再互负新的劳动权利义务，用人单位应按招工退工办法及时退工退档。

087

哪些情况劳动合同可以终止？

根据《劳动合同法》第四十四条，有下列情形之一的，劳动合同终止：

（1）劳动合同期满的。

（2）劳动者开始依法享受基本养老保险待遇的。

（3）劳动者死亡，或者被人民法院宣告死亡或者宣告失踪的。

（4）用人单位被依法宣告破产的。

（5）用人单位被吊销营业执照、责令关闭、撤销或者用人单位决定提前解散的。

（6）法律、行政法规规定的其他情形。

088

劳动合同什么情况下到期了却需要顺延？

《劳动合同法》第四十五条规定，劳动合同期满，有本法第四十二条规定情形之一的：

（1）从事接触职业病危害作业的劳动者未进行离岗前职业健康检查，或者疑似职业病病人在诊断或者医学观察期间的。

（2）在本单位患职业病或者因工负伤并被确认丧失或者部分丧失劳动能力的。

（3）患病或者非因工负伤，在规定的医疗期内的。

（4）女职工在孕期、产期、哺乳期的。

（5）在本单位连续工作满十五年，且距法定退休年龄不足五年的。

劳动合同应当续延至相应的情形消失时终止。但是，本法第四十二条第二项规定丧失或者部分丧失劳动能力劳动者的劳动合同的终止，按照国家有关工伤保险的规定执行。

089

劳动合同终止和解除有什么关系？

劳动合同终止和解除都表示劳动关系的结束，但它们是完全不同的概念，具有不同的法律效力。

劳动合同终止是指在劳动合同期满或终止合同的条件出现时，用人单位与劳动者双方当事人结束劳动关系的一种法律行为。

劳动合同的解除是指劳动合同签订后，尚未履行完毕以前，由于某种因素，导致双方当事人提前结束劳动合同的法律效力，解除双方权利义务关系的法律行为。

《劳动合同法》实施后，劳动合同的终止和解除都需要依照法定条件对劳动者进行补偿。

090

劳动合同到期后继续工作算合同继续顺延吗？

劳动合同到期之后通常不会自动顺延。劳动合同期满后，劳动者仍在原用人单位工作，原用人单位未拒绝的，劳动者和原用人单位之间存在的是一种事实上的劳动关系，视为双方形成不定期劳动合同，一方提出解除劳动关系的，人民法院可以支持，但要求解约方应当提前三十天书面通知对方。用人单位提出解除，劳动者要求用人单位支付经济补偿金的，人民法院应予支持。

091

非全日制劳动合同是什么概念？

《劳动合同法》第六十八条指出，非全日制用工是指以小时计酬为主，劳动者在同一用人单位一般平均每日工作时间不超过四小时，每周工作时间累计不超过二十四小时的用工形式。与全日制用工相比，非全日制用工更为便捷、灵活，既有利于用人单位灵活用工，也有利于创造更多的就业机会，促进劳动者就业。

《劳动合同法》第六十九条规定，非全日制用工双方当事人可以订立口头协议。从事非全日制用工的劳动者可以与一个或者一个以上用人单位订立劳动合同；但是，后订立的劳动合同不得影响先订立的劳动合同的履行。也就是说，非全日制用工既可以订立书面协议，也可以订立口头协议。从事非全日制用工的劳动者可以与一个用人单位订立劳动合同，从而形成劳动关系；也可以与一个以上用人单位分别订立劳动合同，建立双重或多重劳动关系。

非全日制劳动合同具有两个特点：

（1）非全日制劳动合同是以小时为单位建立劳动关系；与此相对应的是，非全日制劳动合同的计酬单位也是小时。

（2）劳动者可以与两个以上用人单位建立劳动关系。《劳动合同法》规定，从事非全日制用工的劳动者可以与一个或者一个以上用人单位订立劳动合同。

092

非全日制和全日制有什么区别?

根据《劳动合同法》相关条款规定，非全日制和全日制具有以下一些不同之处：

（1）非全日制劳动合同是以小时为单位建立劳动关系。而普通的劳动关系是以日、月、年为单位建立劳动合同的。

（2）从事非全日制用工的劳动者可以与一个或者一个以上用人单位订立劳动合同；但是，后订立的劳动合同不得影响先订立劳动合同的履行。而全日制用工劳动者只能与一个用人单位订立劳动合同。

（3）除以完成一定工作任务为期限的劳动合同和三个月以下固定期限劳动合同外，用人单位与劳动者可以协商约定试用期，将试用期作为劳动合同的约定条款，而不是必备条款。而非全日制用工不得约定试用期。

（4）非全日制用工双方当事人任何一方都可以随时通知对方终止用工。终止用工，用人单位不向劳动者支付经济补偿。而全日制用工双方当事人应当依法解除或者终止劳动合同；用人单位解除或者终止劳动合同，应当依法支付经济补偿。

（5）非全日制用工双方当事人可以订立口头协议。而全日制用工双方当事人应当订立书面劳动合同。

（6）非全日制用工不得低于用人单位所在地人民政府规定的最低小时工资标准。而全日制用工劳动者执行的是月最低工资标准。

（7）非全日制用工劳动报酬结算周期最长不得超过十五日。而全日制用工的，工资应当至少每月支付一次。

093

非全日制用工有什么限制?

非全日制用工的限制主要是对用人单位的限制，包括：

（1）劳动者在同一用人单位一般平均每日工作时间不超过四小时，每周工作时间累计不超过二十四小时。

（2）双方当事人不得约定试用期。

（3）其工资水平不得低于用人单位所在地人民政府规定的最低小时工资标准。

（4）劳动报酬结算周期最长不得超过十五日。

094

非全日制劳动合同也要订立书面合同吗？

在通常情况下，建立劳动关系，应当订立书面劳动合同。但考虑到非全日制用工形式的特殊性、灵活性，非全日制劳动合同可以采用书面形式，也可以采用口头形式。但考虑到当前劳动用工的实际情况，为了增强劳动合同当事人履约的安全感，如果当事人一方提出签订书面合同，则应当签订书面的劳动合同。

095

非全日制劳动合同没约定用工期限怎么办？

非全日制劳动合同的期限是由双方当事人约定的。双方当事人如果未在合同中约定用工期限，则任何一方可以随时终止合同。这是为了适应小时工灵活、便捷的用工特点。但终止合同必须明示通知对方。

096

非全日制工要缴社保吗？

《劳动合同法》明确了非全日制用工这种形式，但没有明确说明是否要缴纳社保。不过它规定从事非全日制用工的劳动者与用人单位之间的关系仍为劳动关系，双方可以订立劳动合同。那么，我们可以理解为非全日制工也是要缴社保的。

劳动和社会保障部《关于非全日制用工若干问题的意见》第十二条中规定："用人单位应当按照国家有关规定为建立劳动关系的非全日制劳动者缴纳工伤保险费。从事非全日制工作的劳动者发生工伤，依法享受工伤保险待遇。"

以上海市为例，《上海市劳动和社会保障局、上海市医疗保险局关于本市非全日制就业的若干问题的通知》明确规定，非全日制劳动者的劳动报酬包括非全日制劳动者的工资收入和应当缴纳的社会保险费等。用人单位以非全日制劳动者的工资收入为基数，按照本市统一规定的比例支付社会保险费。

非全日制工工伤怎么办？

用人单位使用非全日制劳动者，如果在劳动过程中造成劳动者工伤或患职业病，也应当承担相应责任。这种责任的承担仅指经济赔偿责任，而不包括停工医疗期等责任。

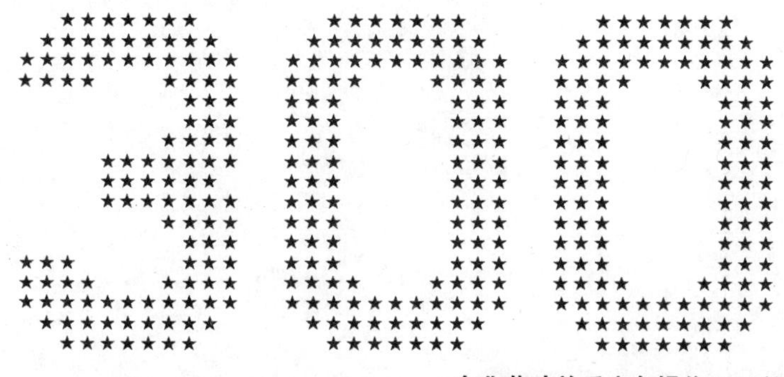

第三章　经济补偿金、赔偿金、违约金

098

什么是经济补偿金？经济补偿金有什么法律特征？

经济补偿金是指劳动者无过失的情况下，用人单位解除或终止与劳动者的劳动合同时，依照法律规定给予劳动者的经济补偿。在《劳动合同法》生效前，用人单位支付经济补偿金的法律依据主要是《中华人民共和国劳动法》、《劳动部关于印发〈关于贯彻执行《中华人民共和国劳动法》若干问题的意见〉的通知》（劳部发〔1995〕309号）、《违反和解除劳动合同的经济补偿办法》（劳动部1994年12月3日发布）、劳动部办公厅对《关于终止或解除劳动合同计发经济补偿金有关问题的请示》的复函（劳办发〔1996〕33号）等劳动法规。《劳动合同法》生效后，对此有一些新的变动，主要体现在支付经济补偿金的法定情形、计算标准、计算年限等方面。

经济补偿金应用情形及应用标准一般都是法定的，无需当事人的约定（竞业限制补偿金的标准除外）。经济补偿金的支付主体一般是用人单位，接受主体一般是劳动者，因此是单向的。

099

什么是赔偿金？赔偿金有什么法律特征？

赔偿金不同于经济补偿金。支付经济补偿金的条件较为简单，强调的是向劳动者倾斜。赔偿金是劳动合同当事人因违反合同约定，给对方造成损失而承担的相应的赔偿责任。赔偿的条件较为严格，强调的是过错责任。赔偿金应用于所有发生损害的情形，有损害就有赔偿，不受双方当事人约定的影响。赔偿的标准实行实际损失补偿原则，即损失多少补偿多少，无损失就无赔偿。赔偿金既可能是单位赔偿劳动者，也可能是劳动者赔偿单位，因此主体是双向的。

100

什么是违约金？违约金有什么法律特征？

违约金是劳动合同当事人事先约定的违约方向对方当事人支付的经济补偿。违约金以当事人的约定为存在前提，没有约定就没有违约金，其约定范围由国家法律规定，标准由双方当事人合理约定。违约金有补偿和惩罚双重功能。违约金可以是单位因违约支付，也可以是劳动者因违约支付，因此主体具有双向性。

《劳动合同法》规定，除在培训服务期约定以及竞业限制约定中可以约定劳动者的违约金两种情形外，用人单位不得与劳动者约定由劳动者承担的违约金，或者以赔偿金、违约赔偿金、违约责任金等其他名义约定由劳动者承担违约责任。另外，如果事先约定，用人单位违约的，也需要支付违约金。

101

违约金与赔偿金同时存在应如何选择适用？

违约金与赔偿金在劳动合同中可以同时约定，但是当劳动者的违约行为造成单位实际损失时，用人单位不能让劳动者同时支付违约金与赔偿金。以上海市为例，根据《上海市劳动合同条例》的规定，用人单位只能选择适用违约金与赔偿金中的一个。

《关于实施〈上海市劳动合同条例〉若干问题的通知》规定："双方当事人约定的违约金额高于因劳动者违约给用人单位造成实际损失的，劳动者应当按双方约定承担违约金；约定的违约金数额低于实际损失，用人单位请求赔偿的，劳动者应按实际损失赔偿。"这就是说，违约金高于用人单位实际损失时，劳动者只需要支付违约金而不再支付赔偿金，如果违约金低于劳动者因违反约定给用人单位造成的实际损失，劳动者应按照单位的实际损失进行赔偿。

102

违约金可以随意约定吗？

《劳动合同法》规定，除在培训服务期约定以及竞业限制约定中可以约定劳动者的违约金两种情形外，用人单位不得与劳动者约定由劳动者承担的违约金。违约金数额应当遵循公平、合理的原则约定。

103

协商解除劳动合同经济补偿金应当如何计算？

根据《劳动合同法》第四十六条、第四十七条，劳动合同双方当事人协商一致，由用人单位提出解除劳动合同的，用人单位应当根据劳动者在本单位工作年限，每满一年支付相当于一个月工资的经济补偿金，满六个月不满一年的按一年计算，不满六个月的，向劳动者支付半个月工资的经济补偿。劳动者月工资高于用人单位所在直辖市、设区的市级人民政府公布的本地区上年度职工月平均工资三倍的，向其支付经济补偿的标准按职工月平均工资三倍的数额支付，向其支付经济补偿的年限最高不超过十二年。

本条所称月工资是指劳动者在劳动合同解除或者终止前十二个月的平均工资。计算方法为：

经济补偿金 = 解除或者终止前十二个月的月平均工资 × 工作年限。

104

用人单位解除劳动合同需要支付经济补偿金吗？

根据《劳动合同法》第四十六条，用人单位单方面解除劳动合同，符合下列情形的需要支付经济补偿金：

（1）劳动者患病或者非因工负伤，医疗期满后，不能从事原工作也不能从事由用人单位另行安排的工作的。

（2）劳动者不能胜任工作，经过培训或者调整工作岗位仍不能胜任工作的。

（3）劳动合同订立时所依据的客观情况发生重大变化，致使原劳动合同无法履行，经当事人协商不能就变更劳动合同达成协议的。

（4）用人单位依照企业破产法规定进行重整而裁员的。

（5）生产经营发生严重困难而裁员的。

（6）企业转产、重大技术革新或者经营方式调整，经变更劳动合同后，仍需裁减人员的。

（7）其他因劳动合同订立时所依据的客观经济情况发生重大变化，致使劳动合同无法履行的。

（8）法律、行政法规规定的其他情形。

劳动者单方面解除劳动合同可以获得经济补偿金吗？

根据《劳动合同法》第四十六条第一项，劳动者单方面解除劳动合同，符合下列情形的可以获得经济补偿金：

（1）用人单位未按照劳动合同约定提供劳动保护或者劳动条件的。

（2）用人单位未及时足额支付劳动报酬的。

（3）用人单位未依法为劳动者缴纳社会保险费的。

（4）用人单位的规章制度违反法律、法规的规定，损害劳动者权益的。

（5）用人单位以欺诈、胁迫的手段或者乘人之危，使劳动者在违背真实意思的情况下订立或者变更劳动合同致使劳动合同无效或部分无效的。

（6）用人单位免除自己的法定责任、排除劳动者权利致使劳动合同无效或部分无效的。

（7）用人单位违反法律、行政法规强制性规定致使劳动合同无效或部分无效的。

（8）法律、行政法规规定劳动者可以解除劳动合同的其他情形。

106

劳动者患病或非因工负伤解除劳动合同经济补偿金应当如何计算？

根据《劳动合同法》第四十条、第四十六条和第四十七条，劳动者患病或者非因工负伤，在规定的医疗期满后不能从事原工作，也不能从事用人单位另行安排的工作而解除劳动合同的，用人单位应按其在本单位的工作年限，每满一年发给相当于一个月工资的经济补偿金，满六个月不满一年的按一年计算，不满六个月的，向劳动者支付半个月工资的经济补偿。劳动者月工资高于用人单位所在直辖市、设区的市级人民政府公布的本地区上年度职工月平均工资三倍的，向其支付经济补偿的标准按职工月平均工资三倍的数额支付，向其支付经济补偿的年限最高不超过十二年。月工资是指劳动者在劳动合同解除或者终止前十二个月的平均工资。

同时根据医疗补助费的相关规定，还应发给不低于六个月工资的医疗补助费。患重病和绝症的还应增加医疗补助费，患重病的增加部分不低于医疗补助费的 50%，患绝症的增加部分不低于医疗补助费的 100%。

具体计算方法为：

经济补偿金 = 劳动合同解除或者终止前十二个月的月平均工资 × 工作年限 + 医疗补助费（≥六个月工资）；

患重病经济补偿金 = 劳动合同解除或者终止前十二个月的月平均工资 × 工作年限 + 医疗补助费（≥六个月工资）+ 重病医疗补助费（≥医疗补助费 × 50%）；

患绝症经济补偿金 = 劳动合同解除或者终止前十二个月的月平均工资 × 工作年限 + 医疗补助费（≥六个月工资）+ 绝症医疗补助费（≥医疗补助费 × 100%）。

107

因客观情况发生重大变化解除劳动合同经济补偿金应当如何计算？

根据《劳动合同法》第四十六条、第四十七条，劳动合同订立时所依据的客观情况发生重大变化，致使原劳动合同无法履行，经当事人协商不能就变更劳动合同达成协议，由用人单位解除劳动合同的，用人单位按劳动者在本单位工作的年限，工作时间每满一年发给相当于一个月工资的经济补偿金，满六个月不满一年的按一年计算，不满六个月的，向劳动者支付半个月工资的经济补偿。

劳动者月工资高于用人单位所在直辖市、设区的市级人民政府公布的本地区上年度职工月平均工资三倍的，向其支付经济补偿的标准按职工月平均工资三倍的数额支付，向其支付经济补偿的年限最高不超过十二年。月工资是指劳动者在劳动合同解除或者终止前十二个月的平均工资。

具体计算方法为：

经济补偿金 = 解除或者终止前十二个月的月平均工资 × 工作年限。

108

劳动者不能胜任工作解除劳动合同经济补偿金应当如何计算？

根据《劳动合同法》第四十条、第四十六条、第四十七条，劳动者不能胜任工作，经过培训或者调整工作岗位仍不能胜任工作，由用人单位解除劳动合同的，用人单位应按其在本单位工作的年限，工作时间每满一年，发给相当于一个月工资的经济补偿金，满六个月不满一年的按一年计算，不满六个月的，向劳动者支付半个月工资的经济补偿。

劳动者月工资高于用人单位所在直辖市、设区的市级人民政府公布的本地区上年度职工月平均工资三倍的，向其支付经济补偿的标准按职工月平均工资三倍的数额支付，向其支付经济补偿的年限最高不超过十二年。月工资是指劳动者在劳动合同解除或者终止前十二个月的平均工资。

具体计算方法为：

经济补偿金 = 解除或者终止前十二个月的月平均工资 × 工作年限。

109

用人单位经济性裁员经济补偿金应当如何计算？

根据《劳动合同法》第四十一条、第四十六条、第四十七条，用人单位依照企业破产法规定进行重整而裁员的；生产经营发生严重困难而裁员的；企业转产、重大技术革新或者经营方式调整，经变更劳动合同后，仍需裁减人员的；其他因劳动合同订立时所依据的客观经济情况发生重大变化，致使劳动合同无法履行的，用人单位按被裁减人员在本单位工作的年限支付经济补偿金。在本单位工作的时间每满一年，发给相当于一个月工资的经济补偿金，满六个月不满一年的按一年计算，不满六个月的，向劳动者支付半个月工资的经济补偿。

劳动者月工资高于用人单位所在直辖市、设区的市级人民政府公布的本地区上年度职工月平均工资三倍的，向其支付经济补偿的标准按职工月平均工资三倍的数额支付，向其支付经济补偿的年限最高不超过十二年。月工资是指劳动者在劳动合同解除或者终止前十二个月的平均工资。

具体计算方法为：

经济补偿金 = 解除或者终止前十二个月的月平均工资 × 工作年限。

110

用人单位低于最低工资标准支付工资的应当如何承担经济补偿？

根据《劳动合同法》第八十五条，用人单位支付劳动者的工资报酬低于当地最低工资标准的应当支付其差额部分，逾期不支付的，责令用人单位按应付金额百分之五十以上百分之一百以下的标准向劳动者加付赔偿金。

具体计算方法为：

经济补偿金 = 差额部分 + 加付赔偿金。

111

用人单位拖欠工资、加班费用应当承担何种经济补偿？

根据《劳动合同法》第八十五条，用人单位未按照劳动合同的约定或者国家规定及时足额支付劳动者劳动报酬的，以及安排加班不支付加班费的，应在规定的时间内支付劳动报酬、加班费，逾期不支付的，责令用人单位按应付金额百分之五十以上百分之一百以下的标准向劳动者加付赔偿金。

具体计算方法为：

经济补偿金 = 差额部分 + 加付赔偿金

112

哪些情况下经济补偿金受十二个月封顶的限制？

根据《劳动合同法》第四十七条，劳动者月工资高于用人单位所在直辖市、设区的市级人民政府公布的本地区上年度职工月平均工资三倍的，在计算经济补偿金时，实行基数封顶和年限封顶双重限制。新法规定，经济补偿金基数按职工月平均工资三倍的数额计算，经济补偿金年限最高不超过十二年。

113

在哪些情况下经济补偿金不受十二个月封顶的限制？

根据《国劳动合同法》第四十七条，劳动者月工资低于用人单位所在直辖市、设区的市级人民政府公布的本地区上年度职工月平均工资三倍的员工，其经济补偿金不受十二个月封顶的限制。

114

劳动合同终止后劳动者能得到经济补偿吗？

根据《劳动合同法》第四十六条第五项、第六项和四十四条第四项、第五项，除用人单位维持或者提高劳动合同约定条件续订劳动合同，劳动者不同意续订，劳动合同期满而终止固定期限劳动合同之外，以下两种情况劳动合同终止后用人单位应支付经济补偿金：

（1）用人单位被依法宣告破产的。

（2）用人单位被吊销营业执照、责令关闭、撤销或者用人单位决定提前解散的。

115

劳动合同期满后，劳动者仍在原用人单位工作，原用人单位未拒绝的，其后，用人单位又辞退劳动者的，劳动者是否有权要求经济补偿金？

劳动合同期满后，劳动者仍在原用人单位工作，原用人单位未拒绝的，双方即建立事实劳动关系。根据《劳动合同法》第十条、第八十二条，用人单位从合同到期后第一个工作日起满一个月但不足一年未与劳动者订立书面劳动合同，每月需支付两倍工资，超过一年，视为无固定期限劳动合同。用人单位辞退劳动者，还需根据用人单位解除劳动合同的相关规定支付经济补偿金。

116

经济补偿金需要纳税吗？

根据2001年财政部、国家税务总局颁布并于同年10月1日起实施的《关于个人与用人单位解除劳动关系取得的一次性补偿收入征免个人所得税问题的通知》，劳动者与用人单位解除或终止劳动合同而取得的一次性补偿收入（包括经济补偿金、生活补助费和其他补助费用），其收入在当地上年平均工资三倍数额以内的部分，免征个人所得税；超过部分按照有关规定计算个人所得税。

个人领取一次性补偿收入时按照国家和地方政府规定的比例实际缴纳的住房公积金、医疗保险费、基本养老保险费、失业保险费，可以在计征其一次性补偿收入的个人所得税时予以扣除。企业依照国家有关法律规定宣告破产，企业职工从该破产企业取得的一次性安置费收入，免征个人所得税。

对于个人取得的一次性经济补偿金应计个人所得税部分，可视为一次性取得数月工资收入，允许在一定期限内分摊。具体分摊方法：以应征计个人所得税部分÷个人在本企业的工作年限，确定收入然后按照税法计算个人所得税。本企业工作年限按实际计算，超过十二个月的按十二个月计算。

117

用人单位解除劳动合同后未按规定支付经济补偿金的应承担何种责任？

根据《劳动合同法》第八十五条，用人单位解除或者终止劳动合同，未依照本法规定向劳动者支付经济补偿的，由劳动行政部门责令限期支付全额经济补偿金。逾期不支付的，责令用人单位按应付金额百分之五十以上百分之一百以下的标准向劳动者加付赔偿金。

具体计算方法为：

经济补偿金 = 原应支付的经济补偿金 + 赔偿金［原应支付的经济补偿金×(50%~100%)］。

118

劳动者与用人单位在何种情况下可以约定服务期？

根据《劳动合同法》第二十二条，用人单位为劳动者提供专项培训费用，对其进行专业技术培训的，可以与该劳动者订立协议，约定服务期。

劳动者违反服务期约定的，应当按照约定向用人单位支付违约金。违约金的数额不得超过用人单位提供的培训费用。用人单位要求劳动者支付的违约金不得超过服务期尚未履行部分所应分摊的培训费用。

用人单位与劳动者约定服务期的，不影响按照正常的工资调整机制提高劳动者在服务期期间的劳动报酬。

119

用人单位和劳动者在劳动合同期之外，又约定服务期的，如何确定合同期限？

服务期是劳动者因接受用人单位给予的特殊待遇而承诺必须为用人单位服务的期限。

以上海市为例，上海市劳动和社会保障局《关于实施〈上海市劳动合同条例〉若干问题的通知（二）》，用人单位和劳动者在劳动合同期限之外又约定了服务期的，在实践中主要有以下几种情况：

（1）服务期短于劳动合同期限。由于双方已经在劳动合同中明确约定了必备的劳动合同期限条款，该条款对双方均有约束力。用人单位在为劳动者提供某种特殊待遇后与其签订关于服务期合同，并不影响双方原来劳动合同的履行。如果该期限短于劳动合同期限，应当视为被劳动合同期限吸收。服务期期间辞职需要承担违约金，超出服务期仍在合同期则只要提前三十天就无需支付违约金。

（2）服务期长于劳动合同期限。劳动部《关于实行劳动合同制度若干问题的通知》规定承认当事人在劳动合同中有关工作岗位、劳动报酬等内容可在协商一致的基础上通过签订专项协议来规定。专项协议作为劳动合同的附件，具有与劳动合同同等的约束力。劳动合同中的服务期条款，或因单位提供培训、特殊福利而约定的服务期，可视为劳动合同中的专项条款或专项协议，只要内容与法律、法规不相冲突，应当认定是合法有效的。服务期的约定可视为双方对合同期限的延长，劳动合同顺延至服务期满。如果用人单位不提供工作岗位，视为放弃对剩余服务期的权利，劳动关系终止；如果劳动者违反服务期约定的，应当承担违约责任。

（3）对服务期没有特别约定。《劳动部办公厅关于试用期内解除劳动合同处理依据问题的复函》规定：“用人单位出资对职工进行各类技术培训（指有支付货币凭证的情况），职工提出与单位解除劳动关系的，如果在试用期内，则用人单位不得要求劳动者支付该项培训费用。如果试用期满，在合同期内，则用人单位可以要求劳动者支付该项培训费用；没约定服务期的，按劳动合同等分出资金额，以职工已履行的合同期限递减支付。”因此，如果用人单位为劳动者提供特殊培训或特殊福利待遇的，但对服务期限没有特别约定的，劳动者提前解除劳动合同时，应按比例支付违约金。

120

我国现行《劳动合同法》对竞业限制是如何规定的？

根据《劳动合同法》第二十三条和第二十四条，用人单位与劳动者可以在劳动合同中约定保守用人单位的商业秘密和与知识产权相关的保密事项。对负有保密义务的劳动者，用人单位可以在劳动合同或者保密协议中与劳动者约定竞业限制条款，并约定在解除或者终止劳动合同后，在竞业限制期限内按月给予劳动者经济补偿。劳动者违反竞业限制约定的，应当按照约定向用人单位支付违约金。

竞业限制的人员限于用人单位的高级管理人员、高级技术人员和其他负有保密义务的人员。竞业限制的范围、地域、期限由用人单位与劳动者约定，竞业限制的约定不得违反法律、法规的规定。

在解除或者终止劳动合同后，前款规定的人员到与本单位生产或者经营同类产品、从事同类业务的有竞争关系的其他用人单位，或者自己开业生产或者经营同类产品、从事同类业务的竞业限制期限，不得超过二年。

121

没有约定经济补偿金的竞业限制协议有效吗？

用人单位与负有保守用人单位商业秘密义务的劳动者在竞业限制协议中对经济补偿金的标准、支付形式有约定的，从其约定。

竞业限制协议对经济补偿金的标准、支付形式等未作约定的，劳动者可以要求用人单位支付经济补偿金。双方当事人由此发生争议的，可按劳动争议处理程序解决。用人单位要求劳动者继续履行竞业限制协议的，应当按劳动争议处理机构确认的标准及双方约定的竞业限制期限一次性支付经济补偿金，劳动者应当继续履行竞业限制义务；用人单位放弃对剩余期限竞业限制要求的，应当按劳动争议处理机构确认的标准支付已经履行部分的经济补偿金。

122

用人单位有何种情形需要对劳动者承担赔偿责任？

用人单位有以下情况，需要对劳动者承担赔偿责任：

（1）根据《劳动合同法》第八十条，用人单位直接涉及劳动者切身利益的规章制度违反法律、法规规定的，由劳动行政部门责令改正，给予警告；给劳动者造成损害的，应当承担赔偿责任。

（2）根据《劳动合同法》第八十一条，用人单位提供的劳动合同文本未载明本法规定的劳动合同必备条款或者用人单位未将劳动合同文本交付劳动者的，由劳动行政部门责令改正；给劳动者造成损害的，应当承担赔偿责任。

（3）根据《劳动合同法》第八十二条，用人单位自用工之日起超过一个月不满一年未与劳动者订立书面劳动合同的，应当向劳动者每月支付二倍的工资；用人单位违反本法规定不与劳动者订立无固定期限劳动合同的，自应当订立无固定期限劳动合同之日起向劳动者每月支付二倍的工资。

（4）根据《劳动合同法》第八十三条，用人单位违反本法规定与劳动者约定试用期的，由劳动行政部门责令改正；违法约定的试用期已经履行的，由用人单位以劳动者试用期满月工资为标准，按已经履行的超过法定试用期的期间向劳动者支付赔偿金。

（5）根据《劳动合同法》第八十四条，用人单位违反本法规定，扣押劳动者居民身份证等证件的，由劳动行政部门责令限期退还劳动者本人，并依照有关法律规定给予处罚。用人单位违反本法规定，以担保或者其他名义向劳动者收取财物的，由劳动行政部门责令限期退还劳动者本人，并以每人五百元以上二千元以下的标准处以罚款；给劳动者造成损害的，应当承担赔偿责任。劳动者依法解除或者终止劳动合同，用人单位扣押劳动者档案或者其他物品的，依照前款规定处罚。

（6）根据《劳动合同法》第八十五条，用人单位有下列情形之一的，由劳动行政部门责令限期支付劳动报酬、加班费或者经济补偿；劳动报酬低于当地最低工资标准的，应当支付其差额部分；逾期不支付的，责令用人单位按应付金额百分之五十以上百分之一百以下的标准向劳动者加付赔偿金：

未按照劳动合同的约定或者国家规定及时足额支付劳动者劳动报酬的；

低于当地最低工资标准支付劳动者工资的；

安排加班不支付加班费的；

解除或者终止劳动合同，未依照本法规定向劳动者支付经济补偿的。

（7）根据《劳动合同法》第八十六条，劳动合同依照本法第二十六条规定被确认无效，给劳动者造成损害的，如用人单位属有过错的一方，则应当承担赔偿责任。

（8）根据《劳动合同法》第八十七条，用人单位违反本法规定解除或者终止劳动合同的，应当依照本法第四十七条规定的经济补偿标准的二倍向劳动者支付赔偿金。

（9）根据《劳动合同法》第八十八条，用人单位有下列情形之一的，依法给予行政处罚；构成犯罪的，依法追究刑事责任；给劳动者造成损害的，应当承担赔偿责任：

以暴力、威胁或者非法限制人身自由的手段强迫劳动的；

违章指挥或者强令冒险作业危及劳动者人身安全的；

侮辱、体罚、殴打、非法搜查或者拘禁劳动者的；

劳动条件恶劣、环境污染严重，给劳动者身心健康造成严重损害的。

（10）根据《劳动合同法》第八十九条，用人单位违反本法规定未向劳动者出具解除或者终止劳动合同的书面证明，由劳动行政部门责令改正；给劳动者造成损害的，应当承担赔偿责任。

（11）根据《劳动合同法》第九十二条，劳务派遣单位违反本法规定的，由劳动行政部门和其他有关主管部门责令改正；情节严重的，以每人一千元以上五千元以下的标准处以罚款，并由工商行政管理部门吊销营业执照；给被派遣劳动者造成损害的，劳务派遣单位与用工单位承担连带赔偿责任。

（12）根据《劳动合同法》第九十三条，对不具备合法经营资格的用人单位的违法犯罪行为，依法追究法律责任；劳动者已经付出劳动的，该单位或者其出资人应当依照本法有关规定向劳动者支付劳动报酬、经济补偿、赔偿金；给劳动者造成损害的，应当承担赔偿责任。

（13）根据《劳动合同法》第九十四条，个人承包经营违反本法规定招用劳动者，给劳动者造成损害的，发包的组织与个人承包经营者承担连带赔偿责任。

123

用人单位造成劳动者工资收入损失的应当如何承担赔偿责任？

劳动部《违反〈劳动法〉有关劳动合同规定的赔偿办法》第二条和第三条规定，用人单位违反《劳动法》有关劳动合同的规定，造成劳动者工资收入损失的，按劳动者本人应得工资收入支付给劳动者，并加付应得工资收入25%的赔偿费用。

根据《劳动合同法》的新规定，用人单位造成劳动者工资收入损失，包括用人单位未按照劳动合同的约定或者国家规定及时足额支付劳动者劳动报酬；低于当地最低工资标准支付劳动者工资；安排加班不支付加班费三种情况。由劳动行政部门责令限期支付劳动报酬、加班费或者经济补偿；劳动报酬低于当地最低工资标准的，应当支付其差额部分；逾期不支付的，责令用人单位按应付金额百分之五十以上百分之一百以下的标准向劳动者加付赔偿金。

124

用人单位造成劳动者工伤、医疗待遇损失的应如何承担赔偿责任？

根据《违反〈劳动法〉有关劳动合同规定的赔偿办法》第二条和第三条，用人单位违反《劳动法》有关劳动合同的规定，造成劳动者工伤、医疗待遇损失的，除按国家规定为劳动者提供工伤、医疗待遇外，还应支付劳动者相当于医疗费用25%的赔偿费用。

赔偿金 = 医疗费用 × 25%。

125

用人单位造成女职工和未成年工身体健康损害应如何承担赔偿责任？

根据《违反〈劳动法〉有关劳动合同规定的赔偿办法》第二条和第三条，用人单位违反《劳动法》有关劳动合同的规定，造成女职工和未成年工身体健康损害的，除按国家规定提供治疗期间的医疗待遇外，还应支付相当于其医疗费用25%的赔偿费用。

赔偿金计算方法为：

赔偿金 = 应得工资收入 × 25%。

126

用人单位造成劳动者劳动保护待遇损失应当如何处理？

根据《违反〈劳动法〉有关劳动合同规定的赔偿办法》第二条和第三条，用人单位违反《劳动法》有关劳动合同的规定，造成劳动者劳动保护待遇损失的，应按国家规定补足劳动者的劳动保护津贴和用品。

127

劳动者违法解除劳动合同应当如何承担赔偿责任？

根据《劳动合同法》第九十条，劳动者违反本法规定解除劳动合同，给用人单位造成损失的，应当承担赔偿责任。

除了培训服务期限和竞业限制可以与劳动者约定违约金外，用人单位不得与劳动者约定由劳动者承担违约金。如员工违法解除劳动合同给用人单位造成实际损失，用人单位可以向员工追偿。

《关于违反〈劳动法〉有关劳动合同规定的赔偿办法》和《关于贯彻执行〈中华人民共和国劳动法〉若干问题的意见》规定，劳动者违反规定或劳动合同的约定解除劳动合同（如擅自离职），对用人单位造成损失的，应赔偿：①用人单位招收录用其时所支付的费用；②用人单位为其支付的培训费用（双方另有约定的按约定办理）；③对生产、经营和工作造成的直接经济损失；④劳动者违反劳动合同中约定的保密事项，对用人单位造成经济损失的，依《反不正当竞争法》规定，向用人单位支付有关的赔偿费用。

128

劳动者违反保密条款应当如何承担赔偿责任？

根据《劳动合同法》第九十条，违反劳动合同中约定的保密义务或者竞业限制，对用人单位造成损失的应当承担赔偿责任。

《违反〈劳动法〉有关劳动合同规定的赔偿办法》第五条规定：“劳动者违反劳动合同中约定的保密事项，给用人单位造成经济损失的，按《反不正当竞争法》

第二十条的规定支付用人单位赔偿费用。”具体赔偿费用按照侵权人给用人单位造成的实际损失计算，实际损失难以计算的，赔偿额为侵权人在侵权期间因侵权所获得的利润，并应当承担被侵害的用人单位因调查取证所支付的合理费用。

具体计算方法为：

赔偿金 = 被侵权单位的实际损失（侵权人因侵权行为所获得的利润）+ 合理的调查费、律师费等。

129 用人单位招用尚未解除劳动合同的劳动者对原用人单位造成损失的，应当如何承担连带责任？

根据《劳动合同法》第九十一条和相关赔偿法规，用人单位招用尚未解除劳动合同的劳动者，对原用人单位造成经济损失的，除该劳动者承担直接赔偿责任外，该用人单位应当承担连带赔偿责任。

劳动部《违反〈劳动法〉有关劳动合同规定的赔偿办法》第六条规定：“用人单位招用尚未解除劳动合同的劳动者，对原用人单位造成经济损失时，除该劳动者承担直接赔偿责任外，该用人单位应当承担连带赔偿责任。其连带赔偿的份额应不低于对原用人单位造成经济损失总额的70%。向原用人单位赔偿下列损失：

（1）对生产、经营和工作造成的直接经济损失；

（2）因获取商业秘密给原用人单位造成的经济损失。

具体计算方法为：

赔偿金 =直接经济损失 + 因获取商业秘密造成的经济损失 =直接经济损失 + 被侵权单位的实际损失（侵权人因侵权行为所获得的利润）+合理的调查费用

用人单位承担的赔偿金 = 赔偿金 × X（X ≥ 70%）

劳动者承担的赔偿金 = 赔偿金 − 用人单位承担的赔偿金

130 未及时办理退工手续用人单位需要承担赔偿责任吗？

根据《劳动合同法》第五十条，用人单位应当在解除或者终止劳动合同时出具解除或者终止劳动合同的证明，并在十五日内为劳动者办理档案和社会保险关系转移手续。

根据《劳动合同法》第八十九条，用人单位违反本法规定未向劳动者出具解除或者终止劳动合同的书面证明，由劳动行政部门责令改正；给劳动者造成损害的，应当承担赔偿责任。

以上海市为例，《上海市劳动合同条例》规定，用人单位未向劳动者出具解除或者终止劳动合同关系的有效证明或未及时办理退工手续，影响劳动者办理失业登记手续造成损失的，用人单位应当按照失业保险金有关规定予以赔偿；给劳动者造成其他实际损失的，用人单位应当按照劳动者的请求，赔偿其他实际损失，但不再承担法定失业保险金的赔偿责任。

因劳动者原因造成用人单位未能及时办理退工手续的，其损失由劳动者承担。

第四章　工　资

131

什么是工资？

工资是指劳动者付出正常劳动的情况下，用人单位按有关规定以货币形式直接支付给劳动者的劳动报酬，工资包括三个内容：

（1）劳动者需付出正常劳动。

（2）用人单位需按有关规定的标准支付。

（3）需以货币形式支付。

132

什么是工资总额？

根据国家统计局颁发的《关于工资总额组成的规定》，工资总额是指各单位在一定时期内直接支付给本单位全部员工的劳动报酬总额。工资总额的计算应以直接支付给员工的全部劳动报酬为依据。

属于工资总额的有：

（1）计时工资。

（2）计件工资。

（3）奖金。

（4）津贴与补贴。

（5）延长工作时间的工资。

（6）特殊情况下支付的工资。

133

工资以什么形式支付给劳动者？

在上海市，依据《上海市企业工资支付办法》（劳保综发［2003］2号）第三条规定："工资应当以法定货币形式支付。"

工资应当以货币形式按月支付给劳动者本人。不得以实物及有价证券替代货币支付。

用人单位应将工资支付给劳动者本人。劳动者本人因故不能领取工资时，可由其亲属或委托他人代领。

用人单位可委托银行代发工资。

用人单位必须书面记录支付劳动者工资的时间、领取者的姓名以及签字，并保存两年以上备查。用人单位在支付工资时应向劳动者提供其个人的工资清单。

134

是不是以货币形式支付的都计入工资总额？

不是所有以货币形式支付给员工的都计入工资总额，有些不属于工资总额范围：

（1）按有关规定颁发的创造发明奖、自然科学奖、科学进步奖、合理化建议奖、技术改进奖。

（2）颁发给运动员、教练员的奖金。

（3）有关劳动保险和福利方面的费用，具体如下：上下班交通费、洗理费、探亲路费、生活补助、提供给员工或家属的抚恤金。

（4）支付给离休、退休、退职人员的各项费用。

（5）劳动保护的各项费用，如工作服、手套、鞋子等劳保用品、清凉饮料费、高温作业费等。

（6）稿费、讲课费及其他从事专业工作的费用。

（7）出差伙食补贴、误餐补贴，调动工作地点而产生的路程费和安家费。

（8）购买本企业股票所支付的股息与利息。

（9）因解除劳动合同而支付给劳动者医疗补助费和生活补助费。

(10) 因录用临时工而向中介单位支付的手续费与管理费。

(11) 计划生育独生子女补贴。

①③⑤

有多少种工资类型？

工资主要有三种类型：

(1) 计时工资。

(2) 计件工资。

(3) 奖金、津贴、福利。

①③⑥

计时工资如何计算？

计时工资是按照劳动时间计算劳动报酬。

优点：适应性强、便于计算、适用范围较广泛。

缺点：不能反映出劳动者的劳动效率与劳动强度、劳动质量。

计时工资有如下几种形式：

(1) 小时工资制。

$$小时工资制 = \frac{月工资标准}{月计薪小时数}$$

(每月计薪小时数=21.75 天×8 小时=174 小时)

(2) 日工资制。

$$日工资制 = \frac{月工资标准}{月法定工作天数}$$

(每个月平均计薪日为 21.75 天)

(3) 月工资制。

按照劳动者从事的岗位、与企业约定的标准计算。

137

计件工资如何计算？

计件工资是根据员工生产合格产品的数量或完成的工作量，以劳动定额为标准，按预先规定的计件单价来计算劳动报酬。包括：

（1）超额累进计件：在劳动定额内按计件单价支付，对超额部分在原单价基础上累进计发工资，超额越多，单价越高。

（2）直接无限计件：上不封顶，同一单价计件。

（3）限额计件：在劳动定额内按计件单价支付，对超额部分进行限制，采用封顶的计件。

（4）超定额计件：在劳动定额内，按计时发给标准工资，超额部分发给计件工资。

（5）按质计件：根据产品的不同质量，规定不同的计件单价计件。

（6）按工作任务包干方法支付。

（7）按营业额提成或利润提成办法支付。

138

什么是奖金，奖金的范围是什么？

奖金是支付给劳动者的超额劳动报酬和增收节支的劳动报酬，需从企业的超额利润中提取。奖金不封顶。奖金包括：

（1）生产奖。

（2）节约奖。

（3）劳动竞赛奖。

（4）机关、事业单位的奖励工资。

139

什么是津贴、补贴，范围是什么？

津贴和补贴是指为了补偿员工特殊或额外的劳动消耗和因其他特殊原因支付给员工的津贴，以及为了保证员工工资水平不受物价影响支付给员工的物价补贴。

津贴包括：

（1）补偿员工特殊或额外劳动消耗的津贴。如：高空津贴、井下津贴、高温作业津贴、野外作业津贴、林区津贴、夜班津贴等。

（2）保健性津贴：卫生防疫津贴、医疗卫生津贴等。

（3）技术性津贴：科研津贴、特级教师津贴、技师津贴。

（4）年功性津贴。

（5）其他津贴：伙食津贴、书报津贴。

补贴包括：

为保证员工工资水平不受物价上涨或变动影响而支付的各种补贴，如：房屋补贴、水电补贴、副食品补贴。

140

加班工资如何计算？

用人单位在劳动者完成劳动定额或规定的工作任务后，根据实际需要安排劳动者在法定标准工作时间以外工作的，应按以下标准支付工资：

（1）用人单位依法安排劳动者在日法定标准工作时间以外延长工作时间的，按照不低于劳动合同规定的劳动者本人小时工资标准的150%支付劳动者工资。

（2）用人单位依法安排劳动者在公休日加班，按照不低于劳动合同规定的劳动者本人小时工资标准的200%支付劳动者工资。

（3）用人单位依法安排劳动者在法定节假日加班，按照不低于劳动合同规定的劳动者本人小时工资标准的300%支付劳动者工资。

实行计件工资的劳动者，在完成计件定额任务后，由用人单位安排延长工作时间的或加班的，应根据上述规定的原则，分别按照不低于其本人法定工作时间计件单价的150%、200%、300%支付其工资。

加班加点的日工资计算：按照工资确定的计算基数除以每月平均制度工作天数21.75天。如果计算小时加班加点工资，则在日加班加点工资的基础上再除以8小时。

按照国家劳动行政部门和上海行政部门的最新规定，计算加班工资与计算假期工资是相同的：

$$加班日工资 = \frac{工资基数}{21.75} \times 法定比例$$

$$假期日工资 = \frac{工资基数}{21.75}$$

141

职工加班加点工资的计算基数如何确定？

可以按以下原则确定：

（1）劳动合同有约定的，按不低于劳动合同约定的劳动者本人所在岗位（职位）相对应的工资标准确定。

（2）劳动合同没有约定的，可由用人单位与职工代表通过工资集体协商确定，在集体合同中明确。

（3）用人单位与劳动者无任何约定的，统一按劳动者本人所在岗位（职位）正常出勤的月工资的70%确定。

按以上原则确定的计算基数，均不得低于本市规定的最低工资标准。

142

经批准实行综合计算工时工作制的企业，如何计算工作时间与加班时间，加班工资如何支付？

《关于企业实行不定时工作制和综合计算工时工作制的审批办法》（劳部发［1994］503号）规定：

综合计算工时工作制采用的是以周、月、季、年等为周期进行综合计算工作时间，但其平均日工作时间和平均周工作时间应与法定标准工作时间基本相同。也就是说，在综合计算周期内，某一具体日（或周）的实际工作时间可以超过八小时（或四十小时），但综合计算周期内的总实际工作时间不应超过总法定标准工作时间，超过部分应视为延长工作时间并按《劳动法》第四十四条第一款的规定支付工资报酬，其中法定休假日安排劳动者工作的，按《劳动法》第四十四条第三款的规定支付工资报酬。而且，延长工作时间的小时数平均每月不得超过三十六小时。

员工的休息日并不一定是周六或周日，进行轮班制度的企业可以根据自己企业的实际情况安排员工休息。如果休息日（周六、周日）安排员工工作的，超过法定标准工作时间的部分可以按《劳动法》第四十四条第一款的规定支付员工150%的加班工资。

143

工资支付的时间有相关规定吗？

用人单位应当按月向劳动者支付工资。按月支付是指按照用人单位与劳动者约定的每月支付工资的日期。如约定日期遇节假日或休息日，则应提前在最近的工作日支付。工资至少每月支付一次，实行周、日、小时工资制的可按周、日、小时支付工资。

对于完成一次性临时劳动或某项具体工作的劳动者，用人单位应按有关协议或合同规定在其完成劳动任务后支付工资。

144

最低工资不包括哪些项目？

最低工资标准是指劳动者在法定工作时间或依法签订的劳动合同约定的工作时间内提供了正常劳动的前提下，用人单位依法应支付给劳动者的最低工资报酬。所谓正常劳动是指劳动者按依法签订的劳动合同，在法定工作时间或劳动合同约定的工作时间内从事的劳动。劳动者依法享受带薪年休假、探亲假、婚丧假、生育/生产假、节育手术假等国家规定的假期间，以及法定工作时间内依法参加社会活动期间，视为提供了正常劳动。

最低工资标准中不包括下列项目：

（1）延长工作时间工资。

（2）中班、夜班、高温、低温、井下、有毒有害等特殊工作环境、条件下的津贴。

（3）法律、法规和国家规定的劳动者福利待遇等。

实行计件工资或提成工资等工资形式的用人单位，在科学合理的劳动定额基础上，其支付劳动者的工资不得低于相应的最低工资标准。

什么是社会平均工资？最近几年的社会平均工资是多少？

社会平均工资是一定时期一定范围内平均一个职工的工资数额。通过该时期该范围全体职工的工资总额与职工平均人数之比而得到，可以反映出职工的工资水平和生活水平。

上海市历年平均工资与最低工资标准

单位：元

年度	年平均工资	月平均工资	最低工资标准	备注
1992	4272	356		
1993	5604	467	210	
1994	7404	617	220	不包括住房公积金、养老保险费（按30元计）
1995	9276	773	270	
1996	10668	889	300	不包括个人缴纳住房公积金、养老保险费
1997	11424	952	315	
1998	12060	1005	325	
1999	14147	1179	423	最低工资中不包括下列项目：1. 延长工作时间的加班工资；2. 中班、夜班、高温、低温、井下、有毒有害等特殊工作环境、条件下的津贴；3. 个人缴纳养老、医疗、失业保险费和住房公积金；4. 伙食补贴、上下班交通费补贴、住房补贴
2000	15420	1285	445	
2001	17746	1480	490	
2002	19473	1623	535	
2003	22160	1847	570	
2004	24398	2033	635	
2005	26823	2235	690	
2006	29569	2464	750	
2007	34704	2892	840	
2008	39502	3292	960	
2009	42789	3566	960	
2010	46757	3896	1120	
2011	51968	4331	1280	
2012			1450	

146

什么是职能工资，有什么优点？

职能工资是根据员工所具备的工作能力与潜力来确定的职能工资。

（1）优点：

突出工作能力对个人工资的重要作用，鼓励个人能力的提高。个人的能力是决定工资的最主要因素，所以即使不担任某一职务，但其能力经考核评定被认为已有资格担任此项业务，则就可以支付与这一职务相对应的工资。就排除了因客观上职务无空缺而使员工失去发展动力的情况。

（2）缺点：

员工本身的工作能力不好测量；工作绩效与能力的实际发挥程度不一定成比例。

（3）适用范围：

技术复杂程度高、劳动熟练程度差别大的企业。

急需提高企业核心竞争力。

（4）举例：

工资=基本工资（30%）+职能工资（65%）+工龄工资（5%）

147

目前企业使用最多的是什么样的工资结构？由哪些项目组成？

结构工资制将职务工资制、职能工资制和绩效工资制的优点相综合，同时从工作内容、工作能力和工作绩效三个方面对工资等级进行划分。结构工资制目前被许多企业所采用。根据各企业的具体情况不同，结构工资制中的工资项目和比例也不尽相同。

大体上讲，结构工资主要由基础工资、工龄工资、技能工资、岗位工资和绩效工资等工资项目组成。

（1）基础工资是指用来维持员工基本生活的工资。

（2）工龄工资也称资历工资，它则根据员工在企业工作时间的长短来计量，一般一年进行一次调整，它的目的是用来加强员工的稳定性，促使员工更长时间的为企业服务。

（3）技能工资部分由员工的工作能力而确定。

（4）岗位工资则是根据员工的职务（工作内容）来确定的，有的企业为了解决干部“能上不能下”问题，则取消了岗位工资。

（5）绩效工资：根据员工的绩效成绩而确定。

148

同一用人单位连续工作时间的含义是什么？

同一用人单位连续工作时间指劳动者与同一用人单位保持劳动关系的时间。

在计算“同一用人单位连续工作时间”时，不应扣除劳动者依法享有医疗期时间。在计算医疗期和经济补偿时，“本单位工作年限”和“同一用人单位连续工作时间”为同一概念，也不应扣除劳动者依法享有的医疗期时间。

149

职工病假期间是否可以计算为连续工龄？

疾病或非因工负伤停止工作医疗期间，在6个月内的，计算为本企业连续工龄；超过6个月病愈仍回本企业工作的，除超过6个月的期间不算工龄外，其前后在本企业的工龄应合并计算。

150

在法定节假日加班是否可以安排补休？

企业安排在法定节假日工作的，应另外支付劳动合同规定的劳动者本人小时或日工资标准的300%的工资，不可以安排补休来抵扣。只有在休息日安排劳动者工作的，才能安排补休或支付加班工资。

151

企业支付给职工的加班工资中是否包括正常工作日的工资？

因企业生产经营需要，经与劳动者协商后安排劳动者延长工作时间或在休息日安排劳动者工作而又不能安排劳动者补休的，以及在法定休假日安排劳动者工作的，需要另外支付劳动者150%、200%、300%的工资。企业支付劳动者加班工资中不包括正常工作日工资。

152

特殊节假日（如三八妇女节）安排劳动者工作的情况是否需要支付加班工资？

部分公民放假的节日期间，如三八妇女节、五四青年节、开斋节等，需要参加社会或单位组织庆祝活动和照常工作的劳动者，单位应支付劳动者工资报酬，但不需支付加班工资。

如果节日恰逢休息日（周六、周日），企业需要安排劳动者工作的，应按规定支付劳动者休息日的加班工资。

153

什么是特殊情况下支付的工资？

特殊情况下支付的工资包括：

（1）根据国家法律、法规和政策规定，因病、工伤、产假、计划生育假、婚丧假、事假、探亲假、定期休假、停工学习、执行国家或社会义务等原因按计时标准或计时工资标准的一定比例支付的工资。

（2）附加工资、保留工资。

154

如果企业破产了，还需要支付员工工资吗？

用人单位依法破产时，劳动者有权获得其工资。新《中华人民共和国企业破产法》出台前，规定清偿顺序应首先支付本单位劳动者的工资。新的《破产法》界定了担保债权和职工债权在清算中的清偿顺序问题，规定“担保债权优先于职工债权”，破产财产首先用于清偿破产费用和公益债务，包括清算组进行必要的民事活动所产生的债务等，然后才清偿破产人所欠的工资和医疗、伤残补助、抚恤费用等。《破产法》公布后，破产人将优先清偿企业担保人，职工工资和其他福利仅能从未担保财产中清偿。

155

企业停工、停产期间工资需要支付吗？

不是因为劳动者原因造成单位停工、停产的，在一个工资支付周期内，用人单位应按劳动合同规定的标准支付劳动者的工资；超过一个工资支付周期的，若劳动者提供了正常劳动，则支付给劳动者的劳动报酬不得低于当地的最低工资标准；若劳动者没有提供正常劳动，应按国家有关规定办理。目前应按职工基本生活保障向劳动者支付基本生活费。

156

员工参加社会活动期间如何支付工资？

劳动者在法定工作时间内依法参加社会活动期间，用人单位应视同其提供了正常劳动而支付工资。这里的工资一般指的是全额工资，而不仅是标准工资。社会活动包括：

（1）依法行使选举权或被选举权。

（2）当选代表出席乡镇、区级以上政府、党派、工会、青年团、妇女联合会等组织召开的会议。

（3）出任人民法院证明人。

（4）出席劳动模范、先进工作者大会。

（5）《工会法》规定的不脱产工会基层委员会因工会活动占用生产或工作时间。

（6）其他依法参加的社会活动。

157

事假期间工资如何支付？

职工因私事请假期间的工资支付，国家法律法规中没有明确规定，用人单位可以根据内部的规章制度自行执行。从目前执行情况看，因为职工没有提供正常劳动，有些企业不支付职工事假工资；有些企业支付职工部分事假工资；有些企业按照标准工资的一定比例支付。

158

病假工资支付标准有哪些？

以上海市为例，《关于本市企业职工疾病休假工资或疾病救济费最低标准的通知》（沪劳保发［2000］14号）规定：

职工患病或非因工负伤治疗期间，在规定的医疗期间内由企业按有关规定支付其病假工资或疾病救济费。

上海市职工病假工资最低标准规定如下：

（1）企业支付职工疾病休假期间的病假工资或疾病救济费不得低于当年本市企业职工最低工资标准的 80%。

（2）企业职工疾病休假工资或疾病救济费最低标准不包括应由职工个人缴纳的养老、医疗、失业保险费和住房公积金。

根据上海市劳动局《关于加强企业职工疾病休假管理，保障职工疾病休假期间生活的通知》（沪劳保发［95］83 号）的规定：职工患病或非因工负伤连续休假在六个月以内的，企业应按下列标准支付疾病休假工资：

连续工龄	按本人工资的
连续工龄<2 年	60%计发
2 年≤连续工龄<4 年	70%计发
4 年≤连续工龄<6 年	80%计发
6 年≤连续工龄<8 年	90%计发
连续工龄≥8 年	100%计发

上述“按本人工资”中所指工资按照《上海市企业工资支付办法》中假期工资计算。

159

病休假超过六个月工资应如何支付？

职工患病或非因工负伤治疗期间，在规定的医疗期间内由企业按有关规定支付其病假工资或疾病救济费，病假工资或疾病救济费可以低于当地最低工资标准，但不能低于最低工资标准的 80%。

以上海市为例，根据上海《关于加强企业职工疾病休假管理，保障职工疾病休假期间生活的通知》的规定：职工患病或非因工负伤连续休假超过六个月的，由企业支付疾病救济费，具体详见下表：

连续工龄	按本人工资的
连续工龄<1年	40%计发
1年≤连续工龄<3年	50%计发
连续工龄≥3年	60%计发

上述“按本人工资”中所指工资按《上海市企业工资支付办法》中假期工资计算。

160

职工病休假工资具体应如何计算？

以上海市为例，根据《上海市企业工资支付办法》的规定：

用人单位与劳动者无任何约定的，假期工资的计算基数统一按劳动者本人所在岗位正常出勤的月工资的70%确定。

病休假工资 = 职工正常情况下月工资 ÷ 21.75 × 70% × 病假工资计发比例 × 病休天数

161

中、夜班津贴如何支付？

以上海市为例，根据《关于调整中、夜班津贴标准的通知》（沪劳综发［95］7号）有关规定，中、夜班津贴按下列标准支付：

（1）中班（22点以后下班的）津贴标准为2.20元；

（2）夜班（24点以后下班的）津贴标准为3.40元；

（3）夜班（连续工作12小时的）津贴标准为4.40元；

（4）5点以前上班的早餐补助费为0.80元；

（5）正常日班职工在夜间值班到22点以后的，发给夜餐费2.20元，通宵值班发给3.40元。

162

企业高温季节津贴有何规定？

以上海市为例，参照《上海市人力资源和社会保障局关于调整本市企业高温季节津贴标准的通知》(沪人社综发［2011］43号)，企业高温季节津贴标准如下：

(1) 企业每年6月至9月安排劳动者在高温天气下露天工作以及不能采取有效措施将工作场所温度降低到33℃以下的（不含33℃），自2011年6月开始，应当向劳动者支付高温季节津贴，标准为每月200元。

(2) 企业应结合生产经营特点和具体条件，建立高温季节津贴制度，并通过民主协商合理确定本企业的高温季节津贴发放条件、范围及具体标准。

(3) 企业在发放劳动保护性质的高温季节津贴的同时，应继续做好夏季工作现场清凉饮料的供应。

(4) 各企业，特别是从事高温作业和户外作业的行业，要制定合理的作息制度，当气温达到35℃及以上时，可根据实际情况调整、缩短工作时间。当气温达到38℃及以上时，除涉及国计民生、城市运行安全和人民基本生活等重要行业外，工作环境不能满足极端高温条件作业的企业，可视实际情况采取暂停工作和保证休息等措施。

(5) 有雇工的个体经济组织、民办非企业单位参照执行。

163

依法终止或解除劳动合同时如何支付员工工资？

用人单位与劳动者终止劳动合同，或依法解除劳动合同的，用人单位应当在与劳动者办妥手续时，一次性付清劳动者的工资。这其中需要注意所谓“办妥一切手续”是指劳动者与用人单位按照用人单位合法的规章制度办理完毕离职手续，用人单位与劳动者之间存在的其他未处理完毕的经济纠纷或赔偿等不算作未办妥手续，不能以此为由扣发员工工资，需要通过其他途径来解决。

如果用人单位工资支付需要外省市管理者审核的，可以终止劳动合同或解除劳动合同，劳动者办妥手续时，与劳动者约定付清工资时间。

164

劳动者在试用期期间工资如何支付？

劳动者与用人单位建立劳动关系后，试用期间在法定工作时间内提供了正常劳动，其所在的用人单位应当支付工资给劳动者。

劳动者在试用期的工资不得低于本单位相同岗位最低档工资或者劳动合同约定工资的百分之八十，并不得低于用人单位所在地的最低工资标准。

165

劳动者违反用人单位规章制度受到处分或被法院判刑的情况如何支付工资？

劳动者违反用人单位规章制度、劳动纪律，被用人单位进行处分并降低劳动者工资待遇的，降低后的工资待遇不得低于最低工资标准。

被人民法院判处管制、缓刑的劳动者，继续在原单位工作的，用人单位按劳动合同的约定或本单位规章制度的规定支付劳动者工资。

166

被错误判刑、无罪释放人员的工资如何支付？

依据《关于企业职工被错判宣告无罪释放后，是否应恢复与企业的劳动关系等有关问题的复函》（劳办发［1997］40号），被错误判刑、无罪释放人员的工资可分为三种情况处理：

（1）1995年1月1日《国家赔偿法》实施前被判犯罪，又改判无罪释放的劳动者，如果用人单位仅因其被判刑而解除劳动合同或劳动关系，则应该与其恢复履行劳动合同或劳动关系，同时恢复其原工资，补发其在押期间的工资。如果该劳动者虽可恢复劳动关系，但仍犯有错误，则视错误情节轻重给予降低工资或恢复其原工资。

（2）1995年1月1日《国家赔偿法》实施后被判犯罪，又改判无罪释放的劳动者，如果用人单位仅因其被判刑而解除劳动合同或劳动关系，则应该与其恢复履行劳动合同或劳动关系，同时恢复其原工资，该劳动者在押期间的工资损失，应按《国家赔偿法》的规定，向有关部门要求赔偿，其所在单位不再补发。

（3）1995年1月1日《国家赔偿法》实施前被判犯罪，实施后又改判无罪释放的劳动者，如果用人单位仅因其被判刑而解除劳动合同或劳动关系，则应该与其恢复履行劳动合同或劳动关系，同时恢复其原工资，该劳动者在押期间的工资损失，应分两个阶段处理。即1994年12月31日以前的工资损失，由用人单位负责补发；1995 年 1 月 1 日以后的工资损失，应按《国家赔偿法》的规定，向有关部门要求赔偿，其所在单位不再补发。

167

什么情况下认定为“克扣工资”？

克扣是指用人单位无正当理由扣减劳动者应得工资（即在劳动者已提供正常劳动的前提下用人单位按劳动合同规定的标准应当支付给劳动者的全部劳动报酬），不包括以下减发工资的情况：

（1）国家的法律、法规中有明确规定的。

（2）依法签订的劳动合同中有明确规定的。

（3）用人单位依法制定并经职代会批准的厂规、厂纪中有明确规定的。

（4）企业工资总额与经济效益相联系，经济效益下浮时，工资必须下浮的。

（5）因劳动者请假等相应减发工资等。

但有下列情况之一的，用人单位可以代扣劳动者工资：

（1）用人单位代扣代缴的个人所得税。

（2）用人单位代扣代缴的应由劳动者个人负担的各项社会保险费用。

（3）法院判决、裁定中要求代扣的抚养费、赡养费。

（4）法律、法规规定可以从劳动者工资中扣除的其他费用。

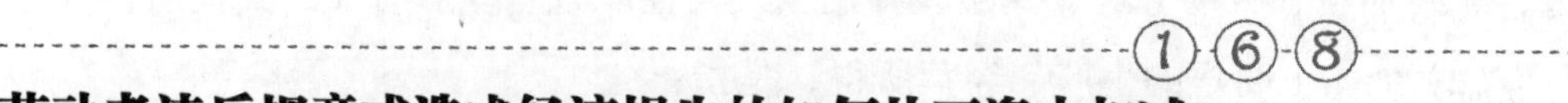

劳动者违反规章或造成经济损失的如何从工资中扣减？

劳动者违反用人单位依法制定的规章制度，需要按用人单位规定受到处罚的；或因劳动者本人原因造成经济损失的，用人单位可按照劳动合同的约定要求其赔偿经济损失。违反规章制度的罚款或经济损失的赔偿可从劳动者本人工资中扣除，但每月扣除的部分不得超过劳动者本人当月工资的 20%，若扣除后的剩余工资部分低于当地最低工资，则按最低工资标准支付。

169

什么情况下会被认定为"无故拖欠工资"？

"无故拖欠"是指用人单位无正当理由超过规定支付工资时间未支付劳动者工资。不包括下列情况：

（1）用人单位遇到非人力所能抗拒的自然灾害、战争等原因，无法按时支付工资的。

（2）用人单位确因生产经营困难、资金周转受到影响，在征得本单位工会同意后，可暂时延期支付劳动者工资，延期时间的最长期限可由各省、自治区、直辖市劳动行政部门根据各地情况确定。

其他情况下拖欠工资均属于无故拖欠，用人单位克扣或者无故拖欠劳动者工资的，以及拒不支付劳动者延长工作时间工资报酬的，除在规定时间内全额支付劳动者工资报酬外，还需要加发相当于工资报酬25%的经济补偿金。

170

需要缴纳个人所得税的范围

下列各项个人所得，应纳个人所得税：

（1）工资、薪金所得：是指个人因任职或者受雇而取得的工资、薪金、奖金、年终加薪、劳动分红、津贴、补贴以及与任职或者受雇有关的其他所得。

（2）个体工商户的生产、经营所得，是指：

①个体工商户从事工业、手工业、建筑业、交通运输业、商业、饮食业、服务业、修理业以及其他行业生产、经营取得的所得。

②个人经政府有关部门批准，取得执照，从事办学、医疗、咨询以及其他有偿服务活动取得的所得。

③其他个人从事个体工商业生产、经营取得的所得。

④上述个体工商户和个人取得的与生产、经营有关的各项应纳税所得。

（3）对企事业单位的承包经营、承租经营所得，是指个人承包经营、承租经营以及转包、转租取得的所得，包括个人按月或者按次取得的工资、薪金性质的所得。

（4）劳务报酬所得，是指个人从事设计、装潢、安装、制图、化验、测试、医疗、法律、会计、咨询、讲学、新闻、广播、翻译、审稿、书画、雕刻、影视、录音、录像、演出、表演、广告、展览、技术服务、介绍服务、经纪服务、代办服务以及其他劳务取得的所得。

（5）稿酬所得，是指个人因其作品以图书、报刊形式出版、发表而取得的所得。

（6）特许权使用费所得，是指个人提供专利权、商标权、著作权、非专利技术以及其他特许权的使用权取得的所得；提供著作权的使用权取得的所得，不包括稿酬所得。

（7）利息、股息、红利所得，是指个人拥有债权、股权而取得的利息、股息、红利所得。

（8）财产租赁所得，是指个人出租建筑物、土地使用权、机器设备、车船以及其他财产取得的所得。

（9）财产转让所得，是指个人转让有价证券、股权、建筑物、土地使用权、机器设备、车船以及其他财产取得的所得。

（10）偶然所得，是指个人得奖、中奖、中彩以及其他偶然性质的所得。

（11）个人取得的所得，难以界定应纳税所得项目的，由主管税务机关确定。

171

个人所得税的税率如何计算？

（1）工资、薪金所得适用超额累进税率，税率为百分之三至百分之四十五（见本章附表，下同）。

（2）个体工商户的生产、经营所得和对企事业单位的承包经营、承租经营所得，适用百分之五至百分之三十五的超额累进税率。

（3）稿酬所得，适用比例税率，税率为百分之二十，并按应纳税额减征百分之三十。

（4）劳务报酬所得，适用比例税率，税率为百分之二十。对劳务报酬所得一次收入奇高的，可以实行加成征收，具体办法由国务院规定。

（5）特许权使用费所得，利息、股息、红利所得，财产租赁所得，财产转让所得，偶然所得和其他所得，适用比例税率，税率为百分之二十。

172

是不是所有的个人所得都需要缴纳个人所得税？

下列各项个人所得，免纳个人所得税：

（1）省级人民政府、国务院部委和中国人民解放军军以上单位，以及外国组织、国际组织颁发的科学、教育、技术、文化、卫生、体育、环境保护等方面的奖金。

（2）国债和国家发行的金融债券利息。

（3）按照国家统一规定发给的补贴、津贴。

（4）福利费、抚恤金、救济金。

（5）保险赔款。

（6）军人的转业费、复员费。

（7）按照国家统一规定发给干部、职工的安家费、退职费、退休工资、离休工资、离休生活补助费。

（8）依照我国有关法律规定应予免税的各国驻华使馆、领事馆的外交代表、领事官员和其他人员的所得。

（9）中国政府参加的国际公约、签订的协议中规定免税的所得。

（10）经国务院财政部门批准免税的所得。

有下列情形之一的，经批准可以减征个人所得税：

（1）残疾、孤老人员和烈属的所得。

（2）因严重自然灾害造成重大损失的。

（3）其他经国务院财政部门批准减税的。

173

工资薪金个人所得税的计税依据是应发工资还是按照减掉其他社会保险等后的实发工资数来计算个人所得税？

企业和个人按照国家或地方政府规定的比例提取，并向指定金融机构实际缴付的住房公积金、医疗保险金、基本养老保险金，城镇企业事业单位及其职工个人按照《失业保险条例》规定的比例，实际缴付的失业保险费，均不计入个人当期的工资、薪金收入，免征个人所得税。故工资薪金所得个人所得税应按扣除以上几项后的实发工资计算个人所得税。

174

稿酬收入怎样征收个人所得税？

按照有关规定，稿酬所得按20%的比例税率征收个人所得税，并按应纳税额减征30%。每次稿酬收入在4000元以下的，扣除800元的费用；在4000元以上的，扣除20%的费用。其余额为应纳税所得额。

175

稿酬所得缴纳个人所得税有哪些计税规定？

（1）个人每次以图书、报刊方式出版，发表同一作品（文字作品、书画作品、摄影作品以及其他作品），不论出版单位是预付还是分笔支付稿酬，或者加印该作品后再付稿酬，均应合并其稿酬所得按一次计征个人所得税。在两处或两处以上出版、发表或再版同一作品而取得稿酬所得，则可分别各处取得的所得或再版所得按分次所得计征个人所得税。

（2）个人的同一作品在报刊上连载，应合并其因连载而取得的所有稿酬所得为一次，按税法规定计征个人所得税。在其连载之后又出书取得稿酬所得，或先出书后连载取得稿酬所得，应视同再版稿酬分次计征个人所得税。

（3）作者去世后，对取得其遗作稿酬的个人，按稿酬所得征收个人所得税。

176

对公司聘请的独立董事所取得的董事津贴如何核算个人所得税？

按照现有政策规定，个人由于担任董事职务所取得的董事费收入，属于劳务报酬所得性质，应按照劳务报酬所得项目征收个人所得税。

177

企业发放给职工个人的年金是否应缴纳个人所得税？

根据有关税收政策规定，企业发放给职工的年金应并入职工“工资、薪金所得”，按税法规定征收个人所得税。

178

境内企业聘请外籍人员，工资以美元支付，其个人所得税如何扣缴？

根据《中华人民共和国个人所得税法》的相关规定，外籍人员应自行申报缴纳个人所得税或由所聘请的企业代扣代缴其个人所得税，并且应按申报时上一月最后一日中国人民银行公布的外汇牌价，折合为人民币计算应纳税所得额。

179

个人因参加企业的有奖销售活动而取得的赠品所得是否需要缴纳个人所得税？

个人因参加企业的有奖销售活动而取得的赠品所得，应按“偶然所得”项目计征个人所得税。赠品所得为实物的，应以《中华人民共和国个人所得税法实施条例》第十条规定的方法确定应纳税所得额，计算缴纳个人所得税。税款由举办有奖销售活动的企业（单位）负责代扣代缴。

180

补贴、津贴是否需要缴纳个人所得税？

按照国务院规定发给的政府特殊津贴和国务院规定免纳个人所得税的补贴、津贴免予征收个人所得税。其他各种补贴、津贴均应计入“工资、薪金所得”项目缴纳个人所得税。

下列不属于工资、薪金性质的补贴、津贴或者不属于纳税人本人“工资、薪金所得”项目的收入，不征税：

（1）独生子女补贴。

（2）执行公务员工资制度未纳入基本工资总额的补贴、津贴差额和家属成员的副食品补贴。

（3）托儿补助费。

（4）差旅费津贴，误餐补助。

181

关于外籍纳税人在中国几地工作如何确定纳税地点？

（1）在几地工作或提供劳务的临时来华人员，应以税法所规定的申报纳税的日期为准，在某一地达到申报纳税的日期，即在该地申报纳税。但准予其提出申请，经批准后，也可固定在一地申报纳税。

（2）凡由在华企业或办事机构发放工资、薪金的外籍纳税人，由在华企业或办事机构集中向当地税务机关申报纳税。

182

派发红股如何缴纳个人所得税？

股份制企业在分配股息、红利时，以股票形式向股东个人支付应得的股息、红利（即派发红股），应以派发红股的股票票面金额为收入额，按利息、股息、红利项目计征个人所得税。

183

企业和单位以免费培训班、研讨会、工作考察等形式提供个人营销业绩奖励的情况是否需要缴纳个人所得税？

《国家税务总局关于企业以免费旅游方式提供对营销人员个人奖励有关个人所得税政策的通知》（财税〔2004〕11号）规定：

按照我国现行个人所得税法律法规有关规定，对商品营销活动中，企业和单位对营销业绩突出人员以培训班、研讨会、工作考察等名义组织旅游活动，通过免收差旅费、旅游费对个人实行的营销业绩奖励（包括实物、有价证券等），应根据所发生费用全额计入营销人员应税所得，依法征收个人所得税，并由提供上述费用的企业和单位代扣代缴。其中，对企业雇员享受的此类奖励，应与当期的工资薪金合并，按照“工资、薪金所得”项目征收个人所得税；对其他人员享受的此类奖励，应作为当期的劳务收入，按照“劳务报酬所得”项目征收个人所得税。

184

个人一次取得数月奖金或年终双薪如何计税？

员工取得的全年一次性奖金及双薪，如在同一个月发放，应单独作为一个月工资、薪金所得按以下方式计算税额：

（1）如果发放全年一次性奖金的当月，员工当月工资应纳税所得额为负，应将全年一次性奖金减除"当月工资应纳税所得额的绝对值"后的余额，除以12个月（如当地政府有其他规定，按当地规定计算），按其商数确定适用的税率和速算扣除数。

确定员工全年一次性奖金的适用税率和速算扣除数后，应纳税额的计算公式如下：

应纳税额＝(全年一次性奖金－当月工资应纳税所得额的绝对值)×适用税率－速算扣除数

【例】某员工在2012年1月取得年终奖金及双薪，2012年1月工资毛薪2349元，个人社保408.3元，年终奖金及双薪合计1647元。

该员工当月工资应纳税所得额＝2349－408.3－3500＝－1559.3（元）

由于当月工资应纳税所得额为负，可以在年终奖中扣除后再计算，即

先用（1647–1559.3）÷12＝7.3（元），确定税率为3%，速算扣除数为0

其一次性奖金应纳税额＝(1647－1559.3)×3%＝2.63（元）

（2）如果发放全年一次性奖金的当月，员工当月工资应纳税所得额为零或正数的，应将全年一次性奖金除以12个月（如当地政府有其他规定，按当地规定计算），按其商数确定适用的税率和速算扣除数。

应纳税额＝员工当年取得全年一次性奖金×适用税率－速算扣除数

【例】某员工在2012年1月取得年终奖金及双薪，2012年1月工资毛薪5989元，个人社保1044元，年终税前奖金及双薪合计3800元。

工资应纳税所得额＝5989－1044－3500＝1445（元）

工资实际税额 = 1445 × 3% = 43.35（元）

由于当月工资应纳税所得额为正数，无须扣减。

用 3800 ÷ 12 = 316.67（元），确定对应税率为 3%，速算扣除数为 0。

其应纳税额 = 3800 × 3% − 0 = 114（元）

所以，该员工 1 月工资实际税额 43.35 元，双薪奖金实际税额 114 元，共计 157.35 元。

注意事项：

①全年一次性奖金的计税方法每年只能使用一次；

②季度、半年奖奖金与发放当月的工资一起合并计税。

185

一次性补偿收入个人所得税的计算

根据《国家税务总局关于个人因解除劳动合同取得经济补偿金征收个人所得税问题的通知》（国税发〔1999〕178 号），员工因与公司解除劳动关系而取得的一次性补偿收入（包括公司发放的经济补偿金、生活补助费和其他补助费用），其收入在当地上年职工平均工资 3 倍数额以内的部分，免纳个人所得税。对超过的部分视为一次性取得数月的工资、薪金收入，允许除以个人在本公司的工作年限数（超过 12 年的按 12 年计算，不满半年的按 0.5 年计算，不满 1 年的按 1 年计算），以其商数作为个人的月工资、薪金收入，按税法规定计算个人所得税。如果当地有规定的，按当地规定处理。

【例】 某员工截至 2012 年 8 月工作满 9 年 4 个月，获一次性补偿收入 19 万元，其应纳个人所得税款的计算为：（根据有关规定，一次性补偿收入在当地上年职工平均工资 3 倍数额以内的部分，免征个人所得税；超过的部分按照国税发〔1999〕178 号文件的有关法规，计算征收个人所得税。2011 年上海职工年平均工资为 51968 元）。

应纳个人所得税的补偿收入：190000 − 51968 × 3 = 34096（元）

34096 ÷ 9.5−3500=89.10（元）

所以确定对应税率为 3%，速算扣除数为 0。

实际税额＝[(34096÷9.5－3500)×3%]×9.5＝25.39（元）

①⑧⑥

境外收入如何计算个人所得税？

现举例说明：

某纳税人2011年1月至12月在A国取得工薪收入60000元（人民币，下同)，特许权使用费收入7000元；同时又在B国取得利息收入1000元。该纳税人已分别按A国和B国税法规定缴纳了个人所得税1150元和250元。其抵扣计算方法如下：

(1) 在A国所得缴纳税款的抵扣。

①工资、薪金所得按我国税法规定计算的应纳税额：

[(60000÷12－4800)×税率－速算扣除数]×12（月份数）

＝(200×3%－0)×12＝72（元）

②特许权使用费所得按我国税法规定计算的应纳税额：

7000×(1－20%)×20%（税率)＝1120（元）

③抵扣限额：72＋1120＝1192（元）

④该纳税人在A国所得缴纳个人所得税1150元，低于抵扣限额，因此，可全额抵扣，并需在中国补缴税款42元（1192–1150)。

(2) 在B国所得缴纳税款的抵扣。

其在B国取得的利息所得按我国税法规定计算的应纳税额，即抵扣限额：1000×20%（税率)＝200（元）

该纳税人在B国实际缴纳的税款超出了抵扣限额，因此，只能在限额内抵扣200元，不用补缴税款。

(3) 在A、B两国所得缴纳税款抵扣结果。

根据上述计算结果，该纳税人当年度的境外所得应在中国补缴个人所得税42元，B国缴纳税款未抵扣完的50元，可在以后5年内该纳税人从B国取得的所得中的征税抵扣限额有余额时补扣。

附表：

个人所得税税率表一
（工资、薪金所得适用）

★ 个税起征点 3500 元

税 级	税率（%）	速算扣除数
全月应纳税所得额<1500 元	3	0
1500 元≤全月应纳税所得额<4500 元	10	105
4500 元≤全月应纳税所得额<9000 元	20	555
9000 元≤全月应纳税所得额<35000 元	25	1005
35000 元≤全月应纳税所得额<55000 元	30	2755
55000 元≤全月应纳税所得额<80000 元	35	5505
80000 元≤全月应纳税所得额	45	13505

注：①2011 年 9 月 1 日起调整后，现在实行的是 7 级超额累进个人所得税税率表。②本表所称全月应纳税所得额是指依照《个人所得税法》第六条的规定，以每月收入额减除费用 3500 元以及附加减除费用后的余额。

个人所得税税率表二
（个体工商户生产、经营所得和对企事业单位承包、承租经营所得适用）

税 级	税率（%）
1. 不超过 15000 元的	5
2. 超过 15000~30000 元的部分	10
3. 超过 30000~60000 元的部分	20
4. 超过 60000~100000 元的部分	30
5. 超过 100000 元	35

注：本表所称全年应纳税所得额是指依照《个人所得税法》第六条的规定，以每一纳税年度的收入总额减除成本、费用以及损失后的余额。

个人所得税税率表三
（劳务报酬所得适用）

级数	全月应纳税所得额数	税率（%）	速算扣除数
1	不超过 20000 元的	20	0
2	超过 20000~50000 元的部分	30	2000
3	超过 50000 元的部分	40	7000

注：表中的全月应纳税所得额均为按照税法规定减除有关费用后的所得额。

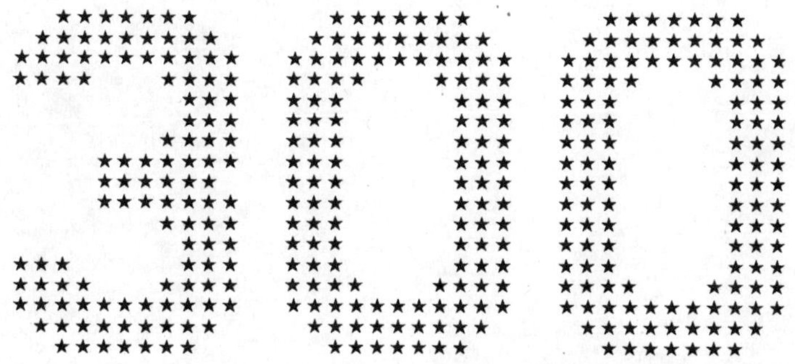

企业劳动关系实务操作300问

第五章 福 利

187

企业福利与工资、法定福利有什么区别和联系？

企业福利与工资、法定福利一起在满足劳动者生活需要，促进生产发展方面发挥着积极的作用。但是，企业福利与工资、法定福利又有严格的区别，三者的作用和分配原则是不同的。

工资奖金，是劳动者的劳动报酬，体现劳动者提供劳动，并以劳动量为标准，实行多劳多得、少劳少得的按劳分配原则。主要的作用是满足劳动者基本生活需要，包括劳动者本人及家庭成员生活教育等需要，它是劳动者与用人单位在劳动关系建立时共同约定的，如果发生改变需经过双方协商。

法定福利，是在劳动者因年老、疾病、生育、伤残、死亡等原因，丧失劳动能力，不能劳动或者失业中断劳动，本人和家属失去工资收入时，国家或社会根据他们特殊的基本生活需要，按照物质帮助原则所给予的生活保障。其根本是国家或社会提供的一种社会保障制度。法定福利不单是经济手段，而且是国家通过法律规定强制实施的一种社会制度。其作用是保障劳动者在丧失劳动能力和失业时的基本生活需要。从法律上讲，国家举办社会保险事业，是国家对劳动者履行的社会责任，也是劳动者应该享有的基本权利。用人单位必须按法律法规规定为劳动者提供。

企业福利，是对正在劳动岗位上的劳动者，在参加按劳分配的同时，为解决他们共同的和特殊的需要，改善其物质文化生活所给予的一种帮助。根据企业的总体发展情况，可以自行决定企业福利，不受相关法律法规的限制，主要由集体支配，定向使用。其目的是补充满足劳动者生活需要和一定期间的特殊需要及精神需要。

企业福利与工资、法定福利之间有密切联系，都是个人生活消费品分配的一种形式，都是人工成本的组成部分。企业福利与工资之间还存在相互制约关系。企业福利在职工个人消费基金中占的比重过大，就会减少工资的比重，削弱工资的经济杠杆作用，发挥不出劳动者的积极性。

188

国家规定的法定节假日有哪些？

根据2007年12月14日《国务院关于修改〈全国年节及纪念日放假办法〉的决定》（第二次修订），全国年节及纪念日的假期规定为：

（1）全体公民放假的节日：

①新年，放假1天（1月1日）。

②春节，放假3天（农历除夕、正月初一、正月初二）。

③清明节，放假1天（农历清明当日）。

④劳动节，放假1天（5月1日）。

⑤端午节，放假1天（农历端午当日）。

⑥中秋节，放假1天（农历中秋当日）。

⑦国庆节，放假3天（10月1日、2日、3日）。

（2）部分公民放假的节日及纪念日：

①妇女节（3月8日），妇女放假半天。

②青年节（5月4日），十四周岁以上的青年放假半天。

③儿童节（6月1日），不满十四周岁的少年儿童放假1天。

④中国人民解放军建军纪念日（8月1日），现役军人放假半天。

（3）少数民族习惯的节日，由各少数民族聚居地区的地方人民政府，按照各该民族习惯，规定放假日期。

（4）二七纪念日、五卅纪念日、七七抗战纪念日、九三抗战胜利纪念日、九一八纪念日、教师节、护士节、记者节、植树节等其他节日、纪念日，均不放假。

（5）全体公民放假的假日，如果适逢星期六、星期日，应当在工作日补假。部分公民放假的假日，如果适逢星期六、星期日，则不补假。

189

开斋节假期有哪些相关规定？

以上海市为例，根据上海市人民政府沪府发〔1980〕89号文件的规定，在开斋节，上海市回族等十个少数民族职工放假一天。如恰逢周六、周日，不另外补假；确因工作需要无法离开岗位的，可酌情补假。凡享受开斋节假日的少数民族职工，不影响考勤、工资、奖金正常发放。

190

国家法定的年休假天数是多少天？

根据《职工带薪年休假条例》规定，机关、团体、企业、事业单位、民办非企业单位、有雇工的个体工商户等单位的职工连续工作1年以上的，享受带薪年休假。

具体年休假规定如下：

职工累计工作时间	享受带薪年假天数
1年≤累计工作时间<10年	5天
10年≤累计工作时间<20年	10天
累计工作时间≥20年	15天

年休假不包括国家规定的法定节假日，是否包括公休日（周六、周日）并没有相关法律法规规定，企业可以自行安排。

以下情况不享受年休假：

职工依法享受寒暑假，其休假天数多于年休假天数的。

职工请事假累计20天以上且单位按照规定不扣工资的。

累计工作满1年不满10年的职工，请病假累计2个月以上的。

累计工作满10年不满20年的职工，请病假累计3个月以上的。

累计工作满20年以上的职工，请病假累计4个月以上的。

191

年休假是否需要一次性休完？

单位根据生产、工作的具体情况，并考虑职工本人意愿，统筹安排职工年休假。年休假在一个年度内可以集中安排，也可以分段安排，一般不跨年度安排。

单位因生产、工作特点确有必要跨年度安排职工年休假的，可以跨一个年度安排。单位确因工作需要不能安排职工休年休假的，经职工本人同意，可以不安排职工休年休假。对职工应休未休的年休假天数，单位应当按照该职工日工资收入的300%支付年休假工资报酬。

192

员工结婚时，法定婚假是多少天？

以上海市为例，根据《婚姻法》、《上海市人口与计划生育条例》、《关于国营企业职工请婚丧假和路程假问题的规定》（[80] 劳总薪字29号、[80] 财企字41号）、《上海市计划生育奖励与补助若干规定》等规定，职工结婚可享受以下待遇：

（1）按法定结婚年龄（女二十周岁，男二十二周岁）结婚，可享受3天婚假。

（2）符合晚婚年龄（女23周岁，男25周岁），可另享受晚婚假7天。

（3）结婚时男女双方不在一地工作的，可视路程远近，另给予路程假。

（4）在探亲假（探父母）期间结婚的，不另给假期。

（5）婚假包括公休假和法定假。

《国家劳动总局、财政部关于国营企业职工请婚丧假和路程假问题的通知》规定：

职工结婚时双方不在同一地工作，可以根据路程的远近，另给予路程假。

在批准的婚假和路程假期间，职工的工资照发，途中的车船费等，全部由职工自理。

《关于对再婚职工婚假问题的复函》（劳社厅函［2000］84号）规定：

再婚者与初婚者的法律地位是相同的，用人单位对于再婚职工应当参照国家有关规定，给予初婚者一样的婚假待遇，即可享受3天婚假，根据上海市有关规定再婚职工不享受晚婚假。

193

丧假应如何确定，丧假的范围是什么？

《关于国营企业职工请婚丧假和路程问题的通知》（[80] 劳总薪字 29 号）规定：职工的直系亲属死亡时，可以根据具体情况，由本单位行政领导批准，酌情给予一至三天的丧假。

职工在外地的直系亲属死亡时需要职工本人去外地料理丧事的，可以根据路程远近，另给予路程假。

直系亲属的定义为职工本人的父母、配偶和子女。途中的车船费等，全部由职工自理。

194

职工的岳父母或公婆死亡，是否可以请丧假？

《关于职工的岳父母或公婆等亲属死亡后可给予请丧假问题的通知》（沪劳资发［87］130 号）规定：

职工的岳父母或公婆死亡后，需要职工料理丧事的，由本单位行政领导批准，可给予一至三天的丧假。丧事在外地料理的，还可以根据路程远近，另给予路程假。但根据《财政部关于职工探亲路费的规定》（[81] 财事字第 113 号），途中的车船费等全部由职工自理。

195

职工患病或非因工负伤医疗期有什么相关规定？

医疗期是指劳动者患病或者非因工负伤停止工作治病休息，而用人单位不得因此解除劳动合同的期限。

医疗期按劳动者在本单位的工作年限设置，劳动者在本单位工作期间累计病休时间超过按规定享受的医疗期，用人单位可以依法与其解除劳动合同。

（1）2002 年 5 月 1 日以前签订的，并正在履行劳动合同的职工医疗期，可根据《上海市劳动合同规定》和沪府［1995］第 18 号令规定职工患病或非因工负伤医疗期按以下标准执行：

累计工作年限	本单位工作年限	停工医疗期
未满十年	未满五年	三个月
	满五年	六个月
满十年未满二十年	未满五年	六个月
	满五年未满十年	九个月
	满十年未满十五年	十二个月
	满十五年未满二十年	十八个月
满二十年	未满五年	十二个月
	满五年未满十年	十八个月
	满十年未满十五年	二十四个月
	满十五年	不限定医疗期

用人单位对从事井下、高温、有毒有害、高空，特别繁重体力劳动等工作且满一定年限或者在生产经营中表现优秀的劳动者，也可不限定医疗期。

劳动者患有严重疾病或者非因工负伤程度严重，医疗期满仍不能恢复工作，需要继续停工医疗的应当经劳动能力鉴定委员会鉴定。

(2) 2002年5月1日后签订的劳动合同，可根据《关于本市劳动者在履行劳动合同期间患病或者非因工负伤的医疗期标准的规定》(沪府发［2002］16号)规定：医疗期按劳动者在本用人单位的工作年限设置。劳动者在本单位工作第一年，医疗期为三个月；以后工作每满一年，医疗期增加一个月，但不超过二十四个月。

本单位工作年限	医疗期限
第一年	三个月
第二年	四个月
……	……
第二十一年	二十三个月
第二十二年	二十四个月
第二十三年	二十四个月
上海医疗期标准	

《关于加强企业职工疾病休假管理保障职工疾病休假期间生活的通知》(沪劳保发［95］83号）规定：职工疾病或非因工负伤休假日数应按实际休假日数计算，连续休假期内含有公休日（周六、周日)、法定节假日的应予剔除。

196

集体合同中医疗期的约定与法律法规不一致的情况，该如何处理？

如果出现下列情况中关于医疗期的约定长于二十四个月的，从其约定：

（1）集体合同对医疗期有特别约定的；

（2）劳动合同对医疗期有特别约定的；

（3）用人单位内部规章制度对医疗期有特别约定的。

197

领取《独生子女证》的职工可以享受什么待遇？

一对夫妻生育一个孩子后不再生育，其子女在十六周岁以内的，可以申请领取《独生子女证》，凭证享受以下待遇：

（1）每月领取市人民政府规定的独生子女父母奖励费，享受至其子女十六周岁；

（2）农民在调整自留地和安排宅基地时，其独生子女按两个人计算分配面积；

（3）在年老退休时，领取一次性计划生育奖励费。

198

领取《独生子女证》的职工有什么具体奖励？

独生子女父母奖励费每月三十元，由男女双方所在单位各负担百分之五十。但下列情况除外：

（1）夫妻一方为本市农村农民、城镇待业居民，或因辞职、辞退后无工作的，全部由另一方所在单位支付；

（2）丧偶或离婚后未再婚的，全部由抚养孩子一方的单位支付。

按规定享受独生子女父母奖励费的夫妻，为临时工、合同工的，由所在工作单位支付；为停薪留职职工，被其他单位聘用的，由聘用单位支付。

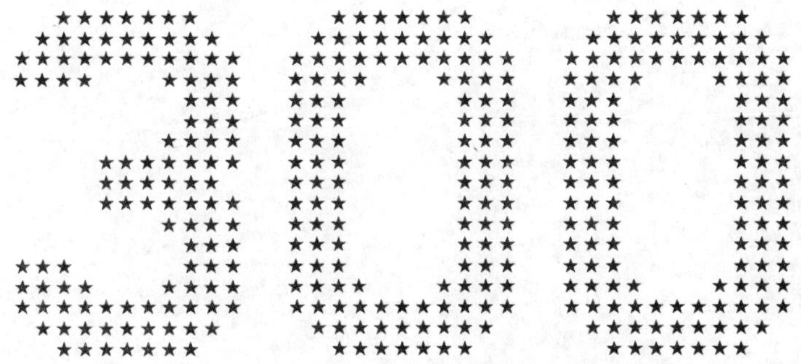

第六章　生育保险

199

生育保险有什么意义？

生育保险是针对生育行为的生理特点而设立的社会保障制度。职业妇女在生育子女前后必然会因其生理变化而大幅降低和暂时丧失劳动能力。中国已由原先的计划经济向市场经济转变，非公经济在如今的社会中越来越活跃。原先女职工生育期间工资由原单位照发的措施在追求利润的企业等经济实体面前显得格格不入。用人单位对于女职工生育期间休养给单位生产经营造成的影响，以及没有工作还能领取原工资的规定非常不满，甚至还危及了女性的就业。由此引发的争议使得政府做出了社会化的保障体系。生育保险就在这样的背景下诞生。

生育保险将女职工产假期间的工资从用人单位剥离出来，使得用人单位不再对女职工生育显得过分敏感，对于提高未育女性在职场中的生存空间是非常有意义的。当然现在由于尚不完善的社会保障体系，以及一些用人单位领导的传统偏见，女性就业还是有一定的障碍。但是随着社会的发展，这个问题必将有很大的改善。

200

哪些人该缴生育保险？

以上海市为例，根据上海市的规定，本市行政区域内的城镇企业、事业单位、国家机关、社会团体、民办非企业单位、个体工商户（以下统称用人单位）依照《上海市生育保险办法》规定缴纳城镇生育保险费。凡是符合缴纳城镇社会保险的上述单位员工，无论男女，无论是否已经结婚或是生育，都应该由其用人单位缴纳生育保险。

2012年11月22日，人力资源和社会保障部关于《生育保险办法（征求意见稿）》公开征求意见的通知，特别对生育保险的适用范围、相关法律责任做了调整。意见稿规定生育保险覆盖更多女性，明确规定因用人单位不依法为职工缴纳生育保险费，造成职工不能享受生育保险待遇的，由用人单位支付其生育保险待遇。具体条款需要关注《生育保险办法》的实施。

201

为什么男职工也要缴生育保险？

生育保险是一个保险基金的运作模式。几乎所有给予生育女职工的津贴和医疗费都来自于缴纳生育保险者的保险费用之中。为了保险基金的正常运作，必须适当地扩大缴费群体，此为其一。虽然男职工生育是零概率事件，但是生育却少不了男性在其中的参与，女职工产假期间其丈夫有照顾责任，生育出的子女其父亲也有抚养责任，缴纳生育保险对生育女职工的津贴和医疗费用，从一定程度上也对男职工有利，所以男职工也应该是生育保险的缴纳来源。

从根本上来说，政府要求依法缴纳生育保险，还是将用人单位的责任化整为零，让政府介入女职工生育期间的权益，所以从这点上说，缴纳生育保险与职工是男是女、婚育与否都没有什么关系。

202

生育保险费率是多少？

以上海市为例，2011年7月起，上海市政府对于生育保险的费率和缴纳方式都作了调整。现在最新的方法是用人单位每月按缴费基数0.8%的比例缴纳城镇生育保险费。举例来说，A员工10月工资是3000元，奖金是1493元，但是当年社会保险登记时他只有2800元，则按照2800元的缴费基数乘以0.8%，其当月生育保险为22.4元。缴费基数是指该员工城镇养老保险的缴费基数，通常是一年调整一次。

203

生育保险有员工个人缴纳部分吗？

以上海市为例，根据《上海市城镇生育保险办法》规定，个人不缴纳城镇生育保险费，所有的生育保险费应该由用人单位缴纳。因此，生育保险费不应该出现在员工的工资清单之上。

204

什么时候可以享受生育保险待遇？

以上海市为例，依据《关于女职工生育待遇若干问题的通知》（劳险字[1988] 2号），通常来说，当生育女性同时具备下列条件就可以享受生育保险待遇：

（1）具有上海市城镇户籍；

（2）参加上海市城镇社会保险；

（3）属于计划内生育；

（4）在按规定设置产科、妇科的医疗机构生产或者流产（包括自然流产和人工流产）。

但根据上海市劳动和社会保障局的实践总结，属于下列情形之一的生育女性，都可以享受生育保险待遇：

（1）具有上海市城镇户籍的从业妇女，其所在单位已经参加上海市城镇社会保险并按规定建立了个人账户的。

（2）具有上海市城镇户籍的失业妇女从业时按规定参加上海市城镇社会保险并按规定建立了个人账户的。

（3）具有上海市城镇户籍的自由职业者、非正规就业劳动组织人员，参加上海市城镇社会保险并按规定建立了个人账户的。

（4）不具有上海市城镇户籍的从业妇女，与参加上海市城镇社会保险的用人单位建立劳动关系并按规定建立了个人账户的。

（5）参加上海市农村社会养老保险的外商投资企业、私营企业招用的上海市户籍的劳动合同制职工，其所在单位按本市城镇社会保险规定的缴费比例缴纳养老保险费、医疗保险费并建立个人账户的。

(6) 参加上海市农村社会养老保险、具有上海市户籍的个体工商户及其帮工，按上海市城镇社会保险规定的缴费比例缴纳养老保险费、医疗保险费并建立个人账户的。

当然，《生育保险办法》实施后，中华人民共和国境内的国家机关、企业、事业单位、有雇工的个体经济组织以及其他社会组织（以下称用人单位）及其职工或者雇工（以下称职工），应当参加生育保险。而不是仅仅局限在参加上海社会保险的城镇户籍妇女。

205

只有第一胎能申领生育保险待遇吗?

不一定只有第一胎才可申领生育保险待遇，只要属于计划内生育即可。符合下列情形之一的，均属于计划内生育的范围：

(1) 计划内生育第一胎的。

(2) 符合计划内生育第二个孩子条件并经市或区、县人口计划生育行政部门批准的。

(3) 属于计划内生育但妊娠后流产的。

通常来说计划内生育第二个孩子有以下一些情况：

婚前双方均未生育过子女的夫妻，生育第一个子女后符合下列条件之一的：

(1) 双方均为独生子女的。

(2) 生育的第一个子女经区、县或者市病残儿医学鉴定机构鉴定为非遗传性残疾，不能成长为正常劳动力的。

(3) 一方经有关部门鉴定为非遗传性残疾，影响劳动，生活不能自理的。

(4) 一方符合二等乙级以上伤残军人条件的。

(5) 一方为从事出海捕捞连续五年以上的渔民，现仍从事出海捕捞的。

(6) 一方为本市农业户口且有一方为独生子女的。

(7) 女方为本市农业户口，无兄弟，其姐妹均只生育一个子女，男方到女方家庭落户赡养老人的。

婚前一方或者双方生育过子女的夫妻，符合下列条件之一的：

(1) 一方婚前未生育过子女，另一方婚前生育过一个或者两个子女的。

（2）双方婚前各生育过一个子女，且双方均为独生子女的。

（3）双方婚前各生育过一个子女，一方为本市农业户口且有一方为独生子女的。

（4）双方婚前各生育过一个子女，其中一方生育的子女经区、县或者市病残儿医学鉴定机构鉴定为非遗传性残疾，不能成长为正常劳动力的。

206

女职工生育有什么医疗待遇？

在 2001 年 11 月 1 日《上海市城镇生育保险办法》实施后，符合计划生育规定的女职工生产或流产的，其产前检查医疗费、产后访视费、药费和部分住院分娩医疗费除基本医疗保险基金承担部分外，还可按《上海市城镇生育保险办法》的规定享受生育医疗费补贴。

207

生育保险待遇主要包括什么？

生育保险待遇主要指在女职工生育产假期间可以向政府社会保障部门申领生育生活津贴、生育医疗费补贴。

生育生活津贴是指女职工因生育而离开工作岗位，失去工资性收入，由社会保险机构定期向其提供的现金补助。

生育医疗费补贴是指为女职工提供的妊娠、分娩及分娩后的医疗照顾和必要的住院治疗费用补助。

208

生育女职工单位没有参加生育保险社会统筹怎么办？

没有参加社会统筹的用人单位中有女职工生育的，生育生活津贴和生育医疗费补贴由所在的用人单位承担。因此，用人单位还是应该依法参加社会生育保险统筹。

209

生育生活津贴标准是什么？

2011年7月《上海市城镇生育保险办法》中关于从业妇女生育生活津贴计发基数的规定调整为：

（1）从业妇女的月生育生活津贴标准，为本人生产或者流产当月所在用人单位上年度职工月平均工资。从业妇女生产或者流产时所在用人单位的上年度职工月平均工资高于本市上年度全市职工月平均工资300%的，按300%计发；低于本市上年度全市职工月平均工资60%的，按60%计发。但低于人力资源社会保障局规定的生育生活津贴最低标准的，按最低标准计发。

（2）从业妇女生产或者流产时所在用人单位的上年度职工月平均工资高于本市上年度全市职工月平均工资300%以上的，高出部分由用人单位补差。

（3）从业妇女生产或者流产前十二个月内变动工作单位的，其月生育生活津贴按照其生产或流产前十二个月内所工作的各用人单位上年度职工月平均工资的加权平均数计发。

从业妇女缴纳城镇养老保险费不满一年的或者虽满一年但缴费基数低于上海市人力资源社会保障局规定的最低标准的，其月生育生活津贴，按最低标准计发。

失业妇女的月生育生活津贴按上海市人力资源和社会保障局规定的最低标准计发。

生产或者流产的从业妇女已经享受的生育生活津贴不足其应享受的工资性收入的，不足部分的发放，按照国家和上海市有关规定执行。

210

用人单位一点都不用插手产假期间工资吗？

通常情况下，用人单位不必支付产假女职工劳动报酬，但是如果该生育职工登记的上年度平均工资特别高，其养老保险缴费基数是法定的社保基数上限的，则其与原登记工资的差额还是需要用人单位以生育生活津贴的名义补足。

211

生育生活津贴可以享受多久？

生育生活津贴并非长久享受，其享受期限限制如下：

(1) 妊娠七个月（含七个月）以上生产的，按三个月享受生育生活津贴；

(2) 妊娠不满七个月早产的，按三个月享受生育生活津贴；

(3) 妊娠三个月（含三个月）以上、七个月以下流产的，按一个半月享受生育生活津贴。

(4) 妊娠三个月以下流产或者患子宫外孕的，按一个月享受生育生活津贴。

上述第（1）项、第（2）项规定享受生育生活津贴的生育女性，还可以按照下列规定享受生育生活津贴。

(1) 难产的，增加半个月的生育生活津贴。

(2) 符合计划生育晚育条件的，增加一个月的生育生活津贴。

(3) 多胞胎生育的，每多生育一个婴儿，增加半个月的生育生活津贴。

《生育保险办法（征求意见稿）》规定，生育津贴支付期限按照《女职工劳动保护特别规定》中关于产假的规定执行。女职工生育享受九十八天产假；难产的，增加产假十五天；生育多胞胎的，每多生育一个婴儿，增加产假十五天。女职工怀孕未满四个月流产的，享受十五天产假；怀孕满四个月流产的，享受四十二天产假。

212

生育医疗费补贴的标准是什么？

符合条件的生育女性，可以享受的生育医疗费补贴支付标准为：

(1) 妊娠七个月（含七个月）以上生产或者妊娠不满七个月早产的，生育医疗费补贴为 3000 元。

(2) 妊娠三个月（含三个月）以上、七个月以下自然流产的，生育医疗费补贴为 500 元。

(3) 妊娠三个月以下自然流产的，生育医疗费补贴为 300 元。

妊娠女性人工流产所发生的医疗费，按《上海市城镇职工基本医疗保险办法》的规定，由医疗保险统筹基金支付。

生育医疗费补贴一次性支付，不是按月支付的。

213

失业女性生育可以同时领取生育生活津贴和生育补助金吗？

以上海市为例，失业女性在领取失业保险金或失业补助金期间生育的，不再享受《上海市失业保险办法》规定的生育补助金，但其生育所发生的检查费、药费、住院医疗费等，超过生育医疗费补贴标准以上的部分，仍可按《上海市失业保险办法》的规定申领医疗补助金。

214

生育保险待遇的申领机构是什么？

符合享受生育保险待遇条件的生育女性生产或流产后可直接到就近的各区、县社会保险经办机构办理享受生育保险待遇的申领手续。

215

如何申领生育保险待遇？

以上海市为例，依据《上海市城镇生育保险办法》、《上海市劳动和社会保障局、上海市人口和计划生育委员会关于简化申请享受生育保险待遇程序的通知》（沪劳保福发［2003］22号）规定：

符合享受生育保险待遇条件的生育女性办理申领手续时需填写《办理生育保险待遇申请表》并提供下列材料：

（1）生育妇女本人身份证及本人实名制的银行存折（原件及复印件）。

（2）医疗机构出具的《生育医学证明》。

（3）生育妇女夫妻双方的户口簿、结婚证或《独生子女证》。

经批准再生育的，另需提供市或者区、县人口和计划生育行政部门出具的生育批准书。

失业的生育妇女另需提供经失业保险机构审核的《就业失业登记证》（即原《劳动手册》）。

参加本市农村社会保险，但按本市城镇社会保险规定的缴费比例缴纳养老保险费、医疗保险费的从业生育妇女另需提供农村社会养老保险经办机构出具的缴费情况证明。

非上海市户籍的生育妇女，另需提供户籍所在地的县级人民政府计划生育行政部门或者乡（镇）人民政府、街道办事处出具的允许生育的证明。

符合享受生育保险待遇条件的生育妇女生产或流产后可以委托他人办理申领手续，被委托人另需提供本人的身份证（原件和复印件）和委托人的委托书。

经办机构自受理申请之日起二十日内，对生育女性享受生育生活津贴、生育医疗费补贴的条件进行审核，符合条件的，核定其享受期限和标准，一次性发放到申领时登记的银行存折中。

216

到外省、市生产的生育妇女可否享受生育保险待遇？

以上海市为例，符合《上海市城镇生育保险办法》规定条件，因特殊情况在外省、市医疗机构生产的生育妇女，申请享受生育保险待遇时须提供当地县级以上医疗机构出具的生产情况证明和婴儿出生证明。

217

从业女性产假期间还需要缴纳社会保险吗？

以上海市为例，依据《关于〈上海市城镇生育保险办法〉实施中若干问题处理意见的通知》（沪劳保福发［2002］18号），从业女性在领取生育生活津贴期间仍应按规定缴纳社会保险费。与单位建立了劳动关系的从业妇女个人缴纳部分由其所在单位代扣代缴。从业妇女领取的月生育生活津贴扣除个人应缴纳的社会保险费后，低于本市企业职工最低月工资标准的，由生育保险基金予以补足。

按上海市企业职工最低月工资标准享受生育生活津贴的，在规定的享受期限内恰逢上海市企业职工最低月工资标准调整的，可按就高的原则执行。

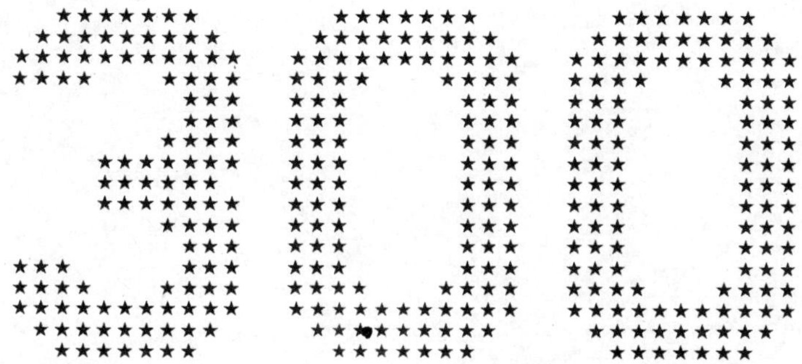

企业劳动关系实务操作 300 问

第七章　工伤保险

218

工伤保险费率如何确定？

《工伤保险条例》规定了“以支定收、收支平衡”的费率确定原则，同时又规定了根据不同行业的工伤风险等情况确定行业的差别费率和若干费率档次（即浮动费率），用人单位按确定的行业差别费率和行业内费率档次缴费。

以上海市为例，为体现上海特点，简化管理环节，减轻用人单位的负担，同时强化用人单位的安全责任，控制工伤风险转移，《上海市工伤保险实施办法》确定，“用人单位缴纳工伤保险费实行基础费率、对发生工伤事故的用人单位，在基础费率的基数上，按照规定实行浮动费率。即用人单位第一年缴纳工伤保险费实行基础费率，基础费率统一为缴费基数的 0.5%。用人单位第二年在基础费率的基础上，实行浮动费率。浮动费率每年核定一次。浮动费率根据用人单位工伤保险费使用、工伤事故发生率等情况确定。浮动费率分为五档，每档幅度为缴费基数的 0.5%，向上浮动后的最高费率（基础费率加浮动费率）不超过缴费基数的 3%，向下逐档浮动后的最低费率不低于基础费率。个人不缴付工伤保险费。

上海市工伤保险浮动费率政策一览表

适用范围	本市行政区域内按《上海市工伤保险实施办法》规定参加工伤保险且发生工伤事故的用人单位。	
考核指标	工伤保险支缴率：当年度内（自然年度），工伤保险基金支付用人单位工伤保险待遇的费用占该单位按基础费率缴纳工伤保险费的比例。 工伤保险支缴率公式 = $\frac{\text{当年基金支付额}}{\text{基础费率缴费额}} \times 100\%$	
浮动办法	浮动费率分为五档，每档间的幅度为缴费基数的 0.5%。上浮后的费率不超过用人单位缴费基数的 3%；下浮后的最低费率不低于 0.5%基础费率。	200% < 工伤保险支缴率≤400%上浮一档 400% < 工伤保险支缴率≤600%上浮二档 600% < 工伤保险支缴率≤800%上浮三档 800% < 工伤保险支缴率≤1000%上浮四档 工伤保险支缴率 > 1000%上浮五档

续表

<table>
<tr><td>工伤保险费用不纳入浮动费率考核范围的情形</td><td colspan="4">（一）从业人员在抢险救灾等维护国家利益、公共利益活动中受到伤害的；
（二）从业人员原在军队服役，因战、因公负伤致残，已取得革命伤残军人证，到用人单位后旧伤复发的；
（三）从业人员在上下班途中，受到机动车事故伤害的；
（四）从业人员在工作时间和工作场所内，因履行工作职责受到暴力等意外伤害的；
（五）非正规就业劳动组织的从业人员，在工作中遭受事故伤害或者患职业病的；
（六）10人以下用人单位的从业人员，在工作中遭受事故伤害或者患职业病后发生工伤保险费用的，原则上不纳入浮动费率考核范围。但发生的事故性质严重、影响较大，且受到有关行政部门处罚的，按《上海市工伤保险浮动费率暂行办法》第五条的规定进行考核浮动。</td></tr>
<tr><td rowspan="3">承担浮动费率责任的主体</td><td>实际用工单位</td><td>劳动关系所在单位</td><td colspan="2">承担职业病责任的用人单位</td></tr>
<tr><td>从业人员与原用人单位劳动关系存续期间，在其他单位工作时发生工伤的</td><td>专业劳务公司的输出人员，在劳务输出期间发生工伤的</td><td>从业人员被借调期间发生工伤的</td><td>从业人员在与用人单位解除、终止劳动关系（包括退休）后被诊断、鉴定患职业病的</td></tr>
<tr><td colspan="4">浮动费率每年核定一次，并在下一缴费年度核定用人单位缴费基数时（4月1日）同步调整</td></tr>
</table>

219

工伤保险的缴费基数如何确定？

用人单位应按时缴纳工伤保险费。从业人员不缴纳工伤保险费用。用人单位缴纳工伤保险费的基数，按照本单位缴纳城镇户籍五险社会保险或非城镇户籍三险社会保险的基数确定。

220

哪些属于应认定为工伤的情形？

（1）在工作时间和工作场所内，因工作原因受到事故伤害的。这里的“工作时间”，是指法律规定或者是用人单位要求职工工作的时间；“工作场所”，是指职工日常工作所在的场所，以及领导临时指派其从事工作的场所；“因工作原因”，是指遇到的事故是在职工工作过程中发生的；“事故伤害”，是指职工在事故中受到人身伤害。职工遭受的事故伤害，只要同时具备了时间、地点、原因三个要素，就应当认定为工伤。

（2）工作时间前后在工作场所内，从事与工作有关的预备性或者收尾性工作受到事故伤害的。工作时间前后的一定时间，虽然不是在工作时间内，但它与工作时间紧密相连。如果职工在此期间，在工作场所从事与工作有关的预备性工作，如备车、备料、准备生产工具等；或者收尾性工作，如清理工作场所、收拾工具归仓等，发生事故，人身受到伤害，也应认定为工伤。

（3）在工作时间和工作场所内，因履行工作职责受到暴力等意外伤害的。“因履行工作职责受到暴力等意外伤害”，一般有两种情况：一是职工因履行职责，致使某些人不合理或违法的目的没有实现，这些人出于报复而对该职工实施暴力，使之人身受到伤害。二是职工在工作时间、工作场所正常履行工作职责，突然发生意外事件，如地震、火灾、爆炸等，使之受到人身伤害。这些情形应当认定为工伤。

（4）患职业病的。职工根据用人单位的安排，在职业活动中，因接触粉尘、放射性物质和其他有毒、有害物质等因素而引发的疾病，经省级以上政府卫生行政部门批准的医疗卫生机构诊断，属职业病的，应认定为工伤。

（5）因工外出期间，由于工作原因受到伤害或者发生事故下落不明的。这里所说的“因工外出”，是指职工不在本单位的工作场所内，受领导指派在本单位以外从事工作；“由于工作原因受到伤害”，是指在履行工作职责的过程中直接或间接受到人身伤害，包括意外事故伤害、暴力伤害和其他形式的伤害；“发生事故下落不明”，包括安全事故、意外事故以及自然灾害等各种形式的事故，致使职工下落不明。这些情形应认定为工伤。

（6）在上下班途中，受到非本人主要责任的交通事故或者城市轨道交通、客运轮渡、火车事故伤害的。“上下班途中”是指职工在上班或下班的合理路线、合理时间内的途中；受到的伤害是由交通事故造成的，经过公安机关交通管理部门认定为非职工本人负主要责任的，应认定为工伤。

（7）法律、行政法规规定应当认定为工伤的其他情形。这主要是从发展的角度，为国家立法留出了空间和余地。因为随着实践的发展，新情况会层出不穷，届时国家会将其通过立法，规定为可以认定为工伤的情形。

②②①

哪些属于应认定为视同工伤的情形？

（1）在工作时间和工作岗位，突发疾病死亡或者在 48 小时之内经抢救无效死亡的。这种死亡情况的主要原因，是职工原有疾病的突然发作，而不是由于工作的原因。然而，该职工是在工伤时间和工作岗位上死亡的，因此与工作也是有关系的，将其列为视同工伤的情形是合适的。

（2）在抢险救灾等维护国家利益、公共利益活动中受到伤害的。虽然职工从事的这些公益活动不是履行本职工作，其人身受到伤害不符合工伤认定的条件，但是这种大公无私、见义勇为的行为应当大力弘扬。因此，列其为视同工伤的情形是符合民意的。

（3）职工原在军队服役，因战、因公负伤致残，已取得革命伤残军人证，到用人单位后旧伤复发的。不言而喻，将这种情形列为视同工伤也是在情理之中的。

在这三种视同工伤的情形中，前两种人可以完全享受工伤保险待遇，第三种人可以享受除一次性伤残补助金以外的工伤保险待遇。

②②②

哪些属于不能认定为工伤的情形？

（1）故意犯罪的。“故意犯罪的”不得认定为工伤或者视同工伤，意味着过失犯罪及违反治安管理伤亡的只要符合其他工伤认定的标准的均可被认定为工伤或者视同工伤。

（2）醉酒或者吸毒的。“醉酒或者吸毒的”不得认定为工伤或者视同工伤，意味着因吸毒发生工伤事故的虽符合其他工伤认定的标准，仍不得认定为工伤或者视同工伤。

（3）自残或自杀的。有的职工为了达到某种目的或因为某种原因，利用从事工作的时间进行自残或自杀，遇有类似情形，应在查清事实的基础上，不予认定工伤和视同工伤。

②②③

我国对工伤伤残程度有何规定？

关于工伤伤残程度，我国有关法律法规规定按照职工伤残后丧失劳动能力程度和护理依赖程度，将伤残划分为十个等级，符合一至四级的为完全丧失劳动能力；五至六级为大部分丧失劳动能力；七至十级为部分丧失劳动能力，详见下表：

职工工伤与职业病致残程度分级表

级别	级别划分依据
一级	器官缺失或功能完全丧失，其他器官不能代偿，需特殊医疗依赖及完全护理依赖方可维持生命及基本生活者。
二级	器官严重缺损或畸形，有严重功能障碍或并发症需特殊医疗依赖和大部护理依赖者。
三级	器官严重缺损或畸形，严重功能障碍或并发病需特殊医疗依赖和部护理依赖者。
四级	器官严重缺损或畸形，严重功能障碍或并发症需特殊医疗依赖，生活可以自理者。
五级	器官大部缺损或明显畸形，有较重功能障碍或并发症，需一般医疗依赖，生活能自理者。
六级	器官大部缺损或明显畸形，有中度功能障碍或并发症，需一般医疗依赖，生活能自理者。
七级	器官大部缺损或畸形，有轻度功能障碍或并发症，需一般医疗依赖，生活能自理者。
八级	器官部分缺损，形态异常，轻度功能障碍，有医疗依赖，生活能自理者。
九级	器官部分缺损，形态异常，轻度功能障碍，无医疗依赖，生活能自理者。
十级	器官部分缺损，形态异常，无功能障碍，无医疗依赖，生活能自理者。

关于因工死亡的范围，是指因工伤事故和职业中毒直接死亡、工伤或职业病医疗期间死亡、工伤旧复发死亡，以及因工伤残（一至四级）享受伤残抚恤金期间死亡。

②②④

申请工伤认定有哪些程序？

工伤认定的基本程序是：

（1）提出工伤认定申请。

（2）提交相关材料。

（3）劳动保障行政部门决定是否受理。

（4）劳动保障行政部门调查核实。

（5）当事人举证。

（6）劳动保障行政部门作出工伤认定决定。

（7）劳动保障行政部门将工伤认定决定送达双方当事人，并抄送社会保险经办机构。

②②⑤

对工伤认定申请条件和时效有何规定？

（1）用人单位提出认定申请：

应自职工发生事故伤害或者按照职业病防治法规定被诊断、鉴定为职业病之日起30日内，向统筹地区劳动保障行政部门提出工伤认定申请。

（2）受伤害职工或其直系亲属提出认定申请：

用人单位未在规定期限内提出工伤认定申请的，受伤害职工或者其直系亲属、工会组织在事故伤害发生之日或者被诊断、鉴定为职业病之日起一年内，可以直接向有管辖权的劳动保障行政部门提出工伤认定申请。

社会保险行政部门对受理的事实清楚、权利义务明确的工伤认定申请，应当在15日内做出工伤认定的决定。

226

申请工伤认定需提交哪些材料？

提出工伤认定申请应当提交下列材料：

（1）工伤认定申请表。

（2）职工本人身份证明。

（3）与用人单位存在劳动关系的证明材料（包括事实劳动关系）。

（4）医疗诊断证明或者职业病诊断证明书（或者职业病诊断鉴定书）。

工伤认定申请表应当包括事故发生的时间、地点、原因以及职工伤害程度等基本情况。

工伤认定申请人提交材料不完整的，社会保险行政部门应当一次性书面告知工伤认定申请人需要补正的全部材料。申请人按照书面告知要求补正材料后，社会保险行政部门应当受理。

提出工伤认定申请，除提交上述材料外，还可以提交用人单位、相关行政机关或者人民法院已有的证明材料。

职工本人无法申请、由其直系亲属或者工会组织提出工伤认定申请的，应同时提交申请人身份证明及申请人与伤亡职工关系的证明。

227

申请工伤认定需提交哪些证据？

有下列情形之一并提出工伤认定申请的，除提交上述要求的材料外，还应当同时提交相关部门出具的证据材料：

（1）属于交通事故的，提交公安交警管理部门确定的事故责任结论证明。

（2）从事抢险救灾、救人等维护国家、社会和公众利益活动的，提交市民政、公安部门出具的证明。

（3）因公、因战致残的军人复员转业至企业工作后旧伤复发的，提交《革命伤残军人证明》及指定医院的旧伤复发诊断证明。

（4）因工外出期间，由于工作原因受到伤害的，须提交公安部门证明或其他证明；发生事故下落不明的，认定因工死亡提交人民法院宣告死亡的结论。

（5）因履行工作职责受到暴力伤害的，须提交公安机关或人民法院的判决书或其他有效证明。

（6）在工作时间和工作岗位，突发疾病死亡或者在48小时之内经抢救无效死亡的，须提交医疗机构的抢救和死亡证明。

228

上海市工伤认定工作程序有何规定？

（1）受理。

①提交材料完整。对符合条件的申请，劳动保障部门应在10个工作日内发出受理通知书；对不符合条件的申请，劳动保障部门不予受理并应书面告知申请人。

②提交材料欠缺。对申请材料不完整的，劳动保障部门应在收到申请之日起在10个工作日内书面告知需要补正的全部材料，申请人在30日内按要求补上材料的，应予受理。区、县劳动保障行政部门应当受理。

（2）调查。

①劳动保障部门受理工伤认定申请后，可根据需要进行调查，但对依法取得职业病诊断证明书不再调查。

②从业人员或其亲属认为是工伤、用人单位不认为是工伤的，由用人单位承担举证责任。

（3）认定。

认定结论应自受理申请之日起在60日内做出。遇有特殊情况，有关部门对事故认定尚未结束且其结论可能对工伤认定有影响的，认定程序可以中止。

（4）送达。

区、县劳动保障行政部门应当在做出工伤认定结论后10个工作日内，将工伤认定结论送达申请工伤认定的从业人员或者其直系亲属和该从业人员所在单位。

（5）告知。

送达工伤认定决定时，应同时书面告知劳动能力鉴定的申请程序。

（6）对认定结论不服。

从业人员或其直系亲属、用人单位对工伤受理或工伤认定决定不服的，可依法提出行政复议，对复议不服的可提起行政诉讼。

229

什么是劳动能力鉴定？

劳动能力鉴定是指有关法律授权机构对被认定为工伤或视同工伤的劳动者，经治疗伤情或病情相对稳定后存在残疾、影响劳动能力的，通过医学检查，依据鉴定标准对其劳动功能障碍和生活自理障碍程度作出的等级判定。它能够准确认定职工因伤残、病残而失能的程度，是确定其工伤保险伤残待遇的基础。

劳动能力鉴定申请的主体可以是用人单位、工伤人员或其直系亲属和经办机构。

230

劳动能力鉴定机构是哪里？

劳动能力鉴定机构是劳动能力鉴定委员会，是经国家法律授权、专门从事对工伤职工伤残、病残等级进行鉴定的机构。它是一个非常设机构。按照国家规定，劳动能力鉴定委员会分为两级，即省级和设区的市级，分别由省级和设区的市级劳动保障行政部门、人事行政部门、卫生行政部门、工会组织、社会保险经办机构的代表以及用人单位方面的代表组成，并设立劳动能力鉴定委员会办事机构，由专人负责委员会的日常工作。

②③①

劳动能力鉴定的受理机构是哪里？

劳动能力鉴定的受理机构为市、区（县）劳动能力鉴定委员会。因工负伤人员的劳动能力鉴定向单位所在地的区县劳动能力鉴定委员会提出，职业病人员的劳动能力鉴定向市劳动能力鉴定中心提出。

②③②

劳动能力鉴定机构的鉴定职责是什么？

劳动能力鉴定机构承担的鉴定职责是：

（1）劳动功能障碍程度的等级鉴定。劳动功能障碍分为十个等级，最重的为一级，最轻的为十级。

（2）生活自理障碍程度的等级鉴定。生活自理障碍分为三个等级：一级为生活完全不能自理、二级为生活大部分不能自理、三级为生活部分不能自理。

②③③

劳动能力鉴定机构的三项确认职责是什么？

（1）辅助器具配置的确认。

工伤人员因日常生活或者就业需要，要求安装假肢、矫形器、假眼、假牙和配置轮椅等辅助器具的，可由工伤职工或者用人单位向区、县劳动能力鉴定委员会提出辅助器具配置申请。区、县劳动能力鉴定委员会应自受理申请之日起三十天内出具《工伤人员配置辅助器具确认意见书》。

（2）延长停工留薪期的确认。

从业人员因工作遭受事故伤害或者患职业病需要暂停工作接受工伤治疗的，享受停工留薪期，停工留薪期一般不超过十二个月。

工伤人员伤情严重或者情况特殊，工伤人员须于停工留薪期满十五天前向用人单位提出延长停工留薪期的申请，经用人单位同意，可以适当延长停工留薪期；用人单位不同意其延长停工留薪期的，须在工伤人员提出申请七天内，向区、县劳动能力鉴定委员会提出延长留薪期的申请，劳动能力鉴定委员会应自受理申请之日起三十天内作出确认意见，出具《延长停工留薪期意见书》。用人单位未在规定时间内为工伤人员向劳动能力鉴定委员会提出延长停工留薪期申请的，应视作用人单位同意工伤人员延长停工留薪期的申请。

停工留薪期的延长最长不超过十二个月。

（3）工伤复发的确认。

工伤人员评定伤残等级后，原工伤部位需治疗的，工伤人员或用人单位应持由经办机构《工伤复发确认联系单》，向原评定伤残等级的区、县劳动能力鉴定委员会提出工伤复发确认申请，劳动能力鉴定委员会应自受理申请之日起三十天内作出确认意见，并出具《工伤复发确认意见书》。

234

劳动能力鉴定程序是如何规定的？

鉴定机构受理鉴定申请后，应组织专家进行鉴定并提出鉴定意见，并自受理之日起六十日内做出鉴定结论，必要时可以延长三十日。鉴定结论应及时送达用人单位和个人，同时书面告之申请工伤保险待遇的程序。

对鉴定结论不服的，可自收到之日起十五日内向市劳鉴委提出再次鉴定申请，市劳鉴委的再次鉴定结论为最终结论。鉴定结论作出一年后，伤残情况发生变化的，可以申请复查鉴定。

235

劳动能力鉴定费用如何承担？

初次鉴定费用由工伤保险基金承担；再次鉴定结论和复查鉴定结论不变的，费用由申请人承担。

236

工伤保险的就医原则有哪些？

从业人员因工作遭受事故伤害或者患职业病进行治疗，享受工伤医疗待遇。

工伤人员治疗工伤应当在上海市医疗保险契约定点医疗机构或者职业病定点医疗机构就医，情况紧急时可以先到就近的医疗机构急救，伤情稳定后应及时转往医疗保险契约定点医疗机构治疗。确需转往外省市治疗的，工伤人员应当到经办机构办理相关手续。

②③⑦

工伤人员可以享受哪些医疗待遇？

治疗工伤所需医疗费用应当符合国家和上海市的工伤保险诊疗项目目录、工伤保险药品目录、工伤保险住院服务标准。工伤医疗费用除按照上海市规定由医疗保险基金承担的部分外，其余由工伤保险基金承担。

上海市的工伤保险诊疗项目目录、工伤保险药品目录、工伤保险住院服务标准，按照上海市有关基本医疗保险诊疗项目范围、用药范围以及医疗服务设施范围等规定执行。

工伤人员治疗非工伤引发的疾病，所需医疗费用不列入工伤保险基金支付范围。

工伤人员住院治疗工伤的，由所在单位按照本单位因公出差伙食补助标准的70%发给住院伙食补助费；经批准转往外省市就医的，所需交通、食宿费用由所在单位按照本单位从业人员因公出差标准报销。

②③⑧

对工伤保险医疗费用支付有哪些规定？

以上海市为例，对工伤保险医疗费用的支付规定如下：

（1）上海市工伤保险医疗机构为上海市基本医疗保险的约定医疗机构（以下简称医疗机构）。医疗机构对工伤人员的工伤医疗费用应当按照上海市基本医疗保险办法的规定进行管理，并按照上海市基本医疗保险的诊疗项目范围、用药范围以及医疗服务设施范围（以下简称《三个目录》）进行结算。

（2）上海市的工伤保险诊疗项目目录、工伤保险药品目录、工伤保险住院服务标准，按照国家规定的范围标准和上海市基本医疗保险的《三个目录》执行。上海市基本医疗保险的《三个目录》按照规定进行调整的，由市工伤保险经办机构按照市医疗保险局提供的调整内容核定并公布。

（3）工伤人员治疗工伤所需医疗费用应当符合国家规定的范围标准和上海市

基本医疗保险的《三个目录》。符合规定的工伤医疗费用除按照上海市规定由医疗保险基金承担的部分外，其余由工伤保险基金承担。国家规定的范围标准公布后，工伤人员治疗工伤发生超出上海市基本医疗保险《三个目录》但在国家规定的范围标准内的医疗费用，由工伤保险经办机构核定后报销。

工伤人员因情况特殊，治疗工伤所需的医疗费用超出国家规定的范围标准和上海市基本医疗保险《三个目录》范围的，由工伤保险经办机构根据工伤人员就诊医疗机构出具的证明，报市劳动和社会保障局核定。

(4) 从业人员发生事故伤害和工伤人员工伤复发需治疗的，应当使用社会保障卡或者医疗保险卡；因特殊情况用现金支付的工伤医疗费用须经医疗保险事务中心审核，并由医疗保险事务中心出具《医疗费零星报销结算单》或者《医疗费用核定凭证》，作为工伤保险经办机构支付工伤人员医疗费用的核定凭证。

(5) 从业人员发生事故伤害治疗工伤的医疗费用，在劳动保障部门作出工伤认定前，由医疗机构按照上海市基本医疗保险办法的规定执行。经劳动保障行政部门认定为工伤后，医疗保险基金用于支付工伤医疗费用的差额，由工伤保险经办机构定期从工伤保险基金划转至医疗保险基金。

工伤人员工伤复发需住院治疗的，应当持劳动保障行政部门出具的《工伤认定书》就诊，治疗工伤所需医疗费用按规定执行。工伤人员经鉴定机构确认不属于工伤复发的，其发生的住院医疗费用应当按照上海市基本医疗保险办法的规定处理，工伤人员可凭《工伤复发确认书》到原就诊医疗机构重新办理结算手续。

(6) 用人单位未在规定的时限内提出工伤认定申请的，自工伤人员发生事故伤害之日至提出工伤认定申请之日期间发生的工伤医疗费用全部由用人单位负担。就诊医疗机构应当根据工伤保险经办机构出具的《医疗费用分段结算通知书》，对工伤人员的住院医疗费用分别结算和打印清单。

239

对工伤人员辅助器具配置有哪些规定？

工伤人员因日常生活或者就业需要配置辅助器具的，经区、县劳动能力鉴定委员会确认，按照本通知规定的《辅助器具项目和费用标准》配置。

工伤人员因情况特殊需要配置的辅助器具超出上述规定项目的，须经鉴定机构确认，报市劳动保障局核定。

工伤人员配置符合本通知规定辅助器具的费用，由工伤保险基金承担。工伤人员在配置辅助器具时，要求配置辅助器具的费用超出《辅助器具项目和费用标准》规定的，超出规定部分的费用，工伤保险基金不予支付。

辅助器具项目和费用标准的调整由市劳动保障局组织专家论证核定后向社会公布。

鉴定机构在评定工伤人员伤残等级时，对确需配置辅助器具的，应当予以确认，并出具《配置辅助器具确认书》交用人单位和工伤人员。

用人单位持由鉴定机构出具的《配置辅助器具确认书》，为工伤人员办理配置辅助器具事宜。

240

工伤保险对停工留薪期待遇是如何规定的?

从业人员因工作遭受事故伤害或者患职业病需要暂停工作接受工伤治疗的，在停工留薪期内，原工资福利待遇不变，由所在单位按月支付。

停工留薪期一般不超过 12 个月。伤情严重或者情况特殊，经鉴定委员会确认，可以适当延长，但延长不得超过 12 个月。工伤人员评定伤残等级后，停发原待遇，按照本办法的有关规定享受伤残待遇。工伤人员停工留薪期满后仍需治疗的，继续享受工伤医疗待遇。

生活不能自理的工伤人员在停工留薪期需要护理的，由所在单位负责。

241

工伤保险对生活护理待遇是如何规定的?

工伤人员已经评定伤残等级并经鉴定委员会确认需要生活护理的，从工伤保险基金按月支付生活护理费。

生活护理费按照生活完全不能自理、生活大部分不能自理或者生活部分不能自理三个不同等级支付，其标准分别为上年度全市职工月平均工资的 50%、40% 或者 30%。

②④②

工伤保险对一级至四级伤残待遇是如何规定的？

工伤人员因工致残被鉴定为一级至四级伤残的，保留劳动关系，退出工作岗位，享受以下待遇：

（1）从工伤保险基金按伤残等级支付一次性伤残补助金。标准为：一级伤残为二十七个月的工伤人员负伤前十二个月平均月缴费工资，二级伤残为二十五个月，三级伤残为二十三个月，四级伤残为二十一个月。

（2）从工伤保险基金按月支付伤残津贴。标准为：一级伤残为工伤人员负伤前十二个月平均月缴费工资的90%，二级伤残为85%，三级伤残为80%，四级伤残为75%。伤残津贴实际金额低于当地最低工资标准的，由工伤保险基金补足差额。

（3）工伤人员办理按月领取养老金手续后，停发伤残津贴，享受养老保险待遇。基本养老金低于伤残津贴的，由工伤保险基金补足差额。工伤人员到达法定退休年龄又不符合按月领取养老金条件的，由工伤保险基金继续支付伤残津贴。

（4）参加上海市基本医疗保险的用人单位和工伤人员以伤残津贴为基数，按月缴纳基本医疗保险费，享受基本医疗保险待遇。工伤人员到达法定退休年龄后继续享受基本医疗保险待遇。

②④③

工伤保险对五级至六级伤残待遇是如何规定的？

工伤人员因工致残被鉴定为五级、六级伤残的，享受以下待遇：

（1）从工伤保险基金按伤残等级支付一次性伤残补助金。五级伤残为十八个月的工伤人员负伤前十二个月平均月缴费工资，六级伤残为十六个月。

（2）保留与用人单位劳动关系的，由用人单位安排适当工作。难以安排工作的，由用人单位按月发给伤残津贴。五级伤残的，为工伤人员负伤前十二个月平均月缴费工资的70%；六级伤残的，为60%。并由用人单位按照规定缴纳各项社会保险费。伤残津贴实际金额低于上海市职工最低月工资标准的，由用人单位补足差额。

经工伤人员本人提出，该工伤人员可以与用人单位解除或者终止劳动关系，由工伤保险基金支付一次性工伤医疗补助金，由用人单位支付一次性伤残就业补助金。

据沪府发［2011］34号文规定：

①工伤保险基金支付一次性工伤医疗补助金的标准为：五级伤残的，为十八个月的上年度全市职工月平均工资；六级伤残的，为十五个月。

②用人单位支付一次性伤残就业补助金，标准为：五级伤残的，为十八个月的上年度全市职工月平均工资；六级伤残的，为十五个月。

因工伤人员退休或者死亡使劳动关系终止的，不享受第②项待遇。

244

工伤保险对七级至十级伤残待遇是如何规定的?

工伤人员因工致残被鉴定为七级至十级伤残的，享受以下待遇：

(1) 从工伤保险基金支付一次性伤残补助金。七级伤残的，为十三个月的本人工资；八级伤残的，为十一个月；九级伤残的，为九个月；十级伤残的，为七个月。

(2) 劳动、聘用合同期满终止，或者工伤人员本人提出解除劳动、聘用合同的，由工伤保险基金支付一次性工伤医疗补助金，由用人单位支付一次性伤残就业补助金。

据沪府发［2011］34号文规定：

①工伤保险基金支付一次性工伤医疗补助金的标准为：七级伤残的，为十二个月的上年度全市职工月平均工资；八级伤残的，为九个月；九级伤残的，为六个月；十级伤残的，为三个月。

②用人单位支付一次性伤残就业补助金，标准为：七级伤残的，为十二个月的上年度全市职工月平均工资；八级伤残的，为九个月；九级伤残的，为六个月；十级伤残的，为三个月。

因工伤人员退休或者死亡使劳动关系终止的，不享受第②项待遇。

②④⑤

从业人员因工死亡有哪些待遇？

从业人员因工伤导致死亡的，其直系亲属按照下列规定从工伤保险基金领取丧葬补助金、供养亲属抚恤金和一次性工亡补助金：

（1）丧葬补助金为从业人员因工死亡时六个月的上年度全市职工月平均工资。

（2）供养亲属抚恤金按照从业人员本人因工死亡前一月缴费工资的一定比例发给其生前提供主要生活来源、无劳动能力的亲属。其中，配偶每月40%，其他亲属每人每月30%；孤寡老人或者孤儿每人每月在上述标准基础上增加10%。核定的各供养亲属的抚恤金之和不应高于从业人员因工死亡前一月的缴费工资。

（3）一次性工亡补助金标准为上一年度全国城镇居民人均可支配收入的20倍。

②④⑥

工伤人员在停工留薪期满后死亡有哪些待遇？

（1）伤残职工在停工留薪期内因工伤导致死亡的，其近亲属按照规定从工伤保险基金领取丧葬补助金、供养亲属抚恤金和一次性工亡补助金。

（2）一级至四级伤残的工伤人员在停工留薪期满后死亡的，其直系亲属可以享受丧葬补助金、供养亲属抚恤金待遇；其中，在按月领取养老金以后死亡的，其直系亲属享受的由养老保险基金支付的丧葬补助金低于规定标准的，应当由工伤保险基金补足差额。

②④⑦

对因工死亡职工供养亲属抚恤金有哪些规定？

因死亡人员的供养亲属，无任何收入，依靠因工死亡人员生前提供主要生活来源，符合下列情形之一时，可按照《工伤保险办法》规定享受供养亲属抚恤金待遇：

（1）因工死亡人员的供养亲属经鉴定机构鉴定为完全丧失劳动能力的；

（2）因工死亡人员的配偶、父母（养父母、有抚养关系的继父母）男年满六十周岁、女年满五十五周岁的；

（3）因工死亡人员的父母均已死亡，其祖父母、外祖父母男年满六十周岁、女年满55周岁的；

（4）因工死亡人员的子女未满十八周岁或者虽年满十八周岁但继续在全日制院校（本科及以下）就读的；

（5）因工死亡人员的父母均已死亡或者完全丧失劳动能力，其兄弟姐妹未满18周岁或者虽年满十八周岁但继续在全日制院校就读的。

（6）因工死亡人员的子女已经死亡或者完全丧失劳动能力，其孙子女、外孙子女未满十八周岁或者虽年满十八周岁但继续在全日制院校就读的。

属于上述（4）（5）（6）项涉及的对象年满十八周岁后，虽未继续在全日制院校就读，但因患严重传染性等疾病需住院治疗、在短期内无法就业的，也可以享受供养亲属抚恤金待遇。

248

因机动车事故或者其他第三方民事侵权引起工伤待遇如何处理？

因机动车事故或者其他第三方民事侵权引起工伤，用人单位或者工伤保险基金按照工伤保险实施办法规定的工伤保险待遇先期支付的，工伤人员或者其直系亲属在获得机动车事故等民事赔偿后，应当予以相应偿还。

249

因工外出发生事故或在抢险救灾中下落不明人员的待遇如何处理？

从业人员因工外出期间发生事故或者在抢险救灾中下落不明的，从事故发生当月起三个月内照发工资，从第四个月起停发工资，由工伤保险基金向其供养亲属按月支付供养亲属抚恤金。抚恤金标准按照因工死亡待遇的有关规定执行。生活有困难的，可以预支一次性工亡补助金的50%。从业人员被人民法院宣告死亡的，按照工伤死亡待遇处理。

250

什么情况下停止工伤待遇？

工伤人员有下列情形之一的，停止享受工伤保险待遇：

（1）丧失享受待遇条件的。

（2）拒不接受劳动能力鉴定的。

（3）拒绝治疗的。

（4）被判刑正在收监执行的。

②⑤①

工伤保险的责任如何确定？

用人单位分立、合并、转让的，承继单位应当承担原用人单位的工伤保险责任。

用人单位实行承包经营的，工伤保险责任由从业人员劳动关系所在单位承担。

从业人员被借调期间受到工伤事故伤害的，由原用人单位承担工伤保险责任，但原用人单位与借调单位可以约定补偿办法。

企业破产的，在破产清算时优先拨付依法应由单位支付的工伤保险待遇费用。

②⑤②

办理享受工伤保险待遇需要办理哪些手续？

从业人员因工伤亡的，由工伤人员或者其直系亲属、用人单位到经办机构办理工伤保险待遇手续，并提供下列相应材料：

（1）填写完整的工伤保险待遇申请表。

（2）工伤医疗费用支付凭证。

（3）工伤人员与承担工伤责任用人单位存在劳动关系的证明材料。

（4）待遇享受人的身份证明及与因工死亡人员的供养关系证明。

（5）下落不明或者宣告死亡的证明材料。

（6）其他相关材料。

经办机构应当自接到享受工伤保险待遇申请之日起30日内，对工伤人员或者其供养亲属享受工伤保险待遇的条件进行审核。符合条件的，核定其待遇标准并按时足额支付；不符合条件的，应当书面告知。

②⑤③

非全日制从业人员如何享受工伤保险待遇？

非全日制从业人员因工作遭受事故伤害或者患职业病后，与用人单位的劳动关系按照《上海市劳动合同条例》的规定执行，享受下列工伤保险待遇：

（1）按照本办法规定由工伤保险基金支付的工伤保险待遇。

（2）由承担工伤责任的用人单位参照本办法规定支付停工留薪期待遇，并不得低于全市职工月最低工资标准。

（3）致残一级至四级的，由承担工伤责任的用人单位和工伤人员以享受的伤残津贴为基数，一次性缴纳基本医疗保险费至工伤人员到达法定退休年龄，享受基本医疗保险待遇。

（4）致残五级至十级的，由承担工伤责任的用人单位按照本办法规定的标准支付一次性工伤医疗补助金和伤残就业补助金。

②⑤④

非正规就业劳动组织从业人员如何享受工伤待遇？

非正规就业劳动组织参照本办法规定的缴费基数和比例缴纳工伤保险费，在缴纳工伤保险费后，其按照规定在劳动保障部门进行登记的从业人员发生工伤的，可以享受工伤保险实施办法规定由工伤保险基金支付的工伤保险待遇。

②⑤⑤

对非法用工造成工伤应如何处理？

非法用工单位造成伤亡的，必须向伤残职工或死亡职工的直系亲属、伤残童工或者死亡童工的直系亲属给予一次性赔偿。

一次性赔偿包括受到事故伤害或患职业病的职工或童工在治疗期间的费用和一次性赔偿金，一次性赔偿金数额应当在受到事故伤害或患职业病的职工或童工死亡或者经劳动能力鉴定后确定。

劳动能力鉴定按属地原则由单位所在地设区的市级劳动能力鉴定委员会办理。劳动能力鉴定费用由伤亡职工或者童工所在单位支付。

职工或童工受到事故伤害或患职业病，在劳动能力鉴定之前进行治疗期间的生活费、医疗费、护理费、住院期间的伙食补助费及所需的交通费等费用，按照《工伤保险条例》规定的标准和范围，全部由伤残职工或童工所在单位支付。

一级伤残的为赔偿基数的十六倍，二级伤残的为赔偿基数的十四倍，三级伤残的为赔偿基数的十二倍，四级伤残的为赔偿基数的十倍，五级伤残的为赔偿基数的八倍，六级伤残的为赔偿基数的六倍，七级伤残的为赔偿基数的四倍，八级伤残的为赔偿基数的三倍，九级伤残的为赔偿基数的二倍，十级伤残的为赔偿基数的一倍。

受到事故伤害或患职业病造成死亡的，按赔偿基数的十倍支付一次性赔偿金。

赔偿基数，是指单位所在地工伤保险统筹地区上年度职工年平均工资。

256

外来从业人员参加工伤保险有何规定？

上海市用人单位使用的外来从业人员发生事故伤害的，其工伤认定、劳动能力鉴定、工伤保险待遇的项目标准和申领支付以及相关法律责任等，按本市工伤保险相关规定执行。

因工致残一级至四级的非城镇户籍外来从业人员可以按《实施办法》规定的待遇项目标准和支付方式，享受工伤保险待遇，也可以按规定，选择按一次性领取的方式享受。选择一次性领取工伤保险待遇的，由工伤人员在首次申领待遇时向工伤保险经办机构提出，并以协议方式确认，一经确认不再变更。

选择按一次性领取的方式享受工伤保险待遇的致残一级至四级工伤人员，与用人单位解除或终止劳动关系后，其工伤复发医疗费以及经劳动能力鉴定机构鉴定可以享受的一次性伤残补助金、伤残津贴、生活护理费和经确认配置辅助器具费等，由工伤保险基金一次性支付，支付标准暂按现行标准执行。

工伤保险待遇一次性领取后，工伤保险关系终止。

257

工伤保险争议有哪些常见类型？

常见的工伤保险争议包括：

（1）职业病诊断争议。

（2）工伤鉴定争议。

（3）工伤保险行政争议。

（4）工伤保险劳动争议。

258

对工伤鉴定争议有哪些规定？

劳动能力鉴定委员会是从事工伤职工伤残等级鉴定工作的专门机构。用人单位、工伤职工或者其直系亲属申请劳动能力鉴定，应向设区的市级劳动能力鉴定委员会提出。当事人对该鉴定委员会作出的鉴定结论不服，可在收到该鉴定结论之日起十五日内向省级劳动能力鉴定委员会提出再次鉴定申请。省级劳动能力鉴定委员会作出的鉴定结论为终局结论。

259

对工伤保险行政争议有哪些规定？

行政管理相对人与承担工伤保险管理工作的劳动保障行政部门及社会保险经办机构之间就工伤保险的有关事项发生纠纷主要有以下四种情形：

（1）申请工伤认定的职工或者其直系亲属、该职工所在单位对统筹地区劳动保障行政部门作出的不予受理决定和工伤认定结论不服的。

（2）用人单位对经办机构确定的单位缴费费率不服的。

（3）签订服务协议的医疗机构、辅助器具配置机构认为经办机构未履行有关协议或者规定的。

（4）工伤职工或者其直系亲属对经办机构核定的工伤保险待遇有异议的。

发生工伤保险行政争议后，有关单位和个人可以依法申请行政复议；对复议决定不服的，可以依法提起行政诉讼。有关单位和个人也可以直接提起行政诉讼。

260

对工伤保险劳动争议有哪些规定？

职工与用人单位之间就工伤保险待遇方面的事项所发生的纠纷主要有两种

情形：

（1）职工与参加工伤保险的用人单位之间就用人单位应当承担的工伤保险待遇发生劳动争议。

（2）伤残职工或死亡职工的直系亲属、伤残童工或者死亡童工的直系亲属就一次性赔偿数额与非法经营单位发生的争议。

发生劳动争议，用人单位、职工或职工的直系亲属可向有管辖权的劳动争议仲裁委员会申诉。对该仲裁委员会作出的不予受理通知书或仲裁裁决书不服，可向有管辖权的人民法院起诉。

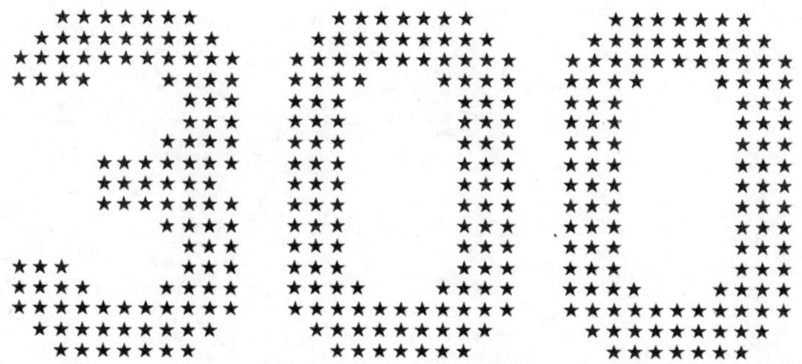

第八章　工作时间

②⑥①

什么是标准工作时间制度？

标准工作时间制度简称标准工时制，是指用人单位按照法律规定的标准日工作时间和周工作时间组织生产和工作的一种工作时间制度。劳动者每日工作时间不超过八小时，每周工作时间不超过四十小时，一般为五天工作制。用人单位可根据生产经营的需要对日工作时间和周工作天数临时进行相应调整；但每周至少保证劳动者有一天的休息时间。

根据法律规定，计件工时制实质是属于标准工时制的范畴。为保证实行计件工作的劳动者实行标准工时制度，又不减少收入，法律规定对实行计件工作的劳动者，用人单位应根据标准工时制度合理确定其劳动定额和计件报酬标准。

②⑥②

标准工作天数和工作时间如何计算？

《劳社部关于职工全年月平均工作时间和工资折算问题的通知》（劳社部发［2008］3号文）规定：

（1）制度工时天数是指每月的标准工作日数。计算公式如下：

制度工时天数（标准工作天数）=（全年日历天数－节假日天数－休息日天数）÷12个月

从这个公式可以得出：

年工作日：365天－104天（休息日）－11天（法定节假日）=250天

季工作日：250天÷4季=62.5天/季

月工作日：250天÷12月=20.83天/月

职工全年月平均工作天数为 20.83 天，平均工作时间为 166.64 小时。在计算每月的具体工作天数和时间时，应按当月的制度工作天数计算，制度工作天数×8，即为当月的标准工作时间。

（2）日工资、小时工资的折算。

按照《劳动法》第五十一条的规定，法定节假日用人单位应当依法支付工资，即折算日工资、小时工资时不剔除国家规定的 11 天法定节假日。据此，日工资、小时工资的折算为：

日工资：月工资收入÷月计薪天数

小时工资：月工资收入÷（月计薪天数×8 小时）

月计薪天数=（365 天－104 天）÷12 月=21.75 天

②⑥③

什么是综合计算工时工作制？

综合计算工时工作制主要是针对因工作性质特殊、需连续作业或受季节及自然条件限制的企业，部分员工采用以周、月、季、年等为周期综合计算工作时间，但其平均日工作时间和平均周工作时间应与法定标准工作时间相同。即平均每日工作不超过八小时，平均每周工作不超过四十小时，并保证劳动者每周至少休息一天。

批准实行综合计算工时制的企业，有正常的上下班时间，工作日正好是标准工时制周休息日的，属于正常工作；其综合计算工作时间超过法定标准工作时间的部分，应当视为延长工作时间，一旦涉及加班、延长工作时间的限制，就应按规定支付相应报酬。且应按照不低于劳动者本人小时工资标准的 150%支付延长工作时间的工资；工作日正好是法定节假日的，应依照规定支付不低于工资 300%的报酬。

《关于企业实行不定时工作制和综合计算工时工作制的审批办法》（劳部发［1994］503 号）规定：

符合下列条件之一的情况，企业可以向劳动行政部门申请实行综合计算工时工作制：

（1）交通、铁路、邮电、水运、航空、渔业等行业中因工作性质特殊，需连续作业的职工。

（2）地质及资源勘探、建筑、制盐、制糖、旅游等受季节和自然条件限制的行业的部分职工。

（3）其他适合实行综合计算工时工作制的职工。

264

企业以季为周期综合计算工时是否合法且不存在延长工作时间？

企业经劳动行政部门批准以季为周期综合计算工时（总工时为480小时/季），该企业因生产任务需要，经协商工会和劳动者同意，安排劳动者在该季的第一、二个月刚好完成了480小时的工作，第三个月整月休息，企业这样做应视为合法且没有延长工作时间。对于这种打破常规的工作时间安排，一定要取得工会和劳动者的同意，并且注意劳逸结合，切实保障劳动者身体健康。虽然第三个月整月休息，企业仍然需要按正常出勤情况支付劳动者工资。

265

实行综合计算工时制的用人单位，如何界定是否延长工作时间？

经批准实行综合计算工时制的用人单位，即分别以周、季、年等为周期综合计算工作时间，但其平均日工作时间、周工作时间应与法定标准工作时间基本相同，并保证劳动者每周至少休息一天。实行综合计算工时制的企业职工，工作日正好是标准工时制周休息日的，属于正常工作；其综合计算工作时间超过法定标准工作时间的部分，应当视为延长工作时间，并按照不低于劳动者本人小时工资标准的150%支付延长工作时间的工资；工作日正好是法定节假日的，应依照规定支付不低于工资300%的报酬。

266

延长工作时间有什么规定？

为了保证劳动者的正常休息，即使按照规定支付给员工加班工资也不可以随便安排员工加班，对于加班时间仍然有限制，用人单位由于生产经营需要，经与工会和劳动者协商后可以延长工作时间，一般每日不得超过一小时；因特殊原因需要延长工作时间的，在保障劳动者身体健康的条件下延长工作时间每日不得超过三小时，但是每月不得超过三十六小时，并且需要保证劳动者每周至少休息一天（连续一天）。

每天加班不超过三小时，每月加班不超过三十六小时的企业不需要申请综合计算工时工作制，只需按标准工作时间即可。

因工作性质或生产特点的限制，不能实行标准工作制的，如果出现每天加班超过三小时或每月加班超过三十六小时的情况下，需要按国家有关规定，申请实行其他工作和休息办法，是申请综合计算工时工作制还是申请不定时工作制，需要根据各种情况的适用范围进行申请。

②⑥⑦

什么是不定时工作制？

不定时工作制是指每日工作没有固定工作时数的工时形式。由于岗位的生产工作特点、工作特殊需要、职责范围等原因，无法按标准工作时间安排工作或因工作时间不固定，需要机动作业的职工所采用的弹性工时制度，这是一种灵活的作业方式。

批准实行不定时工时制的企业，安排职工每周有一天休息时间即可，不涉及加班、延长工作时间的限制及支付相应报酬等。

企业对符合下列条件之一的职工，可以实行不定时工作制：

（1）企业中的高级管理人员、外勤人员、推销人员、部分值班人员和其他因工作无法按标准工作时间衡量的职工。

（2）企业中的长途运输人员、出租汽车司机和铁路、港口、仓库的部分装卸人员以及因工作性质特殊，需机动作业的职工。

（3）因生产特点、工作特殊需要或职责范围的关系，如企业的消防和化救值班人员以及值班驾驶员等。

（4）其他因生产特点、工作特殊需要或职责范围的关系，适合实行不定时工作制的职工。

②⑥⑧

不定时工时制和综合计算工时制的区别是什么？

批准实行不定时工时制的企业，安排职工每周有一天休息时间即可，不涉及加班、延长工作时间的限制及支付相应报酬等。批准实行综合计算工时制的企业，有正常的上下班时间，涉及加班、延长工作时间的限制，并应按规定支付相应报酬。

②⑥⑨

用人单位在实行加班制度时需注意哪些事项？

用人单位在实行加班加点制度时应遵循以下四个原则：

（1）用人单位要限制加班加点，保证劳动者休息、休假的权利。

（2）劳动者要在法定工作时间内完成劳动任务，因未完成定额和任务而延长工作时间的，不视为加班、加点。

（3）企业确因生产经营需要加班加点的，应与工会和劳动者协商。协商一致，按协商意见办。协商不一致，用人单位有权在法定的延长工作时数内决定加班加点，但企业违反法律规定的加班加点决定，劳动者有权拒绝。

（4）遇有发生自然灾害等特殊情况，企业决定加班加点不受法律规定的限制。

②⑦⓪

用人单位违反加班规定会受到什么惩罚？

《违反〈中华人民共和国劳动法〉行政处罚办法》（劳部发［1994］532号）规定：

用人单位未与工会和劳动者协商，强迫劳动者延长工作时间的，应给予警告，责令改正，并可按每名劳动者每延长工作时间一小时罚款一百元以下的标准处罚。

用人单位每日延长劳动者工作时间超过三小时或每月延长工作时间超过三十六小时的，应给予警告，责令改正，并可按每名劳动者每超过工作时间一小时罚款一百元以下的标准处罚。

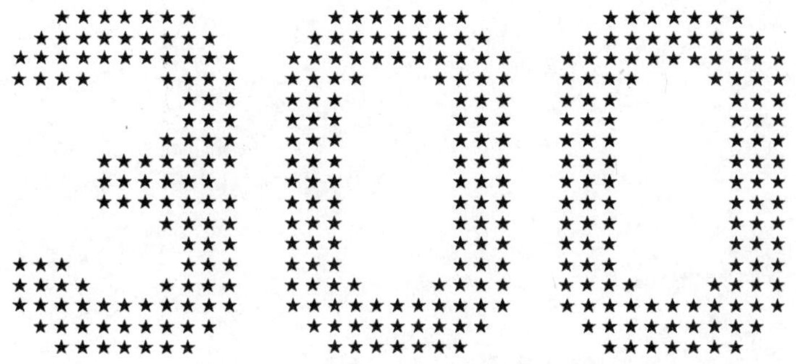

第九章 劳动保护

271

什么是劳动保护？

劳动保护，是指为消除劳动过程中危及人身安全和健康的不良条件与行为，防止伤亡事故和职业病，保障劳动者在劳动过程中的安全和健康，而依靠技术进步和科学管理采取的技术和组织措施。

劳动保护主要包括以下三个方面的内容：

（1）工作时间的限制和休息时间、休假制度的规定，这是从时间上来保护劳动者。

（2）各项劳动安全与卫生的措施，这是从劳动场所来保护劳动者。

（3）对女职工和未成年工的劳动保护，这是从生理上的特殊需要来保护劳动者。

272

什么是劳动安全卫生？有哪些保证劳动安全卫生的措施？

根据《工厂安全卫生规程》（国务院）、《中华人民共和国安全生产法》规定：

（1）劳动安全卫生是指保护劳动者在劳动场所的安全与卫生的各种措施。

（2）所谓劳动安全，一般是指防止中毒、触电、机械外伤、车祸、坠落、塌陷、爆炸、火灾等危及劳动者人身安全的事故发生。

（3）所谓劳动卫生，是指防止有毒有害物质危害劳动者身体健康或者引起职业病的发生。

（4）保证劳动安全卫生的主要措施：

一是实行安全生产方针，采取各种安全措施，以防事故发生。

二是保持工作环境清洁卫生和合理照明等措施，防止职业病的发生。

三是抵制各级领导的违章指挥。

四是作好事故发生后的报告、处理和职业病发生后的积极治疗，总结经验、教训，采取改进措施。

②⑦③

劳动保护用品的发放与管理有哪些规定？

根据《劳动防护用品监督管理规定》（国家安全生产监督管理总局令第1号）劳动防护用品，是指劳动者在劳动过程中为免遭或减轻事故伤害或职业危害所配备的防护装备。劳动防护用品分为一般劳动防护用品和特种劳动防护用品。

用人单位必须为劳动者提供符合国家规定的劳动安全卫生条件和必要的劳动防护用品，所产生的费用应该全部由用人单位承担，同时用人单位对从事有职业危害作业的劳动者应当定期进行健康检查。

用人单位在发放劳动防护用品时需注意如下事项：

（1）使用劳动防护用品的单位应为劳动者免费提供符合国家规定的劳动防护用品。使用单位不得以货币或其他物品替代应当配备的劳动防护用品。

（2）使用单位应教育本单位劳动者按照劳动防护用品使用规则和防护要求正确使用劳动防护用品。

（3）使用单位应建立健全劳动防护用品的购买、验收、保管、发放、使用、更换、报废等管理制度；并应按照劳动防护用品的使用要求，在使用前对其防护功能进行必要的检查。

（4）使用单位应到定点经营单位或生产企业购买特种劳动防护用品。购买的劳动防护用品须经本单位的安全技术部门验收。

用人单位在以下情况下，需要给劳动者发放个人劳动防护用品：

（1）有下列情况之一的，用人单位应该供给劳动者工作服或者围裙，并且根据需要分别供给工作帽、口罩、手套、护腿和鞋盖等防护用品：

①有灼伤、烫伤或者容易发生机械外伤等危险的操作。

②在强烈辐射热或者低温条件下的操作。

③散放毒性、刺激性、感染性物质或者大量粉尘的操作。

④经常使衣服腐蚀、潮湿或者特别肮脏的操作。

(2) 在有危害健康的气体、蒸汽或者粉尘的场所操作的工人，应该由用人单位分别供给适用的口罩、防护眼镜和防毒面具等。

(3) 工作中发生有毒的粉尘和烟气，可能伤害口腔、鼻腔、眼睛、皮肤的，应该由用人单位分别供给工人漱洗药水或者防护药膏。

(4) 在有噪音、强光、辐射热和飞溅火花、碎片、刨屑的场所操作的工人，应该由用人单位分别供给护耳器、防护眼镜、面具和帽盔等。

(5) 经常站在有水或者其他液体的地面上操作的工人，应该由用人单位供给防水靴或者防水鞋等。

(6) 高空作业工人，应该由用人单位供给安全带。

(7) 电气操作工人，应该由用人单位按照需要分别供给绝缘靴、绝缘手套等。

(8) 经常在露天工作的工人，应该由用人单位供给防晒、防雨的用具。

(9) 在寒冷气候中必须露天进行工作的工人，应该由用人单位根据需要供给御寒用品。

(10) 有传染疾病危险的生产部门中，应该由用人单位供给工人洗手用的消毒剂，所有工具、工作服和防护用品，必须由用人单位负责定期消毒。

(11) 产生大量一氧化碳等有毒气体的工厂，应该备有防毒救护用具，必要的时候应该设立防毒救护站。

用人单位在管理劳动防护用品中，需要注意如下问题：

(1) 生产经营单位应当按照《劳动防护用品选用规则》(GB11651) 和国家颁发的劳动防护用品配备标准以及有关规定，为从业人员配备劳动防护用品。

(2) 生产经营单位为从业人员提供的劳动防护用品，必须符合国家标准或者行业标准，不得超过使用期限。

(3) 生产经营单位应当督促、教育从业人员正确佩戴和使用劳动防护用品。

(4) 生产经营单位应当建立健全劳动防护用品的采购、验收、保管、发放、使用、报废等管理制度。

(5) 生产经营单位不得采购和使用无安全标志的特种劳动防护用品；购买的特种劳动防护用品须经本单位的安全生产技术部门或者管理人员检查验收。

(6) 从业人员在作业过程中，必须按照安全生产规章制度和劳动防护用品使用规则，正确佩戴和使用劳动防护用品；未按规定佩戴和使用劳动防护用品的，不得上岗作业。

②⑦④

什么是特种作业？

特种作业，是指容易发生人员伤亡事故，对操作者本人、他人及周围设施的安全有重大危害的作业。

特种作业包括：

（1）电工作业。

（2）焊接与热切割作业。

（3）高处作业。

（4）制冷与空调作业。

（5）煤矿安全作业。

（6）金属非金属矿山安全作业。

（7）石油天然气安全作业。

（8）冶金（有色）生产安全作业。

（9）危险化学品安全作业。

（10）烟花爆竹安全作业。

（11）安全监管总局认定的其他作业。

②⑦⑤

劳动者需要具备什么条件才能从事特种作业？

《特种作业人员安全技术培训考核管理规定》（国家安全生产监督管理总局令第30号）规定：

特种作业人员是指直接从事特种作业的人员。特种作业人员必须具备以下基本条件：

（1）年满18周岁，且不超过国家法定退休年龄。

（2）经社区或者县级以上医疗机构体检健康合格，并无妨碍从事相应特种作业的器质性心脏病、癫痫病、美尼尔氏症、眩晕症、癔病、震颤麻痹症、精神病、痴呆症以及其他疾病和生理缺陷。

（3）具有初中及以上文化程度。

（4）具备必要的安全技术知识与技能。

（5）相应特种作业规定的其他条件。

（6）特种作业人员必须经专门的安全技术培训并考核合格，取得《中华人民共和国特种作业操作证》（以下简称特种作业操作证）后，方可上岗作业。

276

特种作业操作证是否一直有效？

特种作业操作证有效期为六年，在全国范围内有效。特种作业操作证每三年复审一次。特种作业人员在特种作业操作证有效期内，连续从事本工种十年以上，严格遵守有关安全生产法律法规的，经原考核发证机关或者从业所在地考核发证机关同意，特种作业操作证的复审时间可以延长至每六年一次。

特种作业操作证复审由特种作业人员本人或用人单位在期满前60日内提出申请，由当地的考核、发证单位负责审验。复审内容包括：

（1）健康检查。

（2）从事特种作业的情况。

（3）违章作业记录检查。

（4）安全生产新知识和事故案例教育。

（5）安全培训考试合格记录。

277

发证单位有权收缴特种作业操作证吗？

有下列情形之一的，发证单位有权收缴特种作业操作证：

（1）特种作业人员有下列情形之一的，复审或者延期复审不予通过：

①健康体检不合格的。

②违章操作造成严重后果或者有两次以上违章行为，并经查证确实的。

③有安全生产违法行为，并给予行政处罚的。

④拒绝、阻碍安全生产监管监察部门监督检查的。

⑤未按规定参加安全培训，或者考试不合格的。

(2) 有下列情形之一的，考核发证机关应当撤销特种作业操作证：

①超过特种作业操作证有效期未延期复审的。

②特种作业人员的身体条件已不适合继续从事特种作业的。

③对发生生产安全事故负有责任的。

④特种作业操作证记载虚假信息的。

⑤以欺骗、贿赂等不正当手段取得特种作业操作证的。

(3) 有下列情形之一的，考核发证机关应当注销特种作业操作证：

①特种作业人员死亡的。

②特种作业人员提出注销申请的。

③特种作业操作证被依法撤销的。

278

什么是职业病？

职业病是指企业、事业单位和个体经济组织等用人单位的劳动者在生产劳动及其他职业活动中，因接触粉尘、放射性物质和其他有毒、职业性有害因素而引起的疾病。认定职业病需掌握以下三个要件：

(1) 患病主体必须是企事业单位或者个体经济组织中的劳动者。

(2) 所患疾病必须是在从事职业活动中发生的。

(3) 该疾病必须是因接触粉尘等有毒有害物质引发的。

职业病的诊断应按卫生部颁发的《职业病诊断与鉴定管理办法》及其有关规定执行。

凡被确诊患有职业病的职工，职业病诊断机构应发给《职业病诊断证明书》，享受国家规定的工伤保险待遇或职业病待遇。

附注：职业病的范围

《职业病范围和职业病患者处理办法的规定》（卫生部、劳动人事部、财政部、中华全国总工会）以及《职业病目录》有如下十大类职业病：

（1）尘肺。

（2）职业性放射性疾病。

（3）职业中毒。

（4）物理因素所致职业病。

（5）生物因素所致职业病。

（6）职业性眼病。

（7）职业性皮肤病。

（8）职业性耳鼻喉口腔疾病。

（9）职业性肿瘤。

（10）其他职业病。

2012 年 12 月 12 日，中国疾病预防控制中心职业卫生与中毒控制所新闻发布会指出，《职业病分类和目录》征求意见稿将面向社会征求意见。

②⑦⑨

用人单位应采取哪些职业病防治措施？

《中华人民共和国职业病防治法》（国家主席令第 52 号）规定：

首先，对于产生职业病危害的用人单位的设立除应当符合法律、行政法规规定的设立条件外，其工作场所还应当符合下列职业卫生要求：

（1）职业病危害因素的强度或者浓度符合国家职业卫生标准。

（2）有与职业病危害防护相适应的设施。

（3）生产布局合理，符合有害与无害作业分开的原则。

（4）有配套的更衣间、洗浴间、孕妇休息间等卫生设施。

（5）设备、工具、用具等设施符合保护劳动者生理、心理健康的要求。

（6）法律、行政法规和国务院卫生行政部门关于保护劳动者健康的其他要求。

其次，用人单位应当采取下列职业病防治管理措施：

（1）设置或者指定职业卫生管理机构或者组织，配备专职或者兼职的职业卫生专业人员，负责本单位的职业病防治工作。

（2）制定职业病防治计划和实施方案。

（3）建立、健全职业卫生管理制度和操作规程。

（4）建立、健全职业卫生档案和劳动者健康监护档案。

（5）建立、健全工作场所职业病危害因素监测及评价制度。

（6）建立、健全职业病危害事故应急救援预案。

防护用品选用：用人单位必须采用有效的职业病防护设施，并为劳动者提供个人使用的职业病防护用品。用人单位为劳动者个人提供的职业病防护用品必须符合防治职业病的要求；不符合要求的，不得使用。

防护技术选用：用人单位应当优先采用有利于防治职业病和保护劳动者健康的新技术、新工艺、新材料，逐步替代职业病危害严重的技术、工艺、材料。

防护公告警示：产生职业病危害的用人单位，应当在醒目位置设置公告栏，公布有关职业病防治的规章制度、操作规程、职业病危害事故应急救援措施和工作场所职业病危害因素检测结果。对产生严重职业病危害的作业岗位，应当在其醒目位置，设置警示标识和中文警示说明。警示说明应当载明产生职业病危害的种类、后果、预防以及应急救治措施等内容。

防护急救措施：对可能发生急性职业损伤的有毒、有害工作场所，用人单位应当设置报警装置，配置现场急救用品、冲洗设备、应急撤离通道和必要的泄险区。对放射工作场所和放射性同位素的运输、贮存，用人单位必须配置防护设备和报警装置，保证接触放射线的工作人员佩戴个人剂量计。

对职业病防护设备、应急救援设施和个人使用的职业病防护用品，用人单位应当进行经常性的维护、检修，定期检测其性能和效果，确保其处于正常状态，不得擅自拆除或者停止使用。

从事职业危害作业的情况，用人单位人力资源部门应特别注意以下五个事项：

（1）职业危害告知义务。

用人单位与劳动者订立劳动合同（含聘用合同）时，应当将工作过程中可能产生的职业病危害及其后果、职业病防护措施和待遇等如实告知劳动者，并在劳动合同中写明，不得隐瞒或者欺骗。

劳动者在已订立劳动合同期间因工作岗位或工作内容变更，从事与所订立劳动合同中未告知的存在职业病危害的作业时，用人单位应当向劳动者履行如实告知的义务，并协商变更原劳动合同相关条款。

用人单位违反以上规定，劳动者有权拒绝从事存在职业病危害的作业，用人单位不得因此解除或终止与劳动者所订立的劳动合同。

（2）职业健康检查。

对从事接触职业病危害作业的劳动者，用人单位应当按照国务院卫生行政部门的规定组织上岗前、在岗期间和离岗时的职业健康检查，并将检查结果如实告知劳动者。职业健康检查费用由用人单位承担。

从事有害作业的职工，因按规定接受职业性健康检查所占用的生产、工作时间，应按正常出勤处理。如职业病防治机构（诊断组）认为需要住院作进一步检查时，不论其最后是否诊断为职业病，在此期间可享受职业病待遇。

（3）职业禁忌处理。

用人单位不得安排未经上岗前职业健康检查的劳动者从事接触职业病危害的作业；不得安排有职业禁忌的劳动者从事其所禁忌的作业；对在职业健康检查中发现有与所从事的职业相关的健康损害的劳动者，应当调离原工作岗位，并妥善安置；对未进行离岗前职业健康检查的劳动者不得解除或者终止与其订立的劳动合同。

（4）职业健康档案管理。

用人单位应当为劳动者建立职业健康监护档案，并按照规定的期限妥善保存。职业健康监护档案应当包括劳动者的职业史、职业病危害接触史、职业健康检查结果和职业病诊疗等有关个人健康资料。

劳动者离开用人单位时，有权索取本人职业健康监护档案复印件，用人单位应当如实、无偿提供，并在所提供的复印件上签章。

（5）职业人员禁忌处理。

用人单位不得安排未成年工从事接触职业病危害的作业；不得安排孕期、哺乳期的女职工从事对本人和胎儿、婴儿有危害的作业。

280

职工申请职业病诊断时需提供哪些材料？

《职业病诊断与鉴定管理办法》（中华人民共和国卫生部第 24 号令）规定，职工可以选择用人单位所在地或本人居住地的职业病诊断机构进行诊断。申请职业病诊断时应当提供如下材料：

(1) 职业史、既往史。

(2) 职业健康监护档案复印件。

(3) 职业健康检查结果。

(4) 工作场所历年职业病危害因素检测、评价资料。

(5) 诊断机构要求提供的其他必需的有关材料。

(6) 用人单位和有关机构应当按照诊断机构的要求，如实提供必要的资料。

没有职业病危害接触史或者健康检查没有发现异常的，诊断机构可以不予受理。

281

职业病诊断鉴定书包括哪些内容?

职业病诊断鉴定书应当包括以下内容：

(1) 劳动者、用人单位的基本情况及鉴定事由。

(2) 参加鉴定的专家情况。

(3) 鉴定结论及其依据，如为职业病，应当注明职业病名称、程度（级别）。

(4) 鉴定时间。

参加鉴定的专家应当在鉴定书上签字，鉴定书加盖职业病诊断鉴定委员会印章。

职业病诊断鉴定书应当于鉴定结束之日起二十日内由职业病诊断鉴定办事机构发送当事人。

282

职工对职业病诊断有异议时该如何处理?

职业病诊断是由省级卫生行政部门批准的医疗卫生机构承担的。当事人对职业病诊断有异议的，在接到职业病诊断证明书之日起三十日内，可以向做出诊断的医疗卫生机构所在地设区的市级卫生行政部门申请鉴定。

设区的市级卫生行政部门组织的职业病诊断鉴定委员会负责职业病诊断争议的首次鉴定。

当事人对设区的市级职业病诊断鉴定委员会的鉴定结论不服的，在接到职业病诊断鉴定书之日起 15 日内，可以向原鉴定机构所在地省级卫生行政部门申请再鉴定。

省级职业病诊断鉴定委员会的鉴定为最终鉴定。

职工进行职业病诊断、鉴定的费用由用人单位承担。

②⑧③

职工患职业病除可享受工伤保险待遇外，还可以享受哪些待遇？

职工患职业病后，除可以按规定享受工伤保险待遇以外，还可以享受以下待遇：

（1）用人单位对从事接触职业病危害作业的劳动者，应当给予适当岗位津贴。

（2）职工被确诊患有职业病后，其所在单位应根据职业病诊断机构（诊断组）的意见，安排其医治或疗养。在医治或疗养后被确认不宜继续从事原有害作业或工作的，应在确认之日起的两个月内将其调离原工作岗位，另行安排工作；对于因工作需要暂不能调离的生产、工作技术骨干，调离期限最长不得超过半年。

（3）从事有害作业的职工，因按规定接受职业性健康检查所占用的生产、工作时间，应按正常出勤处理；如职业病防治机构认为需要住院作进一步检查时，不论其最后是否诊断为职业病，在此期间可享受职业病待遇。

（4）职业病患者依照民事法律，尚有获得赔偿权利的，有权向用人单位索要赔偿。

（5）从事有害作业的职工，其所在单位必须为其建立健康档案。变动工作单位时，事先须经当地职业病防治机构进行健康检查，其检查材料装入健康档案。

（6）患有职业病的职工变动工作单位时，其职业病待遇应由原单位负责，或两个单位协商处理，双方商妥后方可办理调转手续，并将其健康档案、职业病诊断证明及职业病处理情况等材料全部移交新单位。调出、调入单位都应将情况报各所在地的劳动卫生职业病防治机构备案。

（7）职工到新单位后，新发现的职业病不论与现工作有无关系，其职业病待遇由新单位负责。过去按有关规定已做处理的不再改变。

（8）劳动合同制工人、临时工终止或解除劳动合同后，在待业期间新发现的职业病与上一个劳动合同期工作有关时，其职业病待遇由原终止或解除劳动合同的单位负责；如原单位已与其他单位合并者，由合并后的单位负责；如原单位已撤销者，应由原单位的上级主管机关负责。

②⑧④

职工职业病医治或疗养后被确认不能从事原有害作业的如何处理？

职工被确诊患有职业病后，其所在单位应根据职业病诊断机构（诊断组）的意见，安排其医治或疗养。在医治或疗养后被确认不宜继续从事原有害作业或工作的，应在确认之日起的两个月内将其调离原工作岗位，另行安排工作；对于因工作需要暂不能调离的生产、工作的技术骨干，调离期限最长不得超过半年。

②⑧⑤

职工终止或解除劳动合同后，待业期间新发现的职业病该如何处理？

劳动合同制工人、临时工终止或解除劳动合同后，在待业期间新发现的职业病与上一个劳动合同期工作有关时，其职业病待遇由原终止或解除劳动合同的单位负责；如原单位已与其他单位合并者，由合并后的单位负责；如原单位已撤销者，应由原单位的上级主管机关负责。

②⑧⑥

患有职业病的职工变动工作单位时，其职业病待遇应由谁来负责？

患有职业病的职工变动工作单位时，其职业病待遇应由原单位负责或两个单位协商处理，双方商妥后方可办理调转手续，并将其健康档案、职业病诊断证明及职业病处理情况等材料全部移交新单位。调出、调入单位都应将情况报各所在地的劳动卫生职业病防治机构备案。

职工到新单位后，新发现的职业病不论与现工作有无关系，其职业病待遇由新单位负责。过去按有关规定已做处理的不再改变。

②⑧⑦

用人单位如果违反有关职业病的相关办法，会受到什么处罚？

《中华人民共和国职业病防治法》（国家主席令 52 号）规定：

（1）用人单位如果违反有关职业病防治办法规定，有下列行为之一的，由安全生产监督管理部门给予警告，责令限期改正；逾期不改正的，处十万元以下的罚款：

①工作场所职业病危害因素检测、评价结果没有存档、上报、公布的。

②未采取有关职业病防治办法规定的职业病防治管理措施的。

③未按照规定公布有关职业病防治的规章制度、操作规程、职业病危害事故应急救援措施的。

④未按照规定组织劳动者进行职业卫生培训，或者未对劳动者个人职业病防护采取指导、督促措施的。

⑤国内首次使用或者首次进口与职业病危害有关的化学材料，未按照规定报送毒性鉴定资料以及经有关部门登记注册或者批准进口的文件的。

（2）用人单位违反职业病防治办法规定，有下列行为之一的，由安全生产监督管理部门给予警告，可以并处五万元以上十万元以下的罚款：

①未按照规定及时、如实向卫生行政部门申报产生职业病危害的项目的；

②未实施由专人负责的职业病危害因素日常监测，或者监测系统不能正常监测的；

③订立或者变更劳动合同时，未告知劳动者职业病危害真实情况的；

④未按照规定组织职业健康检查、建立职业健康监护档案或者未将检查结果如实告知劳动者的。

（3）用人单位违反有关职业病防治办法规定，有下列行为之一的，由安全生产监督管理部门给予警告，责令限期改正，逾期不改正的，处五万元以上二十万元以下的罚款；情节严重的，责令停止产生职业病危害的作业，或者提请有关人民政府按照国务院规定的权限责令关闭：

①工作场所职业病危害因素的强度或者浓度超过国家职业卫生标准的。

②未提供职业病防护设施和个人使用的职业病防护用品，或者提供的职业病

防护设施和个人使用的职业病防护用品不符合国家职业卫生标准和卫生要求的。

③对职业病防护设备、应急救援设施和个人使用的职业病防护用品未按照规定进行维护、检修、检测，或者不能保持正常运行、使用状态的。

④未按照规定对工作场所职业病危害因素进行检测、评价的。

⑤工作场所职业病危害因素经治理仍然达不到国家职业卫生标准和卫生要求时，未停止存在职业病危害因素的作业的。

⑥未按照规定安排职业病病人、疑似职业病病人进行诊治的。

⑦发生或者可能发生急性职业病危害事故时，未立即采取应急救援和控制措施或者未按照规定及时报告的。

⑧未按照规定在产生严重职业病危害的作业岗位醒目位置设置警示标识和中文警示说明的。

⑨拒绝卫生行政部门监督检查的。

⑩隐瞒、伪造、篡改、毁损职业健康监护档案、工作场所职业病危害因素检测评价结果等相关资料，或者拒不提供职业病诊断、鉴定所需资料的。

⑪未按照规定承担职业病诊断、鉴定费用和职业病病人的医疗、生活保障费用的。

（4）用人单位违反有关职业病防治办法规定，有下列情形之一的，由安全生产监督管理部门给予警告，并处五万元以上三十万元以下的罚款；情节严重的，责令停止产生职业病危害的作业，或者提请有关人民政府按照国务院规定的权限责令关闭：

①隐瞒技术、工艺、材料所产生的职业病危害而采用的。

②隐瞒本单位职业卫生真实情况的。

③可能发生急性职业损伤的有毒、有害工作场所、放射工作场所或者放射性同位素的运输、贮存不符合规定的。

④使用国家明令禁止使用的可能产生职业病危害的设备或者材料的。

⑤将产生职业病危害的作业转移给没有职业病防护条件的单位和个人，或者没有职业病防护条件的单位和个人接受产生职业病危害的作业的。

⑥擅自拆除、停止使用职业病防护设备或者应急救援设施的。

⑦安排未经职业健康检查的劳动者、有职业禁忌的劳动者、未成年工或者孕

期、哺乳期女职工从事接触职业病危害的作业或者禁忌作业的。

⑧违章指挥和强令劳动者进行没有职业病防护措施的作业的。

（5）用人单位违反本法规定，已经对劳动者生命健康造成严重损害的，由安全生产监督管理部门责令停止产生职业病危害的作业，或者提请有关人民政府按照国务院规定的权限责令关闭，并处十万元以上五十万元以下的罚款。用人单位违反有关职业病防治办法规定，造成重大职业病危害事故或者其他严重后果，构成犯罪的，对直接负责的主管人员和其他直接责任人员，依法追究刑事责任。

288

企业如何建立劳动能力鉴定委员会？

以上海市为例，《上海市职工劳动能力鉴定工作暂行办法》（沪劳保发［94］36号）等规定：

职工人数在一百人以上的企业应建立劳动能力鉴定委员会，没有条件建立劳动能力鉴定委员会的企业，可委托已建立劳动鉴定委员会的企业进行鉴定，或直接送所在地的区、县劳动鉴定委员会鉴定。

企业劳动鉴定委员会为非常设机构。由行政领导、劳资、人事、医务、安全等部门和工会的负责人五至九人组成。

289

如何办理职工因病或非因工负伤申请劳动能力鉴定？

以上海市为例，《上海市劳动能力鉴定办法》（沪劳保福发［2001］34号）规定：

职工因病或非因工负伤丧失劳动能力程度鉴定，可根据相关规定，按以下程序申报鉴定材料：

（1）要求鉴定的人员（以下简称申请人）向所在单位提出申请，由申请人所在单位按要求如实填写《上海市因病或非因工负伤丧失劳动能力鉴定表》（以下简称《鉴定表》）。

（2）申请人向所在单位提出申请，所在单位不予办理有关手续的，申请人可向申请人单位所在地的区、县职工劳动能力鉴定委员会（以下简称鉴定委员会）

办公室要求作劳动能力鉴定，由所在地的区、县鉴定委员会办公室书面通知申请人所在单位限期办理有关手续，填写《鉴定表》。

（3）申请人所在单位接到有关区、县鉴定委员会办公室书面通知逾期不办理手续的，可由申请人直接到有关区、县鉴定委员会办公室办理手续，填写《鉴定表》。

《鉴定表》一式四份，由申请人所在单位或申请人，向所在单位所在地的区、县鉴定委员会办公室提出鉴定申请，并附下列材料：

①申请人要求作鉴定的申请。

②申请人身份证复印件。

③因病连续停止工作一年以上（其中精神病患者二年以上）的病情证明。

④完整的病史和所患疾病或负伤的医疗诊断结论，其中精神病患者的诊断结论必须由精神卫生中心提供。

精神病患者、住院危重病人原则上不再到医疗检查指定医院作劳动能力鉴定医疗检查。

精神病患者由治疗的精神卫生中心填写《鉴定表》中医疗检查结论，并附《住院通知》或《挂号卡》复印件。住院危重病人，由所住医院填写《鉴定表》中医疗检查结论，并附《住院通知》复印件。

申请人所在单位申请作劳动能力鉴定的，鉴定所需费用（包括鉴定费、医疗检查费用）由申请人所在单位支付；申请人直接到有关鉴定委员会办公室办理作劳动能力鉴定的，鉴定所需费用由申请人预付，如经鉴定为大部分丧失劳动能力或完全丧失劳动能力的，鉴定所需费用应由申请人所在单位负担。

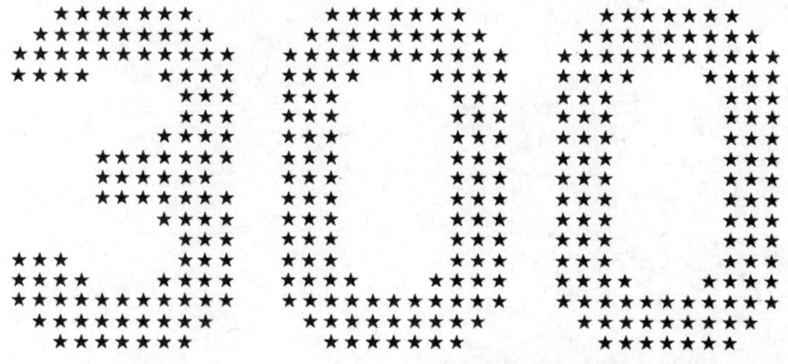

企业劳动关系实务操作300问

第十章 女职工保护

②⑨⓪

女职工禁忌从事劳动的范围有哪些?

女职工禁忌从事劳动的范围，有以下四种情况：

（1）结婚未育女职工禁忌从事劳动的范围有哪些?

以上海市为例，《上海市女职工劳动保护办法》规定：为了保证女职工正常生育及子女的健康，禁止安排结婚未育女职工从事劳动的范围有：

①铅的冶炼、浇铸，铅粉的生产和使用工种。

②纯苯的生产、大量使用和回收工种，金属汞、氧化汞、氯化汞的生产以及金属汞的蒸馏和回收工种。

③金属镉、氧化镉生产工种。

④二硫化碳的生产，粘胶纤维的压滤、黄化、塑化、纺丝工种；超过卫生防护要求的剂量当量限值的所有放射性作业。

⑤各类性激素的生产工种。

（2）女职工禁忌从事的劳动范围有哪些?

为了保护女职工身心健康，禁止安排女职工从事下列工作：

①矿山井下作业。

②体力劳动强度分级标准中规定的第四级体力劳动强度的作业。

③每小时负重六次以上、每次负重超过二十公斤的作业，或者间断负重、每次负重超过二十五公斤的作业。

（3）女职工在经期禁忌从事的劳动范围有哪些?

①冷水作业分级标准中规定的第二级、第三级、第四级冷水作业。

②低温作业分级标准中规定的第二级、第三级、第四级低温作业。

③体力劳动强度分级标准中规定的第三级、第四级体力劳动强度的作业。

④高处作业分级标准中规定的第三级、第四级高处作业。

（4）女职工在孕期禁忌从事的劳动范围有哪些？

①作业场所空气中铅及其化合物、汞及其化合物、苯、镉、铍、砷、氰化物、氮氧化物、一氧化碳、二硫化碳、氯、己内酰胺、氯丁二烯、氯乙烯、环氧乙烷、苯胺、甲醛等有毒物质浓度超过国家职业卫生标准的作业。

②从事抗癌药物、己烯雌酚生产，接触麻醉剂气体等的作业。

③非密封源放射性物质的操作，核事故与放射事故的应急处置。

④高处作业分级标准中规定的高处作业。

⑤冷水作业分级标准中规定的冷水作业。

⑥低温作业分级标准中规定的低温作业。

⑦高温作业分级标准中规定的第三级、第四级的作业。

⑧噪声作业分级标准中规定的第三级、第四级的作业。

⑨体力劳动强度分级标准中的第三级、第四级体力劳动强度的作业。

⑩在密闭空间、高压室作业或者潜水作业，伴有强烈振动的作业，或者需要频繁弯腰、攀高、下蹲的作业。

附注：体力劳动强度分级标准

根据《体力劳动强度分级》（GB3869-83）标准的规定，体力劳动强度按强度指数大小分为四级，具体详见下表：

体力劳动强度分级表

体力劳动强度级别	劳动强度指数
Ⅰ	≤15
Ⅱ	~20
Ⅲ	~25
Ⅳ	>25

Ⅰ级体力劳动：8小时日平均耗能值850大卡/人，劳动时间率为61%，即净劳动时间为293分钟，相当于轻劳动。

Ⅱ级体力劳动：8小时日平均耗能值1320大卡/人，劳动时间率为67%，即净劳动时间为320分钟，相当于中等强度劳动。

Ⅲ级体力劳动：8小时日平均耗能值1746大卡/人，劳动时间率为73%，即净劳动时间为350分钟，相当于重强度劳动。

Ⅳ级体力劳动：8小时日平均耗能值2700大卡/人，劳动时间率为77%，即净劳动时间为370分钟，相当于“很重”强度劳动。

291

女职工月经期间在什么情况下需给予公假？

女职工在高空作业、低温作业、冷水作业、野外作业以及国家规定的第三级体力劳动强度作业的情况下，在月经期间应暂时调做其他工作或给予公假一天。此外，从事生产第一线长久站立行走作业的女职工，如纺织挡车等在月经期间也应根据具体情况给予公假一天或其他照顾。

“高空作业”是指女职工从事国家标准《高处作业分级》规定的二级以上（含二级）的高处作业。即在坠落高度基准面五米以上（含五米），有可能坠落的高处进行的作业。

“低温作业”是指经常在5℃以下的低温场所工作的作业。

“冷水作业”是指需下肢直接接触冷水的作业。

“野外作业”是指建筑、市政施工、码头装卸等露天作业。

292

妊娠期和哺乳期女职工是否可以安排进行轮班或加班？

女职工在怀孕七个月以上和对哺乳期间（婴儿一周岁内），用人单位不得延长劳动时间或者安排夜班劳动，并应当在劳动时间内安排一定的休息时间。这里所指的夜班劳动是在当日二十二点至次日六点时间内从事的劳动。所以在安排妊娠期和哺乳期女职工轮班时需注意不能从事夜班劳动。

293

女职工进行产前检查，用人单位是否给假？是否给付工资？

女职工妊娠期间在医疗保健机构约定的劳动时间内进行产前检查（包括妊娠

十二周内的初查）为产前检查假，产前检查假为半天，应算作劳动时间。按正常出勤给付劳动者工资。

②⑨④

女职工保胎休息有什么相关规定？

根据国家劳动总局保险福利司《关于女职工保胎休息和病假超过六个月后生育时的待遇问题的复函》（[82] 劳险字2号）规定：女职工符合计划生育怀孕，经过医师开具证明，需要保胎休息的，其保胎休息的时间，按照本单位实行的疾病待遇的规定办理。生育时可以从生育之日起，改发产假工资，并享受其他生育待遇。

②⑨⑤

女职工可以享受多少天流产假？

《女职工劳动保护特别规定》规定：

女职工怀孕未满四个月流产的，享受十五天产假。

怀孕满四个月流产的，享受四十二天产假。

在上海市，《上海市女职工劳动保护办法》另行规定：

妊娠三个月内自然流产或子宫外孕者，给予流产假三十天。

妊娠三个月以上，七个月以下自然流产者，给予流产假四十五天。

②⑨⑥

女职工节育手术假期有多少天？出勤如何计算？

以上海市为例，根据上海市卫生局、《上海市人口与计划生育条例》以及《上海市计划生育奖励与补助若干规定》（沪府发［2011］24号）的规定：实行计划生育手术的公民，按照下列规定享受休假，假期期间的工资按照本人正常出勤应得的工资发放：

（1）放置宫内节育器的，休息二天。在术后一周内不做重体力劳动。放置宫内节育器三个月、六个月、十二个月时各随访一次，以后每年随访一次，每次休息一天。

（2）取宫内节育器的，休息二天。

（3）输精管绝育的，休息七天。

（4）输卵管绝育的，休息三十天。

（5）第一次人工流产及因放置宫内节育器、绝育、皮下埋植术后失败的再次人工流产，孕期小于十三周且行吸宫术及药物流产的，休息十四天；孕期小于十三周且行钳刮术的，休息二十一天；孕期大于十三周的，休息三十天。

（6）放置皮下埋植剂的，休息五天。

（7）取出皮下埋植剂的，休息三天。

（8）放置宫内节育器或皮下埋植剂后因月经失调需诊断性刮宫的，休息五天。

实行计划生育手术的公民有以下情形之一且经医生同意需要休息的，其假期按照病假处理：

①第一次人工流产后及因放置宫内节育器、绝育、皮下埋植术后失败而再次人工流产后，已休满规定假期。

②未采取绝育、放置宫内节育器或皮下埋植术而再次人工流产。

③发生节育手术并发症。

本条第一款、第二款规定的假期，自手术之日起计算；同时实行多项计划生育手术的，多项手术假期累计。

②⑨⑦

女职工可以享受多少天产假？

国家规定产假为九十八天，是为了能保证产妇恢复身体健康。因此，休产假不能提前或推后。具体规定如下：

（1）单胎顺产者，给予产假九十八天，其中产前休息十五天，产后休息八十三天。

（2）难产者，增加产假十五天。

（3）多胞胎生育者，每多生育一个婴儿，增加产假十五天。

（4）晚育者，增加晚育假三十天。

其中产前休息十五天，除提前生育者外，不得放在产后休息。

已婚妇女生育第一个子女时，年满二十四周岁的为晚育，除享受国家规定的产假外，女方增加晚育假三十天，在规定的产假后连续使用。

其配偶给予晚育护理假三天。上述假期期间的工资、奖金照发。

②⑨⑧

女职工可以享受多少天哺乳假？用人单位需注意哪些事项？

女职工生育后，在其婴儿一周岁内应照顾其在每班劳动时间内授乳两次（包括人工喂养）。每次单胎纯授乳时间为三十分钟，亦可将两次授乳时间合并使用。多胞胎生育者，每多生一胎，每次哺乳时间增加三十分钟。

婴儿满一周岁后，经区、县级以上医疗保健机构确诊为体弱儿的，可适当延长女职工授乳时间，但最多不超过六个月。

授乳时间及在本单位内授乳往返时间，应算作劳动时间。

女职工生育后，若有困难且工作许可，由本人提出申请，经单位批准，可请哺乳假六个半月。

女职工在哺乳期间，不得延长其劳动时间，一般不得安排其从事夜班劳动。

女职工哺乳期婴儿满周岁后，一般不再延长哺乳期。如果婴儿身体特别虚弱，经医务部门证明，可将哺乳期酌情延长，但最多不超过六个月。

②⑨⑨

女职工按规定享受的产前假、产假、哺乳假期间工资如何发放？

《女职工劳动保护特别规定》第八条规定：女职工产假期间的生育津贴，对已经参加生育保险的，按照用人单位上年度职工月平均工资的标准由生育保险基金支付；对未参加生育保险的，按照女职工产假前工资的标准由用人单位支付。

女职工按规定享受两个半月产前假和六个半月哺乳假，其工资按本人原工资的百分之八十发给。若女职工仍有困难，继续请哺乳假，不超过一年的，其工资按本人工资的百分之七十发给（生活确实有困难的，可适当提高，但最高不超过本人工资的百分之八十）。单位增加工资时，女职工按规定享受的产前假、产假、哺乳假，应作出勤对待。

本人工资是指按女职工请产前假或请产假前正常出勤月的实得工资（不包括生产性津贴和奖金）计算。若女职工生活困难，符合本市生活困难补助标准的，单位应按有关规定给予困难补助。

300

女职工生育前后享受正常生育假期后，是否可以再申请长假？

女职工怀孕六个月以上或生育后因哺乳婴儿（符合计划生育规定）要求请长假，企业可予准假一至二年。其工资第一年按女职工请产前假或产假前正常出勤月的工资收入的80%发给，第二年按70%发给，其中产假期间工资按100%发给。

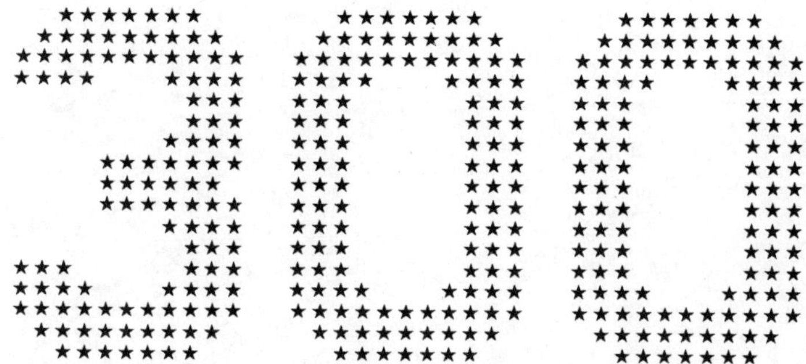

企业劳动关系实务操作300问

附 录

中华人民共和国主席令

（第六十五号）

（2007年6月29日第十届全国人民代表大会常务委员会第二十八次会议通过）

《中华人民共和国劳动合同法》已由中华人民共和国第十届全国人民代表大会常务委员会第二十八次会议于2007年6月29日通过，现予公布，自2008年1月1日起施行。

中华人民共和国主席　胡锦涛

2007年6月29日

中华人民共和国劳动合同法

目　录

第一章　总　则

第一条　为了完善劳动合同制度，明确劳动合同双方当事人的权利和义务，保护劳动者的合法权益，构建和发展和谐稳定的劳动关系，制定本法。

第二条　中华人民共和国境内的企业、个体经济组织、民办非企业单位等组织（以下称用人单位）与劳动者建立劳动关系，订立、履行、变更、解除或者终止劳动合同，适用本法。

国家机关、事业单位、社会团体和与其建立劳动关系的劳动者，订立、履行、变更、解除或者终止劳动合同，依照本法执行。

第三条　订立劳动合同，应当遵循合法、公平、平等自愿、协商一致、诚实信用的原则。

依法订立的劳动合同具有约束力，用人单位与劳动者应当履行劳动合同约定的义务。

第四条　用人单位应当依法建立和完善劳动规章制度，保障劳动者享有劳动权利、履行劳动义务。

用人单位在制定、修改或者决定有关劳动报酬、工作时间、休息休假、劳动安全卫生、保险福利、职工培训、劳动纪律以及劳动定额管理等直接涉及劳动者切身利益的规章制度或者重大事项时，应当经职工代表大会或者全体职工讨论，提出方案和意见，与工会或者职工代表平等协商确定。

在规章制度和重大事项决定实施过程中，工会或者职工认为不适当的，有权向用人单位提出，通过协商予以修改完善。

用人单位应当将直接涉及劳动者切身利益的规章制度和重大事项决定公示，或者告知劳动者。

第五条 县级以上人民政府劳动行政部门会同工会和企业方面代表，建立健全协调劳动关系三方机制，共同研究解决有关劳动关系的重大问题。

第六条 工会应当帮助、指导劳动者与用人单位依法订立和履行劳动合同，并与用人单位建立集体协商机制，维护劳动者的合法权益。

第二章 劳动合同的订立

第七条 用人单位自用工之日起即与劳动者建立劳动关系。用人单位应当建立职工名册备查。

第八条 用人单位招用劳动者时，应当如实告知劳动者工作内容、工作条件、工作地点、职业危害、安全生产状况、劳动报酬，以及劳动者要求了解的其他情况；用人单位有权了解劳动者与劳动合同直接相关的基本情况，劳动者应当如实说明。

第九条 用人单位招用劳动者，不得扣押劳动者的居民身份证和其他证件，不得要求劳动者提供担保或者以其他名义向劳动者收取财物。

第十条 建立劳动关系，应当订立书面劳动合同。

已建立劳动关系，未同时订立书面劳动合同的，应当自用工之日起一个月内订立书面劳动合同。

用人单位与劳动者在用工前订立劳动合同的，劳动关系自用工之日起建立。

第十一条 用人单位未在用工的同时订立书面劳动合同，与劳动者约定的劳动报酬不明确的，新招用的劳动者的劳动报酬按照集体合同规定的标准执行；没有集体合同或者集体合同未规定的，实行同工同酬。

第十二条 劳动合同分为固定期限劳动合同、无固定期限劳动合同和以完成一定工作任务为期限的劳动合同。

第十三条 固定期限劳动合同，是指用人单位与劳动者约定合同终止时间的劳动合同。

用人单位与劳动者协商一致，可以订立固定期限劳动合同。

第十四条 无固定期限劳动合同，是指用人单位与劳动者约定无确定终止时间的劳动合同。

用人单位与劳动者协商一致，可以订立无固定期限劳动合同。有下列情形之一，劳动者提出或者同意续订、订立劳动合同的，除劳动者提出订立固定期限劳动合同外，应当订立无固定期限劳动合同：

（一）劳动者在该用人单位连续工作满十年的；

（二）用人单位初次实行劳动合同制度或者国有企业改制重新订立劳动合同时，劳动者在该用人单位连续工作满十年且距法定退休年龄不足十年的；

（三）连续订立二次固定期限劳动合同，且劳动者没有本法第三十九条和第四十条第一项、第二项规定的情形，续订劳动合同的。

用人单位自用工之日起满一年不与劳动者订立书面劳动合同的，视为用人单位与劳动者已订立无固定期限劳动合同。

第十五条 以完成一定工作任务为期限的劳动合同，是指用人单位与劳动者约定以某项工作的完成为合同期限的劳动合同。

用人单位与劳动者协商一致，可以订立以完成一定工作任务为期限的劳动合同。

第十六条 劳动合同由用人单位与劳动者协商一致，并经用人单位与劳动者在劳动合同文本上签字或者盖章生效。

劳动合同文本由用人单位和劳动者各执一份。

第十七条 劳动合同应当具备以下条款：

（一）用人单位的名称、住所和法定代表人或者主要负责人；

（二）劳动者的姓名、住址和居民身份证或者其他有效身份证件号码；

（三）劳动合同期限；

（四）工作内容和工作地点；

（五）工作时间和休息休假；

（六）劳动报酬；

（七）社会保险；

（八）劳动保护、劳动条件和职业危害防护；

（九）法律、法规规定应当纳入劳动合同的其他事项。

劳动合同除前款规定的必备条款外，用人单位与劳动者可以约定试用期、培训、保守秘密、补充保险和福利待遇等其他事项。

第十八条 劳动合同对劳动报酬和劳动条件等标准约定不明确，引发争议的，用人单位与劳动者可以重新协商；协商不成的，适用集体合同规定；没有集体合同或者集体合同未规定劳动报酬的，实行同工同酬；没有集体合同或者集体合同未规定劳动条件等标准的，适用国家有关规定。

第十九条 劳动合同期限三个月以上不满一年的，试用期不得超过一个月；劳动合同期限一年以上不满三年的，试用期不得超过二个月；三年以上固定期限和无固定期限的劳动合同，试用期不得超过六个月。

同一用人单位与同一劳动者只能约定一次试用期。

以完成一定工作任务为期限的劳动合同或者劳动合同期限不满三个月的，不得约定试用期。

试用期包含在劳动合同期限内。劳动合同仅约定试用期的，试用期不成立，该期限为劳动合同期限。

第二十条 劳动者在试用期的工资不得低于本单位相同岗位最低档工资或者劳动合同约定工资的百分之八十，并不得低于用人单位所在地的最低工资标准。

第二十一条 在试用期中，除劳动者有本法第三十九条和第四十条第一项、第二项规定的情形外，用人单位不得解除劳动合同。用人单位在试用期解除劳动合同的，应当向劳动者说明理由。

第二十二条 用人单位为劳动者提供专项培训费用，对其进行专业技术培训的，可以与该劳动者订立协议，约定服务期。

劳动者违反服务期约定的，应当按照约定向用人单位支付违约金。违约金的数额不得超过用人单位提供的培训费用。用人单位要求劳动者支付的违约金不得超过服务期尚未履行部分所应分摊的培训费用。

用人单位与劳动者约定服务期的，不影响按照正常的工资调整机制提高劳动者在服务期期间的劳动报酬。

第二十三条 用人单位与劳动者可以在劳动合同中约定保守用人单位的商业秘密和与知识产权相关的保密事项。

对负有保密义务的劳动者，用人单位可以在劳动合同或者保密协议中与劳动者约定竞业限制条款，并约定在解除或者终止劳动合同后，在竞业限制期限内按月给予劳动者经济补偿。劳动者违反竞业限制约定的，应当按照约定向用人单位支付违约金。

第二十四条 竞业限制的人员限于用人单位的高级管理人员、高级技术人员和其他负有保密义务的人员。竞业限制的范围、地域、期限由用人单位与劳动者约定，竞业限制的约定不得违反法律、法规的规定。

在解除或者终止劳动合同后，前款规定的人员到与本单位生产或者经营同类产品、从事同类业务的有竞争关系的其他用人单位，或者自己开业生产或者经营同类产品、从事同类业务的竞业限制期限，不得超过二年。

第二十五条 除本法第二十二条和第二十三条规定的情形外，用人单位不得与劳动者约定由劳动者承担违约金。

第二十六条 下列劳动合同无效或者部分无效：

（一）以欺诈、胁迫的手段或者乘人之危，使对方在违背真实意思的情况下订立或者变更劳动合同的；

（二）用人单位免除自己的法定责任、排除劳动者权利的；

（三）违反法律、行政法规强制性规定的。

对劳动合同的无效或者部分无效有争议的，由劳动争议仲裁机构或者人民法院确认。

第二十七条 劳动合同部分无效，不影响其他部分效力的，其他部分仍然有效。

第二十八条 劳动合同被确认无效，劳动者已付出劳动的，用人单位应当向劳动者支付劳动报酬。劳动报酬的数额，参照本单位相同或者相近岗位劳动者的劳动报酬确定。

第三章 劳动合同的履行和变更

第二十九条 用人单位与劳动者应当按照劳动合同的约定，全面履行各自的义务。

第三十条 用人单位应当按照劳动合同约定和国家规定，向劳动者及时足额支付劳动报酬。

用人单位拖欠或者未足额支付劳动报酬的，劳动者可以依法向当地人民法院申请支付令，人民法院应当依法发出支付令。

第三十一条 用人单位应当严格执行劳动定额标准，不得强迫或者变相强迫劳动者加班。用人单位安排加班的，应当按照国家有关规定向劳动者支付加班费。

第三十二条 劳动者拒绝用人单位管理人员违章指挥、强令冒险作业的，不视为违反劳动合同。

劳动者对危害生命安全和身体健康的劳动条件，有权对用人单位提出批评、检举和控告。

第三十三条 用人单位变更名称、法定代表人、主要负责人或者投资人等事项，不影响劳动合同的履行。

第三十四条 用人单位发生合并或者分立等情况，原劳动合同继续有效，劳动合同由承继其权利和义务的用人单位继续履行。

第三十五条 用人单位与劳动者协商一致，可以变更劳动合同约定的内容。变更劳动合同，应当采用书面形式。

变更后的劳动合同文本由用人单位和劳动者各执一份。

第四章 劳动合同的解除和终止

第三十六条 用人单位与劳动者协商一致，可以解除劳动合同。

第三十七条 劳动者提前三十日以书面形式通知用人单位，可以解除劳动合同。劳动者在试用期内提前三日通知用人单位，可以解除劳动合同。

第三十八条 用人单位有下列情形之一的，劳动者可以解除劳动合同：

（一）未按照劳动合同约定提供劳动保护或者劳动条件的；

（二）未及时足额支付劳动报酬的；

（三）未依法为劳动者缴纳社会保险费的；

（四）用人单位的规章制度违反法律、法规的规定，损害劳动者权益的；

（五）因本法第二十六条第一款规定的情形致使劳动合同无效的；

（六）法律、行政法规规定劳动者可以解除劳动合同的其他情形。

用人单位以暴力、威胁或者非法限制人身自由的手段强迫劳动者劳动的，或者用人单位违章指挥、强令冒险作业危及劳动者人身安全的，劳动者可以立即解除劳动合同，不需事先告知用人单位。

第三十九条 劳动者有下列情形之一的，用人单位可以解除劳动合同：

（一）在试用期间被证明不符合录用条件的；

（二）严重违反用人单位的规章制度的；

（三）严重失职，营私舞弊，给用人单位造成重大损害的；

（四）劳动者同时与其他用人单位建立劳动关系，对完成本单位的工作任务造成严重影响，或者经用人单位提出，拒不改正的；

（五）因本法第二十六条第一款第一项规定的情形致使劳动合同无效的；

（六）被依法追究刑事责任的。

第四十条 有下列情形之一的，用人单位提前三十日以书面形式通知劳动者本人或者额外支付劳动者一个月工资后，可以解除劳动合同：

（一）劳动者患病或者非因工负伤，在规定的医疗期满后不能从事原工作，也不能从事由用人单位另行安排的工作的；

（二）劳动者不能胜任工作，经过培训或者调整工作岗位，仍不能胜任工作的；

（三）劳动合同订立时所依据的客观情况发生重大变化，致使劳动合同无法履行，经用人单位与劳动者协商，未能就变更劳动合同内容达成协议的。

第四十一条 有下列情形之一，需要裁减人员二十人以上或者裁减不足二十人但占企业职工总数百分之十以上的，用人单位提前三十日向工会或者全体职工说明情况，听取工会或者职工的意见后，裁减人员方案经向劳动行政部门报告，可以裁减人员：

（一）依照企业破产法规定进行重整的；

（二）生产经营发生严重困难的；

（三）企业转产、重大技术革新或者经营方式调整，经变更劳动合同后，仍需裁减人员的；

（四）其他因劳动合同订立时所依据的客观经济情况发生重大变化，致使劳动合同无法履行的。

裁减人员时，应当优先留用下列人员：

（一）与本单位订立较长期限的固定期限劳动合同的；

（二）与本单位订立无固定期限劳动合同的；

（三）家庭无其他就业人员，有需要扶养的老人或者未成年人的。

用人单位依照本条第一款规定裁减人员，在六个月内重新招用人员的，应当通知被裁减的人员，并在同等条件下优先招用被裁减的人员。

第四十二条 劳动者有下列情形之一的，用人单位不得依照本法第四十条、第四十一条的规定解除劳动合同：

（一）从事接触职业病危害作业的劳动者未进行离岗前职业健康检查，或者疑似职业病病人在诊断或者医学观察期间的；

（二）在本单位患职业病或者因工负伤并被确认丧失或者部分丧失劳动能力的；

（三）患病或者非因工负伤，在规定的医疗期内的；

（四）女职工在孕期、产期、哺乳期的；

（五）在本单位连续工作满十五年，且距法定退休年龄不足五年的；

（六）法律、行政法规规定的其他情形。

第四十三条 用人单位单方解除劳动合同，应当事先将理由通知工会。用人单位违反法律、行政法规规定或者劳动合同约定的，工会有权要求用人单位纠正。用人单位应当研究工会的意见，并将处理结果书面通知工会。

第四十四条 有下列情形之一的，劳动合同终止：

（一）劳动合同期满的；

（二）劳动者开始依法享受基本养老保险待遇的；

（三）劳动者死亡，或者被人民法院宣告死亡或者宣告失踪的；

（四）用人单位被依法宣告破产的；

（五）用人单位被吊销营业执照、责令关闭、撤销或者用人单位决定提前解散的；

（六）法律、行政法规规定的其他情形。

第四十五条 劳动合同期满，有本法第四十二条规定情形之一的，劳动合同应当续延至相应的情形消失时终止。但是，本法第四十二条第二项规定丧失或者部分丧失劳动能力劳动者的劳动合同的终止，按照国家有关工伤保险的规定执行。

第四十六条 有下列情形之一的，用人单位应当向劳动者支付经济补偿：

（一）劳动者依照本法第三十八条规定解除劳动合同的；

（二）用人单位依照本法第三十六条规定向劳动者提出解除劳动合同并与劳动者协商一致解除劳动合同的；

（三）用人单位依照本法第四十条规定解除劳动合同的；

（四）用人单位依照本法第四十一条第一款规定解除劳动合同的；

（五）除用人单位维持或者提高劳动合同约定条件续订劳动合同，劳动者不同意续订的情形外，依照本法第四十四条第一项规定终止固定期限劳动合同的；

（六）依照本法第四十四条第四项、第五项规定终止劳动合同的；

（七）法律、行政法规规定的其他情形。

第四十七条 经济补偿按劳动者在本单位工作的年限，每满一年支付一个月工资的标准向劳动者支付。六个月以上不满一年的，按一年计算；不满六个月的，向劳动者支付半个月工资的经济补偿。

劳动者月工资高于用人单位所在直辖市、设区的市级人民政府公布的本地区上年度职工月平均工资三倍的，向其支付经济补偿的标准按职工月平均工资三倍的数额支付，向其支付经济补偿的年限最高不超过十二年。

本条所称月工资是指劳动者在劳动合同解除或者终止前十二个月的平均工资。

第四十八条 用人单位违反本法规定解除或者终止劳动合同，劳动者要求继续履行劳动合同的，用人单位应当继续履行；劳动者不要求继续履行劳动合同或者劳动合同已经不能继续履行的，用人单位应当依照本法第八十七条规定支付赔偿金。

第四十九条 国家采取措施，建立健全劳动者社会保险关系跨地区转移接续制度。

第五十条 用人单位应当在解除或者终止劳动合同时出具解除或者终止劳动合同的证明，并在十五日内为劳动者办理档案和社会保险关系转移手续。

劳动者应当按照双方约定，办理工作交接。用人单位依照本法有关规定应当向劳动者支付经济补偿的，在办结工作交接时支付。

用人单位对已经解除或者终止的劳动合同的文本，至少保存二年备查。

第五章　特别规定

第一节　集体合同

第五十一条　企业职工一方与用人单位通过平等协商，可以就劳动报酬、工作时间、休息休假、劳动安全卫生、保险福利等事项订立集体合同。集体合同草案应当提交职工代表大会或者全体职工讨论通过。

集体合同由工会代表企业职工一方与用人单位订立；尚未建立工会的用人单位，由上级工会指导劳动者推举的代表与用人单位订立。

第五十二条　企业职工一方与用人单位可以订立劳动安全卫生、女职工权益保护、工资调整机制等专项集体合同。

第五十三条　在县级以下区域内，建筑业、采矿业、餐饮服务业等行业可以由工会与企业方面代表订立行业性集体合同，或者订立区域性集体合同。

第五十四条　集体合同订立后，应当报送劳动行政部门；劳动行政部门自收到集体合同文本之日起十五日内未提出异议的，集体合同即行生效。

依法订立的集体合同对用人单位和劳动者具有约束力。行业性、区域性集体合同对当地本行业、本区域的用人单位和劳动者具有约束力。

第五十五条　集体合同中劳动报酬和劳动条件等标准不得低于当地人民政府规定的最低标准；用人单位与劳动者订立的劳动合同中劳动报酬和劳动条件等标准不得低于集体合同规定的标准。

第五十六条　用人单位违反集体合同，侵犯职工劳动权益的，工会可以依法要求用人单位承担责任；因履行集体合同发生争议，经协商解决不成的，工会可以依法申请仲裁、提起诉讼。

第二节　劳务派遣

第五十七条　劳务派遣单位应当依照公司法的有关规定设立，注册资本不得少于五十万元。

第五十八条　劳务派遣单位是本法所称用人单位，应当履行用人单位对劳动者的义务。劳务派遣单位与被派遣劳动者订立的劳动合同，除应当载明本法第十七条规定的事项外，还应当载明被派遣劳动者的用工单位以及派遣期限、工作岗位等情况。

劳务派遣单位应当与被派遣劳动者订立二年以上的固定期限劳动合同，按月支付劳动报酬；被派遣劳动者在无工作期间，劳务派遣单位应当按照所在地人民政府规定的最低工资标准，向其按月支付报酬。

第五十九条 劳务派遣单位派遣劳动者应当与接受以劳务派遣形式用工的单位（以下称用工单位）订立劳务派遣协议。劳务派遣协议应当约定派遣岗位和人员数量、派遣期限、劳动报酬和社会保险费的数额与支付方式以及违反协议的责任。

用工单位应当根据工作岗位的实际需要与劳务派遣单位确定派遣期限，不得将连续用工期限分割订立数个短期劳务派遣协议。

第六十条 劳务派遣单位应当将劳务派遣协议的内容告知被派遣劳动者。

劳务派遣单位不得克扣用工单位按照劳务派遣协议支付给被派遣劳动者的劳动报酬。

劳务派遣单位和用工单位不得向被派遣劳动者收取费用。

第六十一条 劳务派遣单位跨地区派遣劳动者的，被派遣劳动者享有的劳动报酬和劳动条件，按照用工单位所在地的标准执行。

第六十二条 用工单位应当履行下列义务：

（一）执行国家劳动标准，提供相应的劳动条件和劳动保护；

（二）告知被派遣劳动者的工作要求和劳动报酬；

（三）支付加班费、绩效奖金，提供与工作岗位相关的福利待遇；

（四）对在岗被派遣劳动者进行工作岗位所必需的培训；

（五）连续用工的，实行正常的工资调整机制。

用工单位不得将被派遣劳动者再派遣到其他用人单位。

第六十三条 被派遣劳动者享有与用工单位的劳动者同工同酬的权利。用工单位无同类岗位劳动者的，参照用工单位所在地相同或者相近岗位劳动者的劳动报酬确定。

第六十四条 被派遣劳动者有权在劳务派遣单位或者用工单位依法参加或者组织工会，维护自身的合法权益。

第六十五条 被派遣劳动者可以依照本法第三十六条、第三十八条的规定与劳务派遣单位解除劳动合同。

被派遣劳动者有本法第三十九条和第四十条第一项、第二项规定情形的，用工单位可以将劳动者退回劳务派遣单位，劳务派遣单位依照本法有关规定，可以与劳动者解除劳动合同。

第六十六条 劳务派遣一般在临时性、辅助性或者替代性的工作岗位上实施。

第六十七条 用人单位不得设立劳务派遣单位向本单位或者所属单位派遣劳动者。

第三节 非全日制用工

第六十八条 非全日制用工，是指以小时计酬为主，劳动者在同一用人单位一般平均每日工作时间不超过四小时，每周工作时间累计不超过二十四小时的用工形式。

第六十九条 非全日制用工双方当事人可以订立口头协议。

从事非全日制用工的劳动者可以与一个或者一个以上用人单位订立劳动合同；但是，后订立的劳动合同不得影响先订立的劳动合同的履行。

第七十条 非全日制用工双方当事人不得约定试用期。

第七十一条 非全日制用工双方当事人任何一方都可以随时通知对方终止用工。终止用工，用人单位不向劳动者支付经济补偿。

第七十二条 非全日制用工小时计酬标准不得低于用人单位所在地人民政府规定的最低小时工资标准。

非全日制用工劳动报酬结算支付周期最长不得超过十五日。

第六章 监督检查

第七十三条 国务院劳动行政部门负责全国劳动合同制度实施的监督管理。

县级以上地方人民政府劳动行政部门负责本行政区域内劳动合同制度实施的监督管理。

县级以上各级人民政府劳动行政部门在劳动合同制度实施的监督管理工作中，应当听取工会、企业方面代表以及有关行业主管部门的意见。

第七十四条 县级以上地方人民政府劳动行政部门依法对下列实施劳动合同制度的情况进行监督检查：

（一）用人单位制定直接涉及劳动者切身利益的规章制度及其执行的情况；

（二）用人单位与劳动者订立和解除劳动合同的情况；

（三）劳务派遣单位和用工单位遵守劳务派遣有关规定的情况；

（四）用人单位遵守国家关于劳动者工作时间和休息休假规定的情况；

（五）用人单位支付劳动合同约定的劳动报酬和执行最低工资标准的情况；

（六）用人单位参加各项社会保险和缴纳社会保险费的情况；

（七）法律、法规规定的其他劳动监察事项。

第七十五条 县级以上地方人民政府劳动行政部门实施监督检查时，有权查阅与劳动合同、集体合同有关的材料，有权对劳动场所进行实地检查，用人单位和劳动者都应当如实提供有关情况和材料。

劳动行政部门的工作人员进行监督检查，应当出示证件，依法行使职权，文明执法。

第七十六条 县级以上人民政府建设、卫生、安全生产监督管理等有关主管部门在各自职责范围内，对用人单位执行劳动合同制度的情况进行监督管理。

第七十七条 劳动者合法权益受到侵害的，有权要求有关部门依法处理，或者依法申请仲裁、提起诉讼。

第七十八条 工会依法维护劳动者的合法权益，对用人单位履行劳动合同、集体合同的情况进行监督。用人单位违反劳动法律、法规和劳动合同、集体合同的，工会有权提出意见或者要求纠正；劳动者申请仲裁、提起诉讼的，工会依法给予支持和帮助。

第七十九条 任何组织或者个人对违反本法的行为都有权举报，县级以上人民政府劳动行政部门应当及时核实、处理，并对举报有功人员给予奖励。

第七章　法律责任

第八十条 用人单位直接涉及劳动者切身利益的规章制度违反法律、法规规定的，由劳动行政部门责令改正，给予警告；给劳动者造成损害的，应当承担赔偿责任。

第八十一条 用人单位提供的劳动合同文本未载明本法规定的劳动合同必备条款或者用人单位未将劳动合同文本交付劳动者的，由劳动行政部门责令改正；给劳动者造成损害的，应当承担赔偿责任。

第八十二条 用人单位自用工之日起超过一个月不满一年未与劳动者订立书面劳动合同的，应当向劳动者每月支付二倍的工资。

用人单位违反本法规定不与劳动者订立无固定期限劳动合同的，自应当订立无固定期限劳动合同之日起向劳动者每月支付二倍的工资。

第八十三条 用人单位违反本法规定与劳动者约定试用期的，由劳动行政部门责令改正；违法约定的试用期已经履行的，由用人单位以劳动者试用期满月工资为标准，按已经履行的超过法定试用期的期间向劳动者支付赔偿金。

第八十四条 用人单位违反本法规定，扣押劳动者居民身份证等证件的，由劳动行政部门责令限期退还劳动者本人，并依照有关法律规定给予处罚。

用人单位违反本法规定，以担保或者其他名义向劳动者收取财物的，由劳动行政部门责令限期退还劳动者本人，并以每人五百元以上二千元以下的标准处以罚款；给劳动者造成损害的，应当承担赔偿责任。

劳动者依法解除或者终止劳动合同，用人单位扣押劳动者档案或者其他物品的，依照前款规定处罚。

第八十五条 用人单位有下列情形之一的，由劳动行政部门责令限期支付劳动报酬、加班费或者经济补偿；劳动报酬低于当地最低工资标准的，应当支付其差额部分；逾期不支付的，责令用人单位按应付金额百分之五十以上百分之一百以下的标准向劳动者加付赔偿金：

（一）未按照劳动合同的约定或者国家规定及时足额支付劳动者劳动报酬的；

（二）低于当地最低工资标准支付劳动者工资的；

（三）安排加班不支付加班费的；

（四）解除或者终止劳动合同，未依照本法规定向劳动者支付经济补偿的。

第八十六条 劳动合同依照本法第二十六条规定被确认无效，给对方造成损害的，有过错的一方应当承担赔偿责任。

第八十七条 用人单位违反本法规定解除或者终止劳动合同的，应当依照本法第四十七条规定的经济补偿标准的二倍向劳动者支付赔偿金。

第八十八条 用人单位有下列情形之一的，依法给予行政处罚；构成犯罪的，依法追究刑事责任；给劳动者造成损害的，应当承担赔偿责任：

（一）以暴力、威胁或者非法限制人身自由的手段强迫劳动的；

（二）违章指挥或者强令冒险作业危及劳动者人身安全的；

（三）侮辱、体罚、殴打、非法搜查或者拘禁劳动者的；

（四）劳动条件恶劣、环境污染严重，给劳动者身心健康造成严重损害的。

第八十九条 用人单位违反本法规定未向劳动者出具解除或者终止劳动合同的书面证明，由劳动行政部门责令改正；给劳动者造成损害的，应当承担赔偿责任。

第九十条 劳动者违反本法规定解除劳动合同，或者违反劳动合同中约定的保密义务或者竞业限制，给用人单位造成损失的，应当承担赔偿责任。

第九十一条 用人单位招用与其他用人单位尚未解除或者终止劳动合同的劳动者，给其他用人单位造成损失的，应当承担连带赔偿责任。

第九十二条 劳务派遣单位违反本法规定的，由劳动行政部门和其他有关主管部门责令改正；情节严重的，以每人一千元以上五千元以下的标准处以罚款，并由工商行政管理部门吊销营业执照；给被派遣劳动者造成损害的，劳务派遣单位与用工单位承担连带赔偿责任。

第九十三条 对不具备合法经营资格的用人单位的违法犯罪行为，依法追究法律责任；劳动者已经付出劳动的，该单位或者其出资人应当依照本法有关规定向劳动者支付劳动报酬、经济补偿、赔偿金；给劳动者造成损害的，应当承担赔偿责任。

第九十四条 个人承包经营违反本法规定招用劳动者，给劳动者造成损害的，发包的组织与个人承包经营者承担连带赔偿责任。

第九十五条 劳动行政部门和其他有关主管部门及其工作人员玩忽职守、不履行法定职责，或者违法行使职权，给劳动者或者用人单位造成损害的，应当承担赔偿责任；对直接负责的主管人员和其他直接责任人员，依法给予行政处分；构成犯罪的，依法追究刑事责任。

第八章　附　则

第九十六条 事业单位与实行聘用制的工作人员订立、履行、变更、解除或者终止劳动合同，法律、行政法规或者国务院另有规定的，依照其规定；未作规定的，依照本法有关规定执行。

第九十七条 本法施行前已依法订立且在本法施行之日存续的劳动合同，继续履行；本法第十四条第二款第三项规定连续订立固定期限劳动合同的次数，自本法施行后续订固定期限劳动合同时开始计算。

本法施行前已建立劳动关系，尚未订立书面劳动合同的，应当自本法施行之日起一个月内订立。

本法施行之日存续的劳动合同在本法施行后解除或者终止，依照本法第四十六条规定应当支付经济补偿的，经济补偿年限自本法施行之日起计算；本法施行前按照当时有关规定，用人单位应当向劳动者支付经济补偿的，按照当时有关规定执行。

第九十八条 本法自 2008 年 1 月 1 日起施行。

中华人民共和国国务院令

（第 535 号）

《中华人民共和国劳动合同法实施条例》已经 2008 年 9 月 3 日国务院第 25 次常务会议通过，现予公布，自公布之日起施行。

总理　温家宝

二〇〇八年九月十八日

中华人民共和国劳动合同法实施条例

第一章　总　则

第一条　为了贯彻实施《中华人民共和国劳动合同法》（以下简称劳动合同法），制定本条例。

第二条　各级人民政府和县级以上人民政府劳动行政等有关部门以及工会等组织，应当采取措施，推动劳动合同法的贯彻实施，促进劳动关系的和谐。

第三条　依法成立的会计师事务所、律师事务所等合伙组织和基金会，属于劳动合同法规定的用人单位。

第二章 劳动合同的订立

第四条 劳动合同法规定的用人单位设立的分支机构，依法取得营业执照或者登记证书的，可以作为用人单位与劳动者订立劳动合同；未依法取得营业执照或者登记证书的，受用人单位委托可以与劳动者订立劳动合同。

第五条 自用工之日起一个月内，经用人单位书面通知后，劳动者不与用人单位订立书面劳动合同的，用人单位应当书面通知劳动者终止劳动关系，无需向劳动者支付经济补偿，但是应当依法向劳动者支付其实际工作时间的劳动报酬。

第六条 用人单位自用工之日起超过一个月不满一年未与劳动者订立书面劳动合同的，应当依照劳动合同法第八十二条的规定向劳动者每月支付两倍的工资，并与劳动者补订书面劳动合同；劳动者不与用人单位订立书面劳动合同的，用人单位应当书面通知劳动者终止劳动关系，并依照劳动合同法第四十七条的规定支付经济补偿。

前款规定的用人单位向劳动者每月支付两倍工资的起算时间为用工之日起满一个月的次日，截止时间为补订书面劳动合同的前一日。

第七条 用人单位自用工之日起满一年未与劳动者订立书面劳动合同的，自用工之日起满一个月的次日至满一年的前一日应当依照劳动合同法第八十二条的规定向劳动者每月支付两倍的工资，并视为自用工之日起满一年的当日已经与劳动者订立无固定期限劳动合同，应当立即与劳动者补订书面劳动合同。

第八条 劳动合同法第七条规定的职工名册，应当包括劳动者姓名、性别、公民身份号码、户籍地址及现住址、联系方式、用工形式、用工起始时间、劳动合同期限等内容。

第九条 劳动合同法第十四条第二款规定的连续工作满10年的起始时间，应当自用人单位用工之日起计算，包括劳动合同法施行前的工作年限。

第十条 劳动者非因本人原因从原用人单位被安排到新用人单位工作的，劳动者在原用人单位的工作年限合并计算为新用人单位的工作年限。原用人单位已经向劳动者支付经济补偿的，新用人单位在依法解除、终止劳动合同计算支付经济补偿的工作年限时，不再计算劳动者在原用人单位的工作年限。

第十一条 除劳动者与用人单位协商一致的情形外，劳动者依照劳动合同法

第十四条第二款的规定，提出订立无固定期限劳动合同的，用人单位应当与其订立无固定期限劳动合同。对劳动合同的内容，双方应当按照合法、公平、平等自愿、协商一致、诚实信用的原则协商确定；对协商不一致的内容，依照劳动合同法第十八条的规定执行。

第十二条 地方各级人民政府及县级以上地方人民政府有关部门为安置就业困难人员提供的给予岗位补贴和社会保险补贴的公益性岗位，其劳动合同不适用劳动合同法有关无固定期限劳动合同的规定以及支付经济补偿的规定。

第十三条 用人单位与劳动者不得在劳动合同法第四十四条规定的劳动合同终止情形之外约定其他的劳动合同终止条件。

第十四条 劳动合同履行地与用人单位注册地不一致的，有关劳动者的最低工资标准、劳动保护、劳动条件、职业危害防护和本地区上年度职工月平均工资标准等事项，按照劳动合同履行地的有关规定执行；用人单位注册地的有关标准高于劳动合同履行地的有关标准，且用人单位与劳动者约定按照用人单位注册地的有关规定执行的，从其约定。

第十五条 劳动者在试用期的工资不得低于本单位相同岗位最低档工资的80%或者不得低于劳动合同约定工资的80%，并不得低于用人单位所在地的最低工资标准。

第十六条 劳动合同法第二十二条第二款规定的培训费用，包括用人单位为了对劳动者进行专业技术培训而支付的有凭证的培训费用、培训期间的差旅费用以及因培训产生的用于该劳动者的其他直接费用。

第十七条 劳动合同期满，但是用人单位与劳动者依照劳动合同法第二十二条的规定约定的服务期尚未到期的，劳动合同应当续延至服务期满；双方另有约定的，从其约定。

第三章　劳动合同的解除和终止

第十八条 有下列情形之一的，依照劳动合同法规定的条件、程序，劳动者可以与用人单位解除固定期限劳动合同、无固定期限劳动合同或者以完成一定工作任务为期限的劳动合同：

（一）劳动者与用人单位协商一致的；

（二）劳动者提前 30 日以书面形式通知用人单位的；

（三）劳动者在试用期内提前 3 日通知用人单位的；

（四）用人单位未按照劳动合同约定提供劳动保护或者劳动条件的；

（五）用人单位未及时足额支付劳动报酬的；

（六）用人单位未依法为劳动者缴纳社会保险费的；

（七）用人单位的规章制度违反法律、法规的规定，损害劳动者权益的；

（八）用人单位以欺诈、胁迫的手段或者乘人之危，使劳动者在违背真实意思的情况下订立或者变更劳动合同的；

（九）用人单位在劳动合同中免除自己的法定责任、排除劳动者权利的；

（十）用人单位违反法律、行政法规强制性规定的；

（十一）用人单位以暴力、威胁或者非法限制人身自由的手段强迫劳动者劳动的；

（十二）用人单位违章指挥、强令冒险作业危及劳动者人身安全的；

（十三）法律、行政法规规定劳动者可以解除劳动合同的其他情形。

第十九条　有下列情形之一的，依照劳动合同法规定的条件、程序，用人单位可以与劳动者解除固定期限劳动合同、无固定期限劳动合同或者以完成一定工作任务为期限的劳动合同：

（一）用人单位与劳动者协商一致的；

（二）劳动者在试用期间被证明不符合录用条件的；

（三）劳动者严重违反用人单位的规章制度的；

（四）劳动者严重失职，营私舞弊，给用人单位造成重大损害的；

（五）劳动者同时与其他用人单位建立劳动关系，对完成本单位的工作任务造成严重影响，或者经用人单位提出，拒不改正的；

（六）劳动者以欺诈、胁迫的手段或者乘人之危，使用人单位在违背真实意思的情况下订立或者变更劳动合同的；

（七）劳动者被依法追究刑事责任的；

（八）劳动者患病或者非因工负伤，在规定的医疗期满后不能从事原工作，也不能从事由用人单位另行安排的工作的；

（九）劳动者不能胜任工作，经过培训或者调整工作岗位，仍不能胜任工作的；

（十）劳动合同订立时所依据的客观情况发生重大变化，致使劳动合同无法履行，经用人单位与劳动者协商，未能就变更劳动合同内容达成协议的；

（十一）用人单位依照企业破产法规定进行重整的；

（十二）用人单位生产经营发生严重困难的；

（十三）企业转产、重大技术革新或者经营方式调整，经变更劳动合同后，仍需裁减人员的；

（十四）其他因劳动合同订立时所依据的客观经济情况发生重大变化，致使劳动合同无法履行的。

第二十条 用人单位依照劳动合同法第四十条的规定，选择额外支付劳动者一个月工资解除劳动合同的，其额外支付的工资应当按照该劳动者上一个月的工资标准确定。

第二十一条 劳动者达到法定退休年龄的，劳动合同终止。

第二十二条 以完成一定工作任务为期限的劳动合同因任务完成而终止的，用人单位应当依照劳动合同法第四十七条的规定向劳动者支付经济补偿。

第二十三条 用人单位依法终止工伤职工的劳动合同的，除依照劳动合同法第四十七条的规定支付经济补偿外，还应当依照国家有关工伤保险的规定支付一次性工伤医疗补助金和伤残就业补助金。

第二十四条 用人单位出具的解除、终止劳动合同的证明，应当写明劳动合同期限、解除或者终止劳动合同的日期、工作岗位、在本单位的工作年限。

第二十五条 用人单位违反劳动合同法的规定解除或者终止劳动合同，依照劳动合同法第八十七条的规定支付了赔偿金的，不再支付经济补偿。赔偿金的计算年限自用工之日起计算。

第二十六条 用人单位与劳动者约定了服务期，劳动者依照劳动合同法第三十八条的规定解除劳动合同的，不属于违反服务期的约定，用人单位不得要求劳动者支付违约金。

有下列情形之一，用人单位与劳动者解除约定服务期的劳动合同的，劳动者应当按照劳动合同的约定向用人单位支付违约金：

（一）劳动者严重违反用人单位的规章制度的；

（二）劳动者严重失职，营私舞弊，给用人单位造成重大损害的；

（三）劳动者同时与其他用人单位建立劳动关系，对完成本单位的工作任务造成严重影响，或者经用人单位提出，拒不改正的；

（四）劳动者以欺诈、胁迫的手段或者乘人之危，使用人单位在违背真实意思的情况下订立或者变更劳动合同的；

（五）劳动者被依法追究刑事责任的。

第二十七条 劳动合同法第四十七条规定的经济补偿的月工资按照劳动者应得工资计算，包括计时工资或者计件工资以及奖金、津贴和补贴等货币性收入。劳动者在劳动合同解除或者终止前 12 个月的平均工资低于当地最低工资标准的，按照当地最低工资标准计算。劳动者工作不满 12 个月的，按照实际工作的月数计算平均工资。

第四章 劳务派遣特别规定

第二十八条 用人单位或者其所属单位出资或者合伙设立的劳务派遣单位，向本单位或者所属单位派遣劳动者的，属于劳动合同法第六十七条规定的不得设立的劳务派遣单位。

第二十九条 用工单位应当履行劳动合同法第六十二条规定的义务，维护被派遣劳动者的合法权益。

第三十条 劳务派遣单位不得以非全日制用工形式招用被派遣劳动者。

第三十一条 劳务派遣单位或者被派遣劳动者依法解除、终止劳动合同的经济补偿，依照劳动合同法第四十六条、第四十七条的规定执行。

第三十二条 劳务派遣单位违法解除或者终止被派遣劳动者的劳动合同的，依照劳动合同法第四十八条的规定执行。

第五章 法律责任

第三十三条 用人单位违反劳动合同法有关建立职工名册规定的，由劳动行政部门责令限期改正；逾期不改正的，由劳动行政部门处 2000 元以上 2 万元以下的罚款。

第三十四条 用人单位依照劳动合同法的规定应当向劳动者每月支付两倍的

工资或者应当向劳动者支付赔偿金而未支付的，劳动行政部门应当责令用人单位支付。

第三十五条 用工单位违反劳动合同法和本条例有关劳务派遣规定的，由劳动行政部门和其他有关主管部门责令改正；情节严重的，以每位被派遣劳动者1000元以上5000元以下的标准处以罚款；给被派遣劳动者造成损害的，劳务派遣单位和用工单位承担连带赔偿责任。

第六章 附 则

第三十六条 对违反劳动合同法和本条例的行为的投诉、举报，县级以上地方人民政府劳动行政部门依照《劳动保障监察条例》的规定处理。

第三十七条 劳动者与用人单位因订立、履行、变更、解除或者终止劳动合同发生争议的，依照《中华人民共和国劳动争议调解仲裁法》的规定处理。

第三十八条 本条例自公布之日起施行。

中华人民共和国国务院令

（第 514 号）

《职工带薪年休假条例》已经 2007 年 12 月 7 日国务院第 198 次常务会议通过，现予公布，自 2008 年 1 月 1 日起施行。

总理　温家宝

二〇〇七年十二月十四日

职工带薪年休假条例

第一条　为了维护职工休息休假权利，调动职工工作积极性，根据劳动法和公务员法，制定本条例。

第二条　机关、团体、企业、事业单位、民办非企业单位、有雇工的个体工商户等单位的职工连续工作 1 年以上的，享受带薪年休假（以下简称年休假）。单位应当保证职工享受年休假。职工在年休假期间享受与正常工作期间相同的工资收入。

第三条　职工累计工作已满 1 年不满 10 年的，年休假 5 天；已满 10 年不满 20 年的，年休假 10 天；已满 20 年的，年休假 15 天。

国家法定休假日、休息日不计入年休假的假期。

第四条　职工有下列情形之一的，不享受当年的年休假：

（一）职工依法享受寒暑假，其休假天数多于年休假天数的；

（二）职工请事假累计20天以上且单位按照规定不扣工资的；

（三）累计工作满1年不满10年的职工，请病假累计2个月以上的；

（四）累计工作满10年不满20年的职工，请病假累计3个月以上的；

（五）累计工作满20年以上的职工，请病假累计4个月以上的。

第五条 单位根据生产、工作的具体情况，并考虑职工本人意愿，统筹安排职工年休假。

年休假在1个年度内可以集中安排，也可以分段安排，一般不跨年度安排。单位因生产、工作特点确有必要跨年度安排职工年休假的，可以跨1个年度安排。

单位确因工作需要不能安排职工休年休假的，经职工本人同意，可以不安排职工休年休假。对职工应休未休的年休假天数，单位应当按照该职工日工资收入的300%支付年休假工资报酬。

第六条 县级以上地方人民政府人事部门、劳动保障部门应当依据职权对单位执行本条例的情况主动进行监督检查。

工会组织依法维护职工的年休假权利。

第七条 单位不安排职工休年休假又不依照本条例规定给予年休假工资报酬的，由县级以上地方人民政府人事部门或者劳动保障部门依据职权责令限期改正；对逾期不改正的，除责令该单位支付年休假工资报酬外，单位还应当按照年休假工资报酬的数额向职工加付赔偿金；对拒不支付年休假工资报酬、赔偿金的，属于公务员和参照公务员法管理的人员所在单位的，对直接负责的主管人员以及其他直接责任人员依法给予处分；属于其他单位的，由劳动保障部门、人事部门或者职工申请人民法院强制执行。

第八条 职工与单位因年休假发生的争议，依照国家有关法律、行政法规的规定处理。

第九条 国务院人事部门、国务院劳动保障部门依据职权，分别制定本条例的实施办法。

第十条 本条例自2008年1月1日起施行。

国务院令第 586 号

（2011 年 1 月 1 日起施行）

（2003 年 4 月 27 日中华人民共和国国务院令第 375 号公布 根据 2010 年 12 月 20 日《国务院关于修改〈工伤保险条例〉的决定》修订）

工伤保险条例

第一章　总　则

第一条　为了保障因工作遭受事故伤害或者患职业病的职工获得医疗救治和经济补偿，促进工伤预防和职业康复，分散用人单位的工伤风险，制定本条例。

第二条　中华人民共和国境内的企业、事业单位、社会团体、民办非企业单位、基金会、律师事务所、会计师事务所等组织和有雇工的个体工商户（以下称用人单位）应当依照本条例规定参加工伤保险，为本单位全部职工或者雇工（以下称职工）缴纳工伤保险费。

中华人民共和国境内的企业、事业单位、社会团体、民办非企业单位、基金会、律师事务所、会计师事务所等组织的职工和个体工商户的雇工，均有依照本条例的规定享受工伤保险待遇的权利。

第三条　工伤保险费的征缴按照《社会保险费征缴暂行条例》关于基本养老

保险费、基本医疗保险费、失业保险费的征缴规定执行。

第四条 用人单位应当将参加工伤保险的有关情况在本单位内公示。

用人单位和职工应当遵守有关安全生产和职业病防治的法律法规，执行安全卫生规程和标准，预防工伤事故发生，避免和减少职业病危害。

职工发生工伤时，用人单位应当采取措施使工伤职工得到及时救治。

第五条 国务院社会保险行政部门负责全国的工伤保险工作。

县级以上地方各级人民政府社会保险行政部门负责本行政区域内的工伤保险工作。

社会保险行政部门按照国务院有关规定设立的社会保险经办机构（以下称经办机构）具体承办工伤保险事务。

第六条 社会保险行政部门等部门制定工伤保险的政策、标准，应当征求工会组织、用人单位代表的意见。

第二章　工伤保险基金

第七条 工伤保险基金由用人单位缴纳的工伤保险费、工伤保险基金的利息和依法纳入工伤保险基金的其他资金构成。

第八条 工伤保险费根据以支定收、收支平衡的原则，确定费率。

国家根据不同行业的工伤风险程度确定行业的差别费率，并根据工伤保险费使用、工伤发生率等情况在每个行业内确定若干费率档次。行业差别费率及行业内费率档次由国务院社会保险行政部门制定，报国务院批准后公布施行。

统筹地区经办机构根据用人单位工伤保险费使用、工伤发生率等情况，适用所属行业内相应的费率档次确定单位缴费费率。

第九条 国务院社会保险行政部门应当定期了解全国各统筹地区工伤保险基金收支情况，及时提出调整行业差别费率及行业内费率档次的方案，报国务院批准后公布施行。

第十条 用人单位应当按时缴纳工伤保险费。职工个人不缴纳工伤保险费。

用人单位缴纳工伤保险费的数额为本单位职工工资总额乘以单位缴费费率之积。

对难以按照工资总额缴纳工伤保险费的行业，其缴纳工伤保险费的具体方式，由国务院社会保险行政部门规定。

第十一条 工伤保险基金逐步实行省级统筹。

跨地区、生产流动性较大的行业，可以采取相对集中的方式异地参加统筹地区的工伤保险。具体办法由国务院社会保险行政部门会同有关行业的主管部门制定。

第十二条 工伤保险基金存入社会保障基金财政专户，用于本条例规定的工伤保险待遇，劳动能力鉴定，工伤预防的宣传、培训等费用，以及法律、法规规定的用于工伤保险的其他费用的支付。

工伤预防费用的提取比例、使用和管理的具体办法，由国务院社会保险行政部门会同国务院财政、卫生行政、安全生产监督管理等部门规定。

任何单位或者个人不得将工伤保险基金用于投资运营、兴建或者改建办公场所、发放奖金，或者挪作其他用途。

第十三条 工伤保险基金应当留有一定比例的储备金，用于统筹地区重大事故的工伤保险待遇支付；储备金不足支付的，由统筹地区的人民政府垫付。储备金占基金总额的具体比例和储备金的使用办法，由省、自治区、直辖市人民政府规定。

第三章 工伤认定

第十四条 职工有下列情形之一的，应当认定为工伤：

（一）在工作时间和工作场所内，因工作原因受到事故伤害的；

（二）工作时间前后在工作场所内，从事与工作有关的预备性或者收尾性工作受到事故伤害的；

（三）在工作时间和工作场所内，因履行工作职责受到暴力等意外伤害的；

（四）患职业病的；

（五）因工外出期间，由于工作原因受到伤害或者发生事故下落不明的；

（六）在上下班途中，受到非本人主要责任的交通事故或者城市轨道交通、客运轮渡、火车事故伤害的；

（七）法律、行政法规规定应当认定为工伤的其他情形。

第十五条 职工有下列情形之一的，视同工伤：

（一）在工作时间和工作岗位，突发疾病死亡或者在48小时之内经抢救无效死亡的；

（二）在抢险救灾等维护国家利益、公共利益活动中受到伤害的；

（三）职工原在军队服役，因战、因公负伤致残，已取得革命伤残军人证，到用人单位后旧伤复发的。

职工有前款第（一）项、第（二）项情形的，按照本条例的有关规定享受工伤保险待遇；职工有前款第（三）项情形的，按照本条例的有关规定享受除一次性伤残补助金以外的工伤保险待遇。

第十六条 职工符合本条例第十四条、第十五条的规定，但是有下列情形之一的，不得认定为工伤或者视同工伤：

（一）故意犯罪的；

（二）醉酒或者吸毒的；

（三）自残或者自杀的。

第十七条 职工发生事故伤害或者按照职业病防治法规定被诊断、鉴定为职业病，所在单位应当自事故伤害发生之日或者被诊断、鉴定为职业病之日起30日内，向统筹地区社会保险行政部门提出工伤认定申请。遇有特殊情况，经报社会保险行政部门同意，申请时限可以适当延长。

用人单位未按前款规定提出工伤认定申请的，工伤职工或者其近亲属、工会组织在事故伤害发生之日或者被诊断、鉴定为职业病之日起1年内，可以直接向用人单位所在地统筹地区社会保险行政部门提出工伤认定申请。

按照本条第一款规定应当由省级社会保险行政部门进行工伤认定的事项，根据属地原则由用人单位所在地的设区的市级社会保险行政部门办理。

用人单位未在本条第一款规定的时限内提交工伤认定申请，在此期间发生符合本条例规定的工伤待遇等有关费用由该用人单位负担。

第十八条 提出工伤认定申请应当提交下列材料：

（一）工伤认定申请表；

（二）与用人单位存在劳动关系（包括事实劳动关系）的证明材料；

（三）医疗诊断证明或者职业病诊断证明书（或者职业病诊断鉴定书）。

工伤认定申请表应当包括事故发生的时间、地点、原因以及职工伤害程度等基本情况。

工伤认定申请人提供材料不完整的，社会保险行政部门应当一次性书面告知工伤认定申请人需要补正的全部材料。申请人按照书面告知要求补正材料后，社会保险行政部门应当受理。

第十九条 社会保险行政部门受理工伤认定申请后，根据审核需要可以对事故伤害进行调查核实，用人单位、职工、工会组织、医疗机构以及有关部门应当予以协助。职业病诊断和诊断争议的鉴定，依照职业病防治法的有关规定执行。对依法取得职业病诊断证明书或者职业病诊断鉴定书的，社会保险行政部门不再进行调查核实。

职工或者其近亲属认为是工伤，用人单位不认为是工伤的，由用人单位承担举证责任。

第二十条 社会保险行政部门应当自受理工伤认定申请之日起 60 日内作出工伤认定的决定，并书面通知申请工伤认定的职工或者其近亲属和该职工所在单位。

社会保险行政部门对受理的事实清楚、权利义务明确的工伤认定申请，应当在 15 日内作出工伤认定的决定。

作出工伤认定决定需要以司法机关或者有关行政主管部门的结论为依据的，在司法机关或者有关行政主管部门尚未作出结论期间，作出工伤认定决定的时限中止。

社会保险行政部门工作人员与工伤认定申请人有利害关系的，应当回避。

第四章 劳动能力鉴定

第二十一条 职工发生工伤，经治疗伤情相对稳定后存在残疾、影响劳动能力的，应当进行劳动能力鉴定。

第二十二条 劳动能力鉴定是指劳动功能障碍程度和生活自理障碍程度的等级鉴定。

劳动功能障碍分为十个伤残等级，最重的为一级，最轻的为十级。

生活自理障碍分为三个等级：生活完全不能自理、生活大部分不能自理和生活部分不能自理。

劳动能力鉴定标准由国务院社会保险行政部门会同国务院卫生行政部门等部门制定。

第二十三条 劳动能力鉴定由用人单位、工伤职工或者其近亲属向设区的市级劳动能力鉴定委员会提出申请，并提供工伤认定决定和职工工伤医疗的有关资料。

第二十四条 省、自治区、直辖市劳动能力鉴定委员会和设区的市级劳动能力鉴定委员会分别由省、自治区、直辖市和设区的市级社会保险行政部门、卫生行政部门、工会组织、经办机构代表以及用人单位代表组成。

劳动能力鉴定委员会建立医疗卫生专家库。列入专家库的医疗卫生专业技术人员应当具备下列条件：

（一）具有医疗卫生高级专业技术职务任职资格；

（二）掌握劳动能力鉴定的相关知识；

（三）具有良好的职业品德。

第二十五条 设区的市级劳动能力鉴定委员会收到劳动能力鉴定申请后，应当从其建立的医疗卫生专家库中随机抽取3名或者5名相关专家组成专家组，由专家组提出鉴定意见。设区的市级劳动能力鉴定委员会根据专家组的鉴定意见作出工伤职工劳动能力鉴定结论；必要时，可以委托具备资格的医疗机构协助进行有关的诊断。

设区的市级劳动能力鉴定委员会应当自收到劳动能力鉴定申请之日起60日内作出劳动能力鉴定结论，必要时，作出劳动能力鉴定结论的期限可以延长30日。劳动能力鉴定结论应当及时送达申请鉴定的单位和个人。

第二十六条 申请鉴定的单位或者个人对设区的市级劳动能力鉴定委员会作出的鉴定结论不服的，可以在收到该鉴定结论之日起15日内向省、自治区、直辖市劳动能力鉴定委员会提出再次鉴定申请。省、自治区、直辖市劳动能力鉴定委员会作出的劳动能力鉴定结论为最终结论。

第二十七条 劳动能力鉴定工作应当客观、公正。劳动能力鉴定委员会组成人员或者参加鉴定的专家与当事人有利害关系的，应当回避。

第二十八条 自劳动能力鉴定结论作出之日起1年后，工伤职工或者其近亲属、所在单位或者经办机构认为伤残情况发生变化的，可以申请劳动能力复查鉴定。

第二十九条 劳动能力鉴定委员会依照本条例第二十六条和第二十八条的规定进行再次鉴定和复查鉴定的期限，依照本条例第二十五条第二款的规定执行。

第五章 工伤保险待遇

第三十条 职工因工作遭受事故伤害或者患职业病进行治疗，享受工伤医疗待遇。

职工治疗工伤应当在签订服务协议的医疗机构就医，情况紧急时可以先到就近的医疗机构急救。

治疗工伤所需费用符合工伤保险诊疗项目目录、工伤保险药品目录、工伤保险住院服务标准的，从工伤保险基金支付。工伤保险诊疗项目目录、工伤保险药品目录、工伤保险住院服务标准，由国务院社会保险行政部门会同国务院卫生行政部门、食品药品监督管理部门等部门规定。

职工住院治疗工伤的伙食补助费，以及经医疗机构出具证明，报经办机构同意，工伤职工到统筹地区以外就医所需的交通、食宿费用从工伤保险基金支付，基金支付的具体标准由统筹地区人民政府规定。

工伤职工治疗非工伤引发的疾病，不享受工伤医疗待遇，按照基本医疗保险办法处理。

工伤职工到签订服务协议的医疗机构进行工伤康复的费用，符合规定的，从工伤保险基金支付。

第三十一条 社会保险行政部门作出认定为工伤的决定后发生行政复议、行政诉讼的，行政复议和行政诉讼期间不停止支付工伤职工治疗工伤的医疗费用。

第三十二条 工伤职工因日常生活或者就业需要，经劳动能力鉴定委员会确认，可以安装假肢、矫形器、假眼、假牙和配置轮椅等辅助器具，所需费用按照国家规定的标准从工伤保险基金支付。

第三十三条 职工因工作遭受事故伤害或者患职业病需要暂停工作接受工伤医疗的，在停工留薪期内，原工资福利待遇不变，由所在单位按月支付。

停工留薪期一般不超过 12 个月。伤情严重或者情况特殊，经设区的市级劳动能力鉴定委员会确认，可以适当延长，但延长不得超过 12 个月。工伤职工评定伤残等级后，停发原待遇，按照本章的有关规定享受伤残待遇。工伤职工在停工留薪期满后仍需治疗的，继续享受工伤医疗待遇。

生活不能自理的工伤职工在停工留薪期需要护理的，由所在单位负责。

第三十四条 工伤职工已经评定伤残等级并经劳动能力鉴定委员会确认需要生活护理的，从工伤保险基金按月支付生活护理费。

生活护理费按照生活完全不能自理、生活大部分不能自理或者生活部分不能自理3个不同等级支付，其标准分别为统筹地区上年度职工月平均工资的50%、40%或者30%。

第三十五条 职工因工致残被鉴定为一级至四级伤残的，保留劳动关系，退出工作岗位，享受以下待遇：

（一）从工伤保险基金按伤残等级支付一次性伤残补助金，标准为：一级伤残为27个月的本人工资，二级伤残为25个月的本人工资，三级伤残为23个月的本人工资，四级伤残为21个月的本人工资。

（二）从工伤保险基金按月支付伤残津贴，标准为：一级伤残为本人工资的90%，二级伤残为本人工资的85%，三级伤残为本人工资的80%，四级伤残为本人工资的75%。伤残津贴实际金额低于当地最低工资标准的，由工伤保险基金补足差额。

（三）工伤职工达到退休年龄并办理退休手续后，停发伤残津贴，按照国家有关规定享受基本养老保险待遇。基本养老保险待遇低于伤残津贴的，由工伤保险基金补足差额。

职工因工致残被鉴定为一级至四级伤残的，由用人单位和职工个人以伤残津贴为基数，缴纳基本医疗保险费。

第三十六条 职工因工致残被鉴定为五级、六级伤残的，享受以下待遇：

（一）从工伤保险基金按伤残等级支付一次性伤残补助金，标准为：五级伤残为18个月的本人工资，六级伤残为16个月的本人工资。

（二）保留与用人单位的劳动关系，由用人单位安排适当工作。难以安排工作的，由用人单位按月发给伤残津贴，标准为：五级伤残为本人工资的70%，六级伤残为本人工资的60%，并由用人单位按照规定为其缴纳应缴纳的各项社会保险费。伤残津贴实际金额低于当地最低工资标准的，由用人单位补足差额。

经工伤职工本人提出，该职工可以与用人单位解除或者终止劳动关系，由工伤保险基金支付一次性工伤医疗补助金，由用人单位支付一次性伤残就业补助金。一次性工伤医疗补助金和一次性伤残就业补助金的具体标准由省、自治区、直辖市人民政府规定。

第三十七条 职工因工致残被鉴定为七级至十级伤残的，享受以下待遇：

（一）从工伤保险基金按伤残等级支付一次性伤残补助金，标准为：七级伤残为13个月的本人工资，八级伤残为11个月的本人工资，九级伤残为9个月的本人工资，十级伤残为7个月的本人工资。

（二）劳动、聘用合同期满终止，或者职工本人提出解除劳动、聘用合同的，由工伤保险基金支付一次性工伤医疗补助金，由用人单位支付一次性伤残就业补助金。一次性工伤医疗补助金和一次性伤残就业补助金的具体标准由省、自治区、直辖市人民政府规定。

第三十八条 工伤职工工伤复发，确认需要治疗的，享受本条例第三十条、第三十二条和第三十三条规定的工伤待遇。

第三十九条 职工因工死亡，其近亲属按照下列规定从工伤保险基金领取丧葬补助金、供养亲属抚恤金和一次性工亡补助金：

（一）丧葬补助金为6个月的统筹地区上年度职工月平均工资。

（二）供养亲属抚恤金按照职工本人工资的一定比例发给由因工死亡职工生前提供主要生活来源、无劳动能力的亲属。标准为：配偶每月40%，其他亲属每人每月30%，孤寡老人或者孤儿每人每月在上述标准的基础上增加10%。核定的各供养亲属的抚恤金之和不应高于因工死亡职工生前的工资。供养亲属的具体范围由国务院社会保险行政部门规定。

（三）一次性工亡补助金标准为上一年度全国城镇居民人均可支配收入的20倍。

伤残职工在停工留薪期内因工伤导致死亡的，其近亲属享受本条第一款规定的待遇。

一级至四级伤残职工在停工留薪期满后死亡的，其近亲属可以享受本条第一款第（一）项、第（二）项规定的待遇。

第四十条 伤残津贴、供养亲属抚恤金、生活护理费由统筹地区社会保险行政部门根据职工平均工资和生活费用变化等情况适时调整。调整办法由省、自治区、直辖市人民政府规定。

第四十一条 职工因工外出期间发生事故或者在抢险救灾中下落不明的，从事故发生当月起3个月内照发工资，从第4个月起停发工资，由工伤保险基金向其供养亲属按月支付供养亲属抚恤金。生活有困难的，可以预支一次性工亡补助金的50%。职工被人民法院宣告死亡的，按照本条例第三十九条职工因工死亡的规定处理。

第四十二条 工伤职工有下列情形之一的，停止享受工伤保险待遇：

（一）丧失享受待遇条件的；

（二）拒不接受劳动能力鉴定的；

（三）拒绝治疗的。

第四十三条 用人单位分立、合并、转让的，承继单位应当承担原用人单位的工伤保险责任；原用人单位已经参加工伤保险的，承继单位应当到当地经办机构办理工伤保险变更登记。

用人单位实行承包经营的，工伤保险责任由职工劳动关系所在单位承担。

职工被借调期间受到工伤事故伤害的，由原用人单位承担工伤保险责任，但原用人单位与借调单位可以约定补偿办法。

企业破产的，在破产清算时依法拨付应当由单位支付的工伤保险待遇费用。

第四十四条 职工被派遣出境工作，依据前往国家或者地区的法律应当参加当地工伤保险的，参加当地工伤保险，其国内工伤保险关系中止；不能参加当地工伤保险的，其国内工伤保险关系不中止。

第四十五条 职工再次发生工伤，根据规定应当享受伤残津贴的，按照新认定的伤残等级享受伤残津贴待遇。

第六章 监督管理

第四十六条 经办机构具体承办工伤保险事务，履行下列职责：

（一）根据省、自治区、直辖市人民政府规定，征收工伤保险费；

（二）核查用人单位的工资总额和职工人数，办理工伤保险登记，并负责保存用人单位缴费和职工享受工伤保险待遇情况的记录；

（三）进行工伤保险的调查、统计；

（四）按照规定管理工伤保险基金的支出；

（五）按照规定核定工伤保险待遇；

（六）为工伤职工或者其近亲属免费提供咨询服务。

第四十七条 经办机构与医疗机构、辅助器具配置机构在平等协商的基础上签订服务协议，并公布签订服务协议的医疗机构、辅助器具配置机构的名单。具体办法由国务院社会保险行政部门分别会同国务院卫生行政部门、民政部门等部门制定。

第四十八条 经办机构按照协议和国家有关目录、标准对工伤职工医疗费用、康复费用、辅助器具费用的使用情况进行核查，并按时足额结算费用。

第四十九条 经办机构应当定期公布工伤保险基金的收支情况，及时向社会保险行政部门提出调整费率的建议。

第五十条 社会保险行政部门、经办机构应当定期听取工伤职工、医疗机构、辅助器具配置机构以及社会各界对改进工伤保险工作的意见。

第五十一条 社会保险行政部门依法对工伤保险费的征缴和工伤保险基金的支付情况进行监督检查。

财政部门和审计机关依法对工伤保险基金的收支、管理情况进行监督。

第五十二条 任何组织和个人对有关工伤保险的违法行为，有权举报。社会保险行政部门对举报应当及时调查，按照规定处理，并为举报人保密。

第五十三条 工会组织依法维护工伤职工的合法权益，对用人单位的工伤保险工作实行监督。

第五十四条 职工与用人单位发生工伤待遇方面的争议，按照处理劳动争议的有关规定处理。

第五十五条 有下列情形之一的，有关单位或者个人可以依法申请行政复议，也可以依法向人民法院提起行政诉讼：

（一）申请工伤认定的职工或者其近亲属、该职工所在单位对工伤认定申请不予受理的决定不服的；

（二）申请工伤认定的职工或者其近亲属、该职工所在单位对工伤认定结论不服的；

（三）用人单位对经办机构确定的单位缴费费率不服的；

（四）签订服务协议的医疗机构、辅助器具配置机构认为经办机构未履行有关协议或者规定的；

（五）工伤职工或者其近亲属对经办机构核定的工伤保险待遇有异议的。

第七章　法律责任

第五十六条　单位或者个人违反本条例第十二条规定挪用工伤保险基金，构成犯罪的，依法追究刑事责任；尚不构成犯罪的，依法给予处分或者纪律处分。被挪用的基金由社会保险行政部门追回，并入工伤保险基金；没收的违法所得依法上缴国库。

第五十七条　社会保险行政部门工作人员有下列情形之一的，依法给予处分；情节严重，构成犯罪的，依法追究刑事责任：

（一）无正当理由不受理工伤认定申请，或者弄虚作假将不符合工伤条件的人员认定为工伤职工的；

（二）未妥善保管申请工伤认定的证据材料，致使有关证据灭失的；

（三）收受当事人财物的。

第五十八条　经办机构有下列行为之一的，由社会保险行政部门责令改正，对直接负责的主管人员和其他责任人员依法给予纪律处分；情节严重，构成犯罪的，依法追究刑事责任；造成当事人经济损失的，由经办机构依法承担赔偿责任：

（一）未按规定保存用人单位缴费和职工享受工伤保险待遇情况记录的；

（二）不按规定核定工伤保险待遇的；

（三）收受当事人财物的。

第五十九条　医疗机构、辅助器具配置机构不按服务协议提供服务的，经办机构可以解除服务协议。

经办机构不按时足额结算费用的，由社会保险行政部门责令改正；医疗机构、辅助器具配置机构可以解除服务协议。

第六十条　用人单位、工伤职工或者其近亲属骗取工伤保险待遇，医疗机构、辅助器具配置机构骗取工伤保险基金支出的，由社会保险行政部门责令退还，处骗取金额2倍以上5倍以下的罚款；情节严重，构成犯罪的，依法追究刑事责任。

第六十一条 从事劳动能力鉴定的组织或者个人有下列情形之一的，由社会保险行政部门责令改正，处2000元以上1万元以下的罚款；情节严重，构成犯罪的，依法追究刑事责任：

（一）提供虚假鉴定意见的；

（二）提供虚假诊断证明的；

（三）收受当事人财物的。

第六十二条 用人单位依照本条例规定应当参加工伤保险而未参加的，由社会保险行政部门责令限期参加，补缴应当缴纳的工伤保险费，并自欠缴之日起，按日加收万分之五的滞纳金；逾期仍不缴纳的，处欠缴数额1倍以上3倍以下的罚款。

依照本条例规定应当参加工伤保险而未参加工伤保险的用人单位职工发生工伤的，由该用人单位按照本条例规定的工伤保险待遇项目和标准支付费用。

用人单位参加工伤保险并补缴应当缴纳的工伤保险费、滞纳金后，由工伤保险基金和用人单位依照本条例的规定支付新发生的费用。

第六十三条 用人单位违反本条例第十九条的规定，拒不协助社会保险行政部门对事故进行调查核实的，由社会保险行政部门责令改正，处2000元以上2万元以下的罚款。

第八章 附 则

第六十四条 本条例所称工资总额，是指用人单位直接支付给本单位全部职工的劳动报酬总额。

本条例所称本人工资，是指工伤职工因工作遭受事故伤害或者患职业病前12个月平均月缴费工资。本人工资高于统筹地区职工平均工资300%的，按照统筹地区职工平均工资的300%计算；本人工资低于统筹地区职工平均工资60%的，按照统筹地区职工平均工资的60%计算。

第六十五条 公务员和参照公务员法管理的事业单位、社会团体的工作人员因工作遭受事故伤害或者患职业病的，由所在单位支付费用。具体办法由国务院社会保险行政部门会同国务院财政部门规定。

第六十六条　无营业执照或者未经依法登记、备案的单位以及被依法吊销营业执照或者撤销登记、备案的单位的职工受到事故伤害或者患职业病的，由该单位向伤残职工或者死亡职工的近亲属给予一次性赔偿，赔偿标准不得低于本条例规定的工伤保险待遇；用人单位不得使用童工，用人单位使用童工造成童工伤残、死亡的，由该单位向童工或者童工的近亲属给予一次性赔偿，赔偿标准不得低于本条例规定的工伤保险待遇。具体办法由国务院社会保险行政部门规定。

前款规定的伤残职工或者死亡职工的近亲属就赔偿数额与单位发生争议的，以及前款规定的童工或者童工的近亲属就赔偿数额与单位发生争议的，按照处理劳动争议的有关规定处理。

第六十七条　本条例自2004年1月1日起施行。本条例施行前已受到事故伤害或者患职业病的职工尚未完成工伤认定的，按照本条例的规定执行。

中华人民共和国国务院令

（第 619 号）

《女职工劳动保护特别规定》已经 2012 年 4 月 18 日国务院第 200 次常务会议通过，现予公布，自公布之日起施行。

总理　温家宝

二〇一二年四月二十八日

女职工劳动保护特别规定

第一条　为了减少和解决女职工在劳动中因生理特点造成的特殊困难，保护女职工健康，制定本规定。

第二条　中华人民共和国境内的国家机关、企业、事业单位、社会团体、个体经济组织以及其他社会组织等用人单位及其女职工，适用本规定。

第三条　用人单位应当加强女职工劳动保护，采取措施改善女职工劳动安全卫生条件，对女职工进行劳动安全卫生知识培训。

第四条　用人单位应当遵守女职工禁忌从事的劳动范围的规定。用人单位应当将本单位属于女职工禁忌从事的劳动范围的岗位书面告知女职工。

女职工禁忌从事的劳动范围由本规定附录列示。国务院安全生产监督管理部门会同国务院人力资源社会保障行政部门、国务院卫生行政部门根据经济社会发展情况，对女职工禁忌从事的劳动范围进行调整。

第五条 用人单位不得因女职工怀孕、生育、哺乳降低其工资、予以辞退、与其解除劳动或者聘用合同。

第六条 女职工在孕期不能适应原劳动的，用人单位应当根据医疗机构的证明，予以减轻劳动量或者安排其他能够适应的劳动。

对怀孕7个月以上的女职工，用人单位不得延长劳动时间或者安排夜班劳动，并应当在劳动时间内安排一定的休息时间。

怀孕女职工在劳动时间内进行产前检查，所需时间计入劳动时间。

第七条 女职工生育享受98天产假，其中产前可以休假15天；难产的，增加产假15天；生育多胞胎的，每多生育1个婴儿，增加产假15天。

女职工怀孕未满4个月流产的，享受15天产假；怀孕满4个月流产的，享受42天产假。

第八条 女职工产假期间的生育津贴，对已经参加生育保险的，按照用人单位上年度职工月平均工资的标准由生育保险基金支付；对未参加生育保险的，按照女职工产假前工资的标准由用人单位支付。

女职工生育或者流产的医疗费用，按照生育保险规定的项目和标准，对已经参加生育保险的，由生育保险基金支付；对未参加生育保险的，由用人单位支付。

第九条 对哺乳未满1周岁婴儿的女职工，用人单位不得延长劳动时间或者安排夜班劳动。

用人单位应当在每天的劳动时间内为哺乳期女职工安排1小时哺乳时间；女职工生育多胞胎的，每多哺乳1个婴儿每天增加1小时哺乳时间。

第十条 女职工比较多的用人单位应当根据女职工的需要，建立女职工卫生室、孕妇休息室、哺乳室等设施，妥善解决女职工在生理卫生、哺乳方面的困难。

第十一条 在劳动场所，用人单位应当预防和制止对女职工的性骚扰。

第十二条 县级以上人民政府人力资源社会保障行政部门、安全生产监督管理部门按照各自职责负责对用人单位遵守本规定的情况进行监督检查。

工会、妇女组织依法对用人单位遵守本规定的情况进行监督。

第十三条 用人单位违反本规定第六条第二款、第七条、第九条第一款规定的，由县级以上人民政府人力资源社会保障行政部门责令限期改正，按照受侵害女职工每人 1000 元以上 5000 元以下的标准计算，处以罚款。

用人单位违反本规定附录第一条、第二条规定的，由县级以上人民政府安全生产监督管理部门责令限期改正，按照受侵害女职工每人 1000 元以上 5000 元以下的标准计算，处以罚款。用人单位违反本规定附录第三条、第四条规定的，由县级以上人民政府安全生产监督管理部门责令限期治理，处 5 万元以上 30 万元以下的罚款；情节严重的，责令停止有关作业，或者提请有关人民政府按照国务院规定的权限责令关闭。

第十四条　用人单位违反本规定，侵害女职工合法权益的，女职工可以依法投诉、举报、申诉，依法向劳动人事争议调解仲裁机构申请调解仲裁，对仲裁裁决不服的，依法向人民法院提起诉讼。

第十五条　用人单位违反本规定，侵害女职工合法权益，造成女职工损害的，依法给予赔偿；用人单位及其直接负责的主管人员和其他直接责任人员构成犯罪的，依法追究刑事责任。

第十六条　本规定自公布之日起施行。1988 年 7 月 21 日国务院发布的《女职工劳动保护规定》同时废止。

附录：

女职工禁忌从事的劳动范围

一、女职工禁忌从事的劳动范围：

（一）矿山井下作业；

（二）体力劳动强度分级标准中规定的第四级体力劳动强度的作业；

（三）每小时负重 6 次以上、每次负重超过 20 公斤的作业，或者间断负重、每次负重超过 25 公斤的作业。

二、女职工在经期禁忌从事的劳动范围：

（一）冷水作业分级标准中规定的第二级、第三级、第四级冷水作业；

（二）低温作业分级标准中规定的第二级、第三级、第四级低温作业；

（三）体力劳动强度分级标准中规定的第三级、第四级体力劳动强度的作业；

（四）高处作业分级标准中规定的第三级、第四级高处作业。

三、女职工在孕期禁忌从事的劳动范围：

（一）作业场所空气中铅及其化合物、汞及其化合物、苯、镉、铍、砷、氰化物、氮氧化物、一氧化碳、二硫化碳、氯、己内酰胺、氯丁二烯、氯乙烯、环氧乙烷、苯胺、甲醛等有毒物质浓度超过国家职业卫生标准的作业；

（二）从事抗癌药物、己烯雌酚生产，接触麻醉剂气体等的作业；

（三）非密封源放射性物质的操作，核事故与放射事故的应急处置；

（四）高处作业分级标准中规定的高处作业；

（五）冷水作业分级标准中规定的冷水作业；

（六）低温作业分级标准中规定的低温作业；

（七）高温作业分级标准中规定的第三级、第四级的作业；

（八）噪声作业分级标准中规定的第三级、第四级的作业；

（九）体力劳动强度分级标准中规定的第三级、第四级体力劳动强度的作业；

（十）在密闭空间、高压室作业或者潜水作业，伴有强烈振动的作业，或者需要频繁弯腰、攀高、下蹲的作业。

四、女职工在哺乳期禁忌从事的劳动范围：

（一）孕期禁忌从事的劳动范围的第一项、第三项、第九项；

（二）作业场所空气中锰、氟、溴、甲醇、有机磷化合物、有机氯化合物等有毒物质浓度超过国家职业卫生标准的作业。

中华人民共和国国务院令

（第 513 号）

《国务院关于修改〈全国年节及纪念日放假办法〉的决定》已经 2007 年 12 月 7 日国务院第 198 次常务会议通过，现予公布，自 2008 年 1 月 1 日起施行。

总理　温家宝

二〇〇七年十二月十四日

全国年节及纪念日放假办法

（1949 年 12 月 23 日政务院发布　根据 1999 年 9 月 18 日《国务院关于修改〈全国年节及纪念日放假办法〉的决定》第一次修订　根据 2007 年 12 月 14 日《国务院关于修改〈全国年节及纪念日放假办法〉的决定》第二次修订）

第一条　为统一全国年节及纪念日的假期，制定本办法。

第二条　全体公民放假的节日：

（一）新年，放假 1 天（1 月 1 日）；

（二）春节，放假 3 天（农历除夕、正月初一、初二）；

（三）清明节，放假 1 天（农历清明当日）；

（四）劳动节，放假 1 天（5 月 1 日）；

（五）端午节，放假1天（农历端午当日）；

（六）中秋节，放假1天（农历中秋当日）；

（七）国庆节，放假3天（10月1日、2日、3日）。

第三条 部分公民放假的节日及纪念日：

（一）妇女节（3月8日），妇女放假半天；

（二）青年节（5月4日），14周岁以上的青年放假半天；

（三）儿童节（6月1日），不满14周岁的少年儿童放假1天；

（四）中国人民解放军建军纪念日（8月1日），现役军人放假半天。

第四条 少数民族习惯的节日，由各少数民族聚居地区的地方人民政府，按照各该民族习惯，规定放假日期。

第五条 二七纪念日、五卅纪念日、七七抗战纪念日、九三抗战胜利纪念日、九一八纪念日、教师节、护士节、记者节、植树节等其他节日、纪念日，均不放假。

第六条 全体公民放假的假日，如果适逢星期六、星期日，应当在工作日补假。部分公民放假的假日，如果适逢星期六、星期日，则不补假。

第七条 本办法自公布之日起施行。

关于职工全年月平均工作时间和工资折算问题的通知

（劳社部发［2008］3号）

各省、自治区、直辖市劳动和社会保障厅（局）：

根据《全国年节及纪念日放假办法》（国务院令第513号）的规定，全体公民的节日假期由原来的10天增设为11天。据此，职工全年月平均制度工作天数和工资折算办法分别调整如下：

一、制度工作时间的计算

年工作日：365天－104天（休息日）－11天（法定节假日）＝250天

季工作日：250天÷4季＝62.5天/季

月工作日：250天÷12月＝20.83天/月

工作小时数的计算：以月、季、年的工作日乘以每日的8小时。

二、日工资、小时工资的折算

按照《劳动法》第五十一条的规定，法定节假日用人单位应当依法支付工资，即折算日工资、小时工资时不剔除国家规定的11天法定节假日。据此，日工资、小时工资的折算为：

日工资：月工资收入÷月计薪天数

小时工资：月工资收入÷（月计薪天数×8小时）。

月计薪天数＝（365天－104天）÷12月＝21.75天

三、2000年3月17日劳动保障部发布的《关于职工全年月平均工作时间和工资折算问题的通知》（劳社部发［2000］8号）同时废止

劳动和社会保障部
二〇〇八年一月三日

关于印发《关于企业实行不定时工作制和综合计算工时工作制的审批办法》的通知

（劳部发［1994］503号）

各省、自治区、直辖市劳动（劳动人事）厅（局），计划单列市劳动局，国务院有关部委、直属机构：

根据《中华人民共和国劳动法》，我们制定了《关于企业实行不定时工作制和综合计算工时工作制的审批办法》，现发给你们，请遵照执行，并请将执行中的情况及时报送给我们。

关于企业实行不定时工作制和综合计算工时工作制的审批办法

第一条 根据《中华人民共和国劳动法》第三十九条的规定，制定本办法。

第二条 本办法适用于中华人民共和国境内的企业。

第三条 企业因生产特点不能实行《中华人民共和国劳动法》第三十六条、第三十八条规定的，可以实行不定时工作制或综合计算工时工作制等其他工作和休息办法。

第四条 企业对符合下列条件之一的职工，可以实行不定时工作制。

（一）企业中的高级管理人员、外勤人员、推销人员、部分值班人员和其他因工作无法按标准工作时间衡量的职工；

（二）企业中的长途运输人员、出租汽车司机和铁路、港口、仓库的部分装卸人员以及因工作性质特殊，需机动作业的职工；

（三）其他因生产特点、工作特殊需要或职责范围的关系，适合实行不定时工作制的职工。

第五条 企业对符合下列条件之一的职工，可实行综合计算工时工作制，即分别以周、月、季、年等为周期，综合计算工作时间，但其平均日工作时间和平均周工作时间应与法定标准工作时间基本相同。

（一）交通、铁路、邮电、水运、航空、渔业等行业中因工作性质特殊，需连续作业的职工；

（二）地质及资源勘探、建筑、制盐、制糖、旅游等受季节和自然条件限制的行业的部分职工；

（三）其他适合实行综合计算工时工作制的职工。

第六条 对于实行不定时工作制和综合计算工时工作制等其他工作和休息办法的职工，企业应根据《中华人民共和国劳动法》第一章、第四章有关规定，在保障职工身体健康并充分听取职工意见的基础上，采用集中工作、集中休息、轮休调休、弹性工作时间等适当方式，确保职工的休息休假权利和生产、工作任务的完成。

第七条 中央直属企业实行不定时工作制和综合计算工时工作制等其他工作和休息办法的，经国务院行业主管部门审核，报国务院劳动行政部门批准。

地方企业实行不定时工作制和综合计算工时工作制等其他工作和休息办法的审批办法，由各省、自治区、直辖市人民政府劳动行政部门制定，报国务院劳动行政部门备案。

第八条 本办法自1995年1月1日起实行。

劳动和社会保障部办公厅关于对再婚职工婚假问题的复函

（劳社厅函［2000］84号）

湖北省劳动保障厅：

你厅《关于再婚者婚假问题的请示》（鄂劳社［2000］113号）收悉，现答复如下：

根据《中华人民共和国婚姻法》和国家有关职工婚丧假的规定精神，再婚者与初婚者的法律地位相同，用人单位对再婚职工应当参照国家有关规定，给予同初婚职工一样的婚假待遇。

二〇〇〇年七月十一日

关于工资总额组成的规定

（一九八九年九月三十日国务院批准
一九九〇年一月一日国家统计局令第一号发布）

第一章　总　则

第一条　为了统一工资总额的计算范围，保证国家对工资进行统一的统计核算和会计核算，有利于编制、检查计划和进行工资管理以及正确地反映职工的工资收入，制定本规定。

第二条　全民所有制和集体所有制企业、事业单位，各种合营单位，各级国家机关、政党机关和社会团体，在计划、统计、会计上有关工资总额范围的计算，均应遵守本规定。

第三条　工资总额是指各单位在一定时期内直接支付给本单位全部职工的劳动报酬总额。

工资总额的计算应以直接支付给职工的全部劳动报酬为根据。

第二章　工资总额的组成

第四条　工资总额由下列六个部分组成：

（一）计时工资；

（二）计件工资；

（三）奖金；

（四）津贴和补贴；

（五）加班加点工资；

（六）特殊情况下支付的工资。

第五条　计时工资是指按计时工资标准（包括地区生活费补贴）和工作时间支付给个人的劳动报酬。包括：

（一）对已做工作按计时工资标准支付的工资；

（二）实行结构工资制的单位支付给职工的基础工资和职务（岗位）工资；

（三）新参加工作职工的见习工资（学徒的生活费）；

（四）运动员体育津贴。

第六条　计件工资是指对已做工作按计件单价支付的劳动报酬。包括：

（一）实行超额累进计件、直接无限计件、限额计件、超定额计件等工资制，按劳动部门或主管部门批准的定额和计件单价支付给个人的工资；

（二）按工作任务包干方法支付给个人的工资；

（三）按营业额提成或利润提成办法支付给个人的工资。

第七条　奖金是指支付给职工的超额劳动报酬和增收节支的劳动报酬。包括：

（一）生产奖；

（二）节约奖；

（三）劳动竞赛奖；

（四）机关、事业单位的奖励工资；

（五）其他奖金。

第八条　津贴和补贴是指为了补偿职工特殊或额外的劳动消耗和因其他特殊原因支付给职工的津贴，以及为了保证职工工资水平不受物价影响支付给职工的物价补贴。

（一）津贴。包括：补偿职工特殊或额外劳动消耗的津贴，保健性津贴，技术性津贴，年功性津贴及其他津贴。

（二）物价补贴。包括：为保证职工工资水平不受物价上涨或变动影响而支付的各种补贴。

第九条　加班加点工资是指按规定支付的加班工资和加点工资。

第十条 特殊情况下支付的工资。包括：

（一）根据国家法律、法规和政策规定，因病、工伤、产假、计划生育假、婚丧假、事假、探亲假、定期休假、停工学习、执行国家或社会义务等原因按计时工资标准或计时工资标准的一定比例支付的工资；

（二）附加工资、保留工资。

第三章 工资总额不包括的项目

第十一条 下列各项不列入工资总额的范围：

（一）根据国务院发布的有关规定颁发的发明创造奖、自然科学奖、科学技术进步奖和支付的合理化建议和技术改进奖以及支付给运动员、教练员的奖金；

（二）有关劳动保险和职工福利方面的各项费用；

（三）有关离休、退休、退职人员待遇的各项支出；

（四）劳动保护的各项支出；

（五）稿费、讲课费及其他专门工作报酬；

（六）出差伙食补助费、误餐补助、调动工作的旅费和安家费；

（七）对自带工具、牲畜来企业工作职工所支付的工具、牲畜等的补偿费用；

（八）实行租赁经营单位的承租人的风险性补偿收入；

（九）对购买本企业股票和债券的职工所支付的股息（包括股金分红）和利息；

（十）劳动合同制职工解除劳动合同时由企业支付的医疗补助费、生活补助费等；

（十一）因录用临时工而在工资以外向提供劳动力单位支付的手续费或管理费；

（十二）支付给家庭工人的加工费和按加工订货办法支付给承包单位的发包费用；

（十三）支付给参加企业劳动的在校学生的补贴；

（十四）计划生育独生子女补贴。

第十二条 前条所列各项按照国家规定另行统计。

第四章 附 则

第十三条 中华人民共和国境内的私营单位、华侨及港、澳、台工商业者经营单位和外商经营单位有关工资总额范围的计算，参照本规定执行。

第十四条 本规定由国家统计局负责解释。

第十五条 各地区、各部门可依据本规定制定有关工资总额组成的具体范围的规定。

第十六条 本规定自发布之日起施行。国务院一九五五年五月二十一日批准颁发的《关于工资总额组成的暂行规定》同时废止。

《关于工资总额组成的规定》若干具体范围的解释

（1990 年 1 月 1 日　国家统计局）

一、关于工资总额的计算

工资总额的计算原则应以直接支付给职工的全部劳动报酬为根据。各单位支付给职工的劳动报酬以及其他根据有关规定支付的工资，不论是计入成本的还是不计入成本的，不论是按国家规定列入计征奖金税项目的还是未列入计征奖金税项目的，不论是以货币形式支付的还是以实物形式支付的，均应列入工资总额的计算范围。

二、关于奖金的范围

（一）生产（业务）奖包括超产奖、质量奖、安全（无事故）奖、考核各项经济指标的综合奖、提前竣工奖、外轮速遣奖、年终奖（劳动分红）等。

（二）节约奖包括各种动力、燃料、原材料等节约奖。

（三）劳动竞赛奖包括发给劳动模范、先进个人的各种奖金和实物奖励。

（四）其他奖金包括从兼课酬金和业余医疗卫生服务收入提成中支付的奖金等。

三、关于津贴和补贴的范围

（一）津贴。包括：

1. 补偿职工特殊或额外劳动消耗的津贴。具体有：高空津贴、井下津贴、流动施工津贴、野外工作津贴、林区津贴、高温作业临时补贴、海岛津贴、艰苦气象台（站）津贴、微波站津贴、高原地区临时补贴、冷库低温津贴基层审计人员外勤工作补贴、邮电人员外勤津贴、夜班津贴、中班津贴、班（组）长津贴、学校班主任津贴、三种艺术（舞蹈、武功、管乐）人员工种补贴、运动队班（队）干部驻队补贴、公安干警值勤岗位津贴、环卫人员岗位津贴、广播电视天线工岗位津贴、盐业岗位津贴、废品回收人员岗位津贴、殡葬特殊行业津贴、城市社会福利事业单位岗位津贴、环境监测津贴、收容遣送岗位津贴等。

2. 保健性津贴。具体有：卫生防疫津贴、医疗卫生津贴、科技保健津贴、各种社会福利院职工特殊保健津贴等。

3. 技术性津贴。具体有：特级教师补贴、科研津贴、工人技师津贴、中药老药王技术津贴、特殊教育津贴等。

4. 年功性津贴。具体有：工龄津贴、教龄津贴和护士工龄津贴等。

5. 其他津贴。具体有：直接支付给个人的伙食津贴（火车司机和乘务员的乘务津贴、航行和空勤人员伙食津贴、水产捕捞人员伙食津贴、专业车队汽车司机行车津贴、体育运动员和教练员伙食补助费、少数民族伙食津贴、小伙食单位补贴等）、合同制职工的工资性补贴以及书报费等。

（二）补贴。包括：

为保证职工工资水平不受物价上涨或变动影响而支付的各种补贴，如肉类等价格补贴、副食品价格补贴、粮价补贴、煤价补贴、房贴、水电贴等。

四、关于工资总额不包括的项目的范围

（一）有关劳动保险和职工福利方面的费用。具体有：职工死亡丧葬费及抚恤费、医疗卫生费或公费医疗费用、职工生活困难补助费、集体福利事业补贴、工会文教费、集体福利费、探亲路费、冬季取暖补贴、上下班交通补贴以及洗理费等。

（二）劳动保护的各种支出。具体有：工作服、手套等劳保用品，解毒剂、清凉饮料，以及按照一九六三年七月十九日劳动部等七单位规定的范围对接触有毒物质、矽尘作业、放射线作业和潜水、沉箱作业、高温作业等五类工种所享受的由劳动保护费开支的保健食品待遇。

五、关于标准工资（基本工资，下同）和非标准工资（辅助工资，下同）的定义

（一）标准工资是指按规定的工资标准计算的工资（包括实行结构工资制的基础工资、职务工资和工龄津贴）。

（二）非标准工资是指标准工资以外的各种工资。

六、奖金范围内的节约奖、从兼课酬金和医疗卫生服务收入提成中支付的奖金及津贴和补贴范围内的各种价格补贴，在统计报表中单列统计

国家税务总局关于个人因解除劳动合同取得经济补偿金征收个人所得税问题的通知

（国税发［1999］178号）

各省、自治区、直辖市和计划单列市地方税务局：

近接一些地区请示，要求对企业在改组、改制或减员增效过程中解除职工的劳动合同而支付给被解聘职工的一次性经济补偿金征收个人所得税政策问题加以明确。经研究，现规定如下：

一、对于个人因解除劳动合同而取得一次性经济补偿收入，应按“工资、薪金所得”项目计征个人所得税。

二、考虑到个人取得的一次性经济补偿收入数额较大，而且被解聘的人员可能在一段时间内没有固定收入，因此，对于个人取得的一次性经济补偿收入，可视为一次取得数月的工资、薪金收入，允许在一定期限内进行平均。具体平均办法为：以个人取得的一次性经济补偿收入，除以个人在本企业的工作年限数，以其商数作为个人的月工资、薪金收入，按照税法规定计算缴纳个人所得税。个人在本企业的工作年限数按实际工作年限数计算，超过12年的按12年计算。

三、按照上述方法计算的个人一次性经济补偿收入应纳的个人所得税税款，由支付单位在支付时一次性代扣，并于次月7日内缴入国库。

四、个人按国家和地方政府规定比例实际缴纳的住房公积金、医疗保险金、基本养老保险金、失业保险基金在计税时应予以扣除。

五、个人在解除劳动合同后又再次任职、受雇的，对个人已缴纳个人所得税的一次性经济补偿收入，不再与再次任职、受雇的工资、薪金所得合并计算补缴个人所得税。

六、本通知自1999年10月1日起执行，此前规定与本通知规定不一致的，按本通知执行。

一九九九年九月二十三日

上海市女职工劳动保护办法

（上海市人民政府第36号令）

第一条 为切实保护女职工在劳动中的安全和健康，维护其合法权益，发挥广大女职工在社会主义各项事业中的重要作用，根据国务院《女职工劳动保护规定》，结合本市实际情况，制定本办法。

第二条 本办法适用于本市全民所有制企业、城镇集体所有制企业、外商投资企业、私营企业以及国家机关、团体和事业单位（以下简称单位）。本办法所称的女职工是指固定职工、合同制职工和临时职工。

第三条 各单位及其上级主管部门，必须严格执行国家和本市有关女职工劳动保护的法律、法规和规章，并确定负责女职工劳动保护工作的机构或人员，加强管理和监督。

第四条 各单位必须根据女职工的生理特点和所从事工作的特点，加强劳动保护工作；应通过技术改造、工艺改革、设备更新、改进劳防用品等途径和方式，改善劳动条件，并采取有效措施加强对女职工的安全教育和安全技术培训。

第五条 凡适合妇女从事劳动的单位，不得拒绝招收女职工；各单位在安排女职工工作岗位时，不得以任何方式加以歧视和限制。

第六条 各单位不得在女职工妊娠期、产期和哺乳期降低其基本工资：不得以女职工妊娠、生育和哺乳为由，解除其劳动合同。

第七条 禁止安排女职工从事下列工作：

（一）矿山井下、人工锻打、人工装卸、冷藏、强烈振动的工作；

（二）国家规定的第四级体力劳动强度的劳动；

（三）建筑业脚手架的组装和拆除作业，以及电力、电信行业的高处架线作业；

（四）连续负重（指每小时负重次数在六次以上）每次超过二十公斤，间断负重超过二十五公斤的工作。

第八条 对从事高空、低温、冷水、野外流动和国家规定的第三级体力劳动强度作业的女职工，在月经期间应暂时调做其他工作或给予公假一天。对其他生产第一线的女职工，在月经期间也应酌情给予照顾。

第九条 禁止安排妊娠期和哺乳期的女职工从事下列工作：

（一）国家规定的第三级体力劳动强度的工作。

（二）生产或使用铅、苯、汞、镉、二硫化碳的工作，以及超过卫生防护要求剂量当量限值的放射性工作。

（三）生产抗癌药物、性激素的工作或接触锰、铬、铍、砷、磷及其化合物和苯胺、环氧乙烷、氯乙烯及其他有机氯化合物的工作。

（四）在氰化物、氮氧化物、一氧化碳、氯、己内酰胺、甲醛、氟、溴、甲醇等浓度超过国家卫生标准的场所内工作。

前款第（二）项所指的生产或使用铅、苯、汞、镉和二硫化碳工作的具体范围，由市劳动局另行规定。

第十条 禁止安排未育女职工从事本办法第九条第一款第（二）项或生产性激素工作。

第十一条 对妊娠的女职工，不应延长其劳动时间；对从事频繁弯腰、攀高、下蹲、抬举、搬运等容易引起流产、早产的工作，或者经区、县级以上医疗机构证明不宜从事原工作的，应暂时调做其他适当工作或酌情减轻工作量。

第十二条 女职工妊娠七个月以上（照二十八周计算），应给予每天工间休息一小时，不得安排夜班劳动。如工作许可，经本人申请，单位批准，可请产前假两个半月。

第十三条 女职工妊娠期间在医疗保健机构约定的劳动时间内进行产前检查（包括妊娠十二周内的初查），应算作劳动时间。

第十四条　女职工产假分别按下列情况执行：

（一）单胎顺产者，给予产假九十天，其中产前休息十五天，产后休息七十五天。

（二）难产者，增加产假十五天；多胞胎生育者，每多生育一个婴儿，增加产假十五天。

（三）妊娠三个月内自然流产或子宫外孕者，给予产假二十天；妊娠三个月以上，七个月以下自然流产者，给予产假四十五天。

第十五条　女职工生育后，在其婴儿一周岁内应照顾其在每班劳动时间内授乳两次（包括人工喂养）。每次单胎纯授乳时间为三十分钟，亦可将两次授乳时间合并使用。多胞胎生育者，每多生一胎，每次哺乳时间增加三十分钟。婴儿满一周岁后，经区、县级以上医疗保健机构确诊为体弱儿的，可适当延长女职工授乳时期，但最多不超过六个月。授乳时间及在本单位授乳往返时间，应算作劳动时间。

第十六条　女职工生育后，若有困难且工作许可，由本人提出申请，经单位批准，可请哺乳假六个半月。

第十七条　女职工在哺乳期间，不得延长其劳动时间，一般不得安排其从事夜班劳动。

第十八条　女职工在产假期间的工资照发。按本规定享受的产假和哺乳假的工资按本人原工资的百分之八十发给。单位增加工资时，女职工按规定享受的产前假、产假、哺乳假，应作出勤对待。

第十九条　对经区、县级以上医疗保健机构确诊患有较严重更年期综合症的女职工，应给予照顾，可暂时调做其他适当工作或酌情减轻工作量。

第二十条　日班次中有一个班次的女职工在一百人以上的单位，应设置女职工卫生室和孕妇休息室等妇幼保健设施；日班次女职工均不满一百人的单位，可设置简易的温水箱及冲洗器，具体的设置标准，由市劳动局另行规定。流动、分散作业的单位可发放单人自用冲洗器。

第二十一条　各单位应每两年对女职工（含退休女职工）进行一次妇科病检查，及时治疗妇科疾病。

女职工在四百人以上设有医务室的单位，应逐步配备一名专职或兼职妇科医生。

第二十二条 女职工劳动保护的权益受到侵害时，依照国务院的有关规定，有权向所在单位的上级主管部门或者该单位所在地区、县劳动部门提出申诉。受理申诉的部门应当自收到申诉书之日起三十日内作出处理决定。女职工对处理决定不服的，可在收到处理决定书之日起十五日内向人民法院起诉。

第二十三条 对违反国务院《女职工劳动保护规定》和本办法，侵害女职工劳动保护权益的单位负责人及其直接责任者，由其所在单位的上级主管部门，根据情节轻重，分别给予警告、记过、记大过等行政处分，并责令该单位给予被侵害女职工合理的经济补偿；构成犯罪的，由司法机关依法追究刑事责任。各级劳动部门应对各单位贯彻执行本办法的情况实行国家监察。对违反者，应依照国家有关规定和《上海市劳动保护监察暂行条例》的有关规定给予惩处。

第二十四条 各级工会、妇联组织应根据自身工作的特点，开展对女职工劳动保护的宣传、教育、咨询、服务工作，依靠群众，协同有关部门，实行社会监督。

第二十五条 对违反国家和本市有关计划生育规定的女职工，其产前假、产假、哺乳假等待遇按有关规定处理。

第二十六条 乡镇集体企业的女职工劳动保护，由市劳动局会同有关部门参照本办法另行规定。

第二十七条 本办法由上海市劳动局负责解释。

第二十八条 本办法自一九九〇年十一月一日起施行。一九八七年三月五日上海市人民政府发布的《上海市女职工劳动保护暂行规定》同时废止。

上海市工伤保险实施办法

（2012年11月27日上海市人民政府第93号令公布）

第一章　总　则

第一条　（依据）

根据《中华人民共和国社会保险法》和《工伤保险条例》，结合本市实际，制定本办法。

第二条　（适用范围）

本办法适用于本市行政区域内的企业、事业单位、国家机关、社会团体、民办非企业单位、基金会、律师事务所、会计师事务所等组织和有雇工的个体工商户（以下统称“用人单位”）及其从业人员。

第三条　（征缴管理）

工伤保险费的征缴，按照《中华人民共和国社会保险法》和《社会保险费征缴暂行条例》的有关规定执行。

第四条　（公示与救治）

用人单位应当将参加工伤保险的有关情况在本单位内公示。

从业人员发生工伤时，用人单位应当采取措施使工伤人员得到及时救治。

第五条　（管理部门）

市人力资源社会保障局是本市工伤保险工作的行政主管部门，负责本市工伤保险工作的统一管理。

区、县人力资源社会保障局负责本行政区域内工伤保险的具体管理工作。

市社会保险事业基金结算管理中心（以下简称“社保经办机构”）具体负责工伤保险经办事务。市医疗保险事务管理中心和区、县医疗保险事务中心（以下统称“医保经办机构”）在职责范围内，配合做好工伤保险经办事务。

第六条 （监督）

市人力资源社会保障局等部门制定工伤保险的政策、标准，应当征求工会组织、用人单位代表的意见。

工会组织依法维护工伤人员的合法权益，对用人单位的工伤保险工作实行监督。

第二章 工伤保险基金

第七条 （基金来源和储备金）

工伤保险基金由用人单位缴纳的工伤保险费、工伤保险基金的利息和依法纳入工伤保险基金的其他资金构成。

工伤保险基金按照国家有关规定留有一定比例的储备金，用于本市重大事故的工伤保险待遇支付；储备金不足支付的，由市财政垫付。储备金的提取比例和使用，按照本市有关规定执行。

第八条 （缴费原则）

用人单位应当按时缴纳工伤保险费。从业人员个人不缴纳工伤保险费。

工伤保险费根据以支定收、收支平衡的原则，确定费率。

第九条 （缴费基数）

用人单位缴纳工伤保险费的基数，按照本单位缴纳城镇基本养老保险费的基数确定。

第十条 （费率）

用人单位缴纳工伤保险费实行基础费率，基础费率统一为缴费基数的0.5%。

对发生工伤事故的用人单位，在基础费率的基础上，按照规定实行浮动费率。

浮动费率根据用人单位工伤保险费使用、工伤事故发生率等情况确定。浮动费率分为五档，每档幅度为缴费基数的0.5%，向上浮动后的最高费率（基础费率加浮动费率）不超过缴费基数的3%，向下逐档浮动后的最低费率不低于基础费率。浮动费率每年核定一次。

工伤保险费率浮动的具体办法，由市人力资源社会保障局会同市财政、卫生、安全生产监督管理等部门拟订，报市人民政府批准后执行。

第十一条 （支付范围）

工伤保险基金用于本办法规定的工伤保险待遇，劳动能力鉴定，工伤预防的宣传、培训等费用，以及法律、法规规定的用于工伤保险的其他费用的支付。

工伤预防费用的提取比例、使用和管理，按照国家有关规定执行。

第十二条 （基金管理和监督）

工伤保险基金实行全市统筹，存入本市市级社会保障基金财政专户，专款专用，任何单位和个人不得擅自动用。

市人力资源社会保障局依法对工伤保险费的征缴和工伤保险基金的支付情况进行监督检查。

市财政、审计部门依法对工伤保险基金的收支、管理情况进行监督。

第十三条 （经办机构经费）

社保经办机构、医保经办机构开展工伤保险所需经费，由财政部门按照规定核定，纳入预算管理。

第三章 工伤认定

第十四条 （认定工伤范围）

从业人员有下列情形之一的，应当认定为工伤：

（一）在工作时间和工作场所内，因工作原因受到事故伤害的；

（二）工作时间前后在工作场所内，从事与工作有关的预备性或者收尾性工作受到事故伤害的；

（三）在工作时间和工作场所内，因履行工作职责受到暴力等意外伤害的；

（四）患职业病的；

（五）因工外出期间，由于工作原因受到伤害或者发生事故下落不明的；

（六）在上下班途中，受到非本人主要责任的交通事故或者城市轨道交通、客运轮渡、火车事故伤害的；

（七）法律、行政法规规定应当认定为工伤的其他情形。

第十五条　（视同工伤范围）

从业人员有下列情形之一的，视同工伤：

（一）在工作时间和工作岗位，突发疾病死亡或者在48小时之内经抢救无效死亡的；

（二）在抢险救灾等维护国家利益、公共利益活动中受到伤害的；

（三）从业人员原在军队服役，因战、因公负伤致残，已取得革命伤残军人证，到用人单位后旧伤复发的。

从业人员有前款第一项、第二项情形的，按照本办法的有关规定享受工伤保险待遇；从业人员有前款第三项情形的，按照本办法的有关规定享受除一次性伤残补助金以外的工伤保险待遇。

第十六条　（工伤排除）

从业人员符合本办法第十四条、第十五条的规定，但是有下列情形之一的，不得认定为工伤或者视同工伤：

（一）故意犯罪的；

（二）醉酒或者吸毒的；

（三）自残或者自杀的。

第十七条　（认定申请）

从业人员发生事故伤害或者按照职业病防治法规定被诊断、鉴定为职业病，所在单位应当自事故伤害发生之日或者被诊断、鉴定为职业病之日起30日内，向用人单位所在地的区、县人力资源社会保障局提出工伤认定申请。遇有特殊情况，经报区、县人力资源社会保障局同意，申请时限可以适当延长。

用人单位未按照前款规定提出工伤认定申请的，从业人员或者其近亲属、工会组织在事故伤害发生之日或者被诊断、鉴定为职业病之日起1年内，可以直接向用人单位所在地的区、县人力资源社会保障局提出工伤认定申请。

用人单位未在本条第一款规定的时限内提出工伤认定申请的，在此期间发生符合本办法规定的工伤待遇等有关费用，由该用人单位负担。

第十八条　（工伤认定申请材料）

提出工伤认定申请，应当提交下列材料：

（一）工伤认定申请表；

（二）与用人单位存在劳动关系（包括事实劳动关系）的证明材料；

（三）医疗诊断证明或者职业病诊断证明书（或者职业病诊断鉴定书）。

工伤认定申请表应当包括事故发生的时间、地点、原因以及从业人员伤害程度等基本情况。

工伤认定申请人在本办法规定时限内提出工伤认定申请时所提供材料不完整的，区、县人力资源社会保障局应当自收到工伤认定申请之日起 10 个工作日内，一次性书面告知工伤认定申请人需要补正的全部材料。工伤认定申请人应当在 30 日内，按照要求补正材料，逾期不补正但未超过法定申请期限的，可以重新提出工伤认定申请。

第十九条　（受理）

工伤认定申请人依法提出工伤认定申请，且提供的申请材料完整的，区、县人力资源社会保障局应当自收到工伤认定申请之日起 10 个工作日内发出受理通知书。不符合受理条件的，区、县人力资源社会保障局不予受理，并书面告知工伤认定申请人。

第二十条　（调查核实和举证责任）

区、县人力资源社会保障局受理工伤认定申请后，根据审核需要可以对事故伤害进行调查核实，用人单位、从业人员、工会组织、医疗机构以及有关部门应当予以协助。职业病诊断和诊断争议的鉴定，依照职业病防治法的有关规定执行。对依法取得职业病诊断证明书或者职业病诊断鉴定书的，区、县人力资源社会保障局不再进行调查核实。

用人单位、从业人员或者其近亲属可以根据认定工伤或者视同工伤的不同情形，提交相关行政机关或者司法机关出具的有关证明材料或者法律文书。

从业人员或者其近亲属认为是工伤，用人单位不认为是工伤的，由用人单位承担举证责任。

第二十一条　（认定程序）

区、县人力资源社会保障局应当自受理工伤认定申请之日起 60 日内作出工伤认定决定，并在作出工伤认定决定之日起 10 个工作日内将工伤认定决定送达申请工伤认定的从业人员或者其近亲属和该从业人员所在单位。

作出工伤认定决定需要以司法机关或者有关行政主管部门的结论为依据的，在司法机关或者有关行政主管部门尚未作出结论期间，作出工伤认定决定的时限中止，工伤认定时限中止的原因消除后，应当及时恢复。工伤认定时限中止、恢复的，区、县人力资源社会保障局应当告知有关当事人。

区、县人力资源社会保障局工作人员与工伤认定申请人有利害关系的，应当回避。

第二十二条 （工伤认定决定载明事项）

工伤认定决定应当载明下列事项：

（一）用人单位和工伤人员的基本情况；

（二）受伤部位、事故时间和诊治时间或者职业病名称、伤害经过和核实情况，以及医疗救治基本情况和诊断结论；

（三）认定为工伤、视同工伤或者认定为不属于工伤、不视同工伤的依据；

（四）认定结论；

（五）申请行政复议或者提起行政诉讼的期限；

（六）作出认定决定的时间。

工伤认定决定应当加盖区、县人力资源社会保障局工伤认定专用印章。

第二十三条 （告知义务）

区、县人力资源社会保障局向申请工伤认定的从业人员或者其近亲属和该从业人员所在单位送达工伤认定决定时，应当书面告知劳动能力鉴定的申请程序。

第四章 劳动能力鉴定

第二十四条 （劳动能力鉴定）

从业人员发生工伤，经治疗伤情相对稳定后存在残疾、影响劳动能力的，应当进行劳动功能障碍程度和生活自理障碍程度的劳动能力鉴定。

劳动功能障碍分为十个伤残等级，生活自理障碍分为三个等级。

劳动能力鉴定标准，按照国家有关规定执行。

第二十五条 （鉴定机构）

市和区、县劳动能力鉴定委员会（以下简称“鉴定委员会”）由同级人力资源社会保障、卫生等部门以及工会组织、社保经办机构代表、用人单位代表组成。市和区、县鉴定委员会办公室设在同级人力资源社会保障局，负责鉴定委员会的日常工作。

市劳动能力鉴定中心受市鉴定委员会的委托，负责职业病人员的劳动能力鉴定及工伤人员的再次鉴定等具体事务。

区、县鉴定委员会负责本行政区域内的工伤人员劳动能力鉴定。

鉴定委员会依法建立医疗卫生专家库，进行劳动能力鉴定。

第二十六条 （劳动能力鉴定申请材料）

工伤人员的劳动能力鉴定，可以由用人单位、工伤人员或者其近亲属向区、县鉴定委员会提出申请。职业病人员的劳动能力鉴定，向市鉴定委员会提出申请。

提出劳动能力鉴定申请的，应当提交下列材料：

（一）填写完整的劳动能力鉴定申请表；

（二）工伤认定决定；

（三）定点医疗机构诊治工伤的有关资料。

第二十七条 （鉴定程序）

鉴定委员会收到劳动能力鉴定申请后，应当从其建立的医疗卫生专家库中随机抽取 3 名或者 5 名相关专家组成专家组，并由专家组提出鉴定意见；必要时，可以委托具备资格的医疗机构协助进行有关的诊断。鉴定委员会根据专家组的鉴定意见，在收到劳动能力鉴定申请之日起 60 日内作出工伤人员劳动能力鉴定结论。必要时，作出劳动能力鉴定结论的时限可以延长 30 日。鉴定委员会应当自作出劳动能力鉴定结论之日起 15 日内，向申请劳动能力鉴定的用人单位、工伤人员或者其近亲属送达劳动能力鉴定结论，并书面告知办理享受工伤保险待遇的手续，提供工伤保险待遇申请表。

鉴定委员会组成人员或者参加鉴定的专家与当事人有利害关系的，应当回避。

第二十八条 （再次鉴定）

申请劳动能力鉴定的用人单位、工伤人员或者其近亲属对劳动能力鉴定结论不服的，可以在收到该鉴定结论之日起 15 日内向市鉴定委员会提出再次鉴定申请。

市鉴定委员会对职业病人员申请再次鉴定的，应当另行组织专家组，进行再次鉴定。

市鉴定委员会作出的再次鉴定结论为最终结论。

第二十九条 （复查鉴定）

自劳动能力鉴定结论作出之日起1年后，工伤人员或者其近亲属、用人单位或者社保经办机构认为伤残情况发生变化的，可以提出劳动能力复查鉴定申请。

第三十条 （再次鉴定和复查鉴定的期限）

鉴定委员会进行再次鉴定和复查鉴定的期限，依照本办法第二十七条的规定执行。

第三十一条 （鉴定费用）

工伤人员的初次劳动能力鉴定费用，由工伤保险基金支付。

用人单位、工伤人员或者其近亲属提出再次鉴定或者复查鉴定申请的，再次鉴定结论维持原鉴定结论，或者复查鉴定结论没有变化的，鉴定费用由提出再次鉴定或者复查鉴定申请的用人单位、工伤人员或者其近亲属承担；再次鉴定结论或者复查鉴定结论有变化，以及按照国家规定需要定期复查鉴定的，鉴定费用由工伤保险基金承担。

第五章 工伤保险待遇

第三十二条 （就医原则）

从业人员因工作遭受事故伤害或者患职业病进行治疗，享受工伤医疗待遇。

工伤人员治疗工伤应当在本市定点医疗机构或者职业病定点医疗机构就医。情况紧急时，可以先到就近的医疗机构急救，伤情稳定后，应当及时转往定点医疗机构治疗。确需转往外省市治疗的，由本市定点医疗机构出具证明，报社保经办机构同意。

工伤人员需要进行工伤康复的，应当选择与市医保经办机构签订服务协议的工伤康复机构。

第三十三条 （工伤医疗和康复费用的支付）

治疗工伤所需医疗费用符合国家和本市的工伤保险诊疗项目目录、工伤保险药品目录、工伤保险住院服务标准的，从工伤保险基金支付。

本市的工伤保险诊疗项目目录、工伤保险药品目录、工伤保险住院服务标准，按照本市有关基本医疗保险诊疗项目范围、用药范围以及医疗服务设施范围等规定执行。

工伤人员到工伤康复机构进行工伤康复的费用，符合国家和本市工伤康复服务项目、工伤康复诊疗规范的，从工伤保险基金支付。

区、县人力资源社会保障局作出认定为工伤的决定后发生行政复议、行政诉讼的，行政复议和行政诉讼期间不停止支付工伤人员治疗工伤的医疗费用。

工伤人员治疗非工伤引发的疾病，所需医疗费用不列入工伤保险基金支付范围。

第三十四条 （工伤医疗和康复费用的结算）

工伤人员发生的工伤医疗和康复费用，经市或者区、县医保经办机构审核，由社保经办机构与本市定点医疗机构或者工伤康复机构结算。

工伤人员在非定点医疗机构进行急救或者按照本办法规定到外省市治疗发生的工伤医疗费用，由其个人先行支付后，按照规定向社保经办机构申请报销，经市或者区、县医保经办机构审核后，由工伤保险基金支付。

第三十五条 （住院伙食费补助、交通食宿费标准）

工伤人员住院治疗工伤的，由工伤保险基金按照规定的标准，支付住院伙食补助费；经本市定点医疗机构出具证明，报社保经办机构同意，工伤人员到外省市就医的，由工伤保险基金按照规定的标准支付食宿费，交通费按照社保经办机构核定的交通工具乘坐费用实报实销。

住院伙食补助费、食宿费标准的确定及其适时调整办法，由市人力资源社会保障局拟订，报市人民政府批准后执行。

第三十六条 （辅助器具配置）

工伤人员因日常生活或者就业需要，经鉴定委员会确认，应当选择到与社保经办机构签订服务协议的辅助器具配置机构安装假肢、矫形器、假眼、假牙和配置轮椅等辅助器具，所需费用符合国家和本市辅助器具安装配置项目和标准的，从工伤保险基金支付，并由社保经办机构与辅助器具配置机构结算。

第三十七条 （停工留薪期待遇）

从业人员因工作遭受事故伤害或者患职业病需要暂停工作接受工伤治疗的，在停工留薪期内，原工资福利待遇不变，由所在单位按月支付。

停工留薪期一般不超过12个月，具体期限根据定点医疗机构出具的伤病情诊断意见确定。伤情严重或者情况特殊，经鉴定委员会确认，可以适当延长，但延长不得超过12个月。工伤人员评定伤残等级后，停发原待遇，按照本办法的有关规定享受伤残待遇。工伤人员停工留薪期满后仍需治疗的，继续享受工伤医疗待遇。

生活不能自理的工伤人员在停工留薪期需要护理的，由所在单位负责。

第三十八条　（生活护理待遇）

工伤人员已经评定伤残等级并经鉴定委员会确认需要生活护理的，从工伤保险基金按月支付生活护理费。

生活护理费按照生活完全不能自理、生活大部分不能自理或者生活部分不能自理3个不同等级支付，其标准分别为上年度全市职工月平均工资的50%、40%或者30%。

第三十九条　（致残一至四级待遇）

工伤人员因工致残被鉴定为一级至四级伤残的，保留劳动关系，退出工作岗位，享受以下待遇：

（一）从工伤保险基金支付一次性伤残补助金。一级伤残的，为27个月的工伤人员本人工资；二级伤残的，为25个月；三级伤残的，为23个月；四级伤残的，为21个月。

（二）从工伤保险基金按月支付伤残津贴。一级伤残的，为工伤人员本人工资的90%；二级伤残的，为85%；三级伤残的，为80%；四级伤残的，为75%。

（三）工伤人员到达法定退休年龄并办理按月领取养老金手续后，停发伤残津贴，享受基本养老保险待遇。基本养老保险待遇低于伤残津贴的，由工伤保险基金补足差额。工伤人员到达法定退休年龄又不符合按月领取养老金条件的，由工伤保险基金继续支付伤残津贴。

（四）参加本市基本医疗保险的用人单位和工伤人员以伤残津贴为基数，按月缴纳基本医疗保险费，享受基本医疗保险待遇。工伤人员到达法定退休年龄后，继续享受基本医疗保险待遇。工伤人员到达法定退休年龄，但不符合继续享受基本医疗保险待遇条件的，用人单位和工伤人员以伤残津贴为基数，按照基本医疗保险规定一次性缴纳基本医疗保险费至符合条件后，继续享受基本医疗保险待遇。

第四十条 （致残五至六级待遇）

工伤人员因工致残被鉴定为五级、六级伤残的，享受以下待遇：

（一）从工伤保险基金支付一次性伤残补助金。五级伤残的，为 18 个月的工伤人员本人工资；六级伤残的，为 16 个月。

（二）保留与用人单位劳动关系，由用人单位安排适当工作。难以安排工作的，由用人单位按月发给伤残津贴。五级伤残的，为工伤人员本人工资的 70%；六级伤残的，为 60%。并由用人单位和工伤人员继续按照规定缴纳各项社会保险费。伤残津贴实际金额低于本市职工最低月工资标准的，由用人单位补足差额。

经工伤人员本人提出，该工伤人员可以与用人单位解除或者终止劳动关系，由工伤保险基金支付一次性工伤医疗补助金，由用人单位支付一次性伤残就业补助金。五级伤残的，分别为 18 个月的上年度全市职工月平均工资；六级伤残的，分别为 15 个月。

经工伤人员本人提出与用人单位解除劳动关系，且解除劳动关系时距法定退休年龄不足 5 年的，不足年限每减少 1 年，一次性工伤医疗补助金和一次性伤残就业补助金递减 20%，但属于《中华人民共和国劳动合同法》第三十八条规定的情形除外。

因工伤人员退休或者死亡使劳动关系终止的，不享受本条第二款规定的待遇。

第四十一条 （致残七至十级待遇）

工伤人员因工致残被鉴定为七级至十级伤残的，享受以下待遇：

（一）从工伤保险基金支付一次性伤残补助金。七级伤残的，为 13 个月的工伤人员本人工资；八级伤残的，为 11 个月；九级伤残的，为 9 个月；十级伤残的，为 7 个月。

（二）劳动合同期满终止，或者工伤人员本人提出解除劳动合同的，由工伤保险基金支付一次性工伤医疗补助金，由用人单位支付一次性伤残就业补助金。七级伤残的，分别为 12 个月的上年度全市职工月平均工资；八级伤残的，分别为 9 个月；九级伤残的，分别为 6 个月；十级伤残的，分别为 3 个月。

经工伤人员本人提出与用人单位解除劳动关系，且解除劳动关系时距法定退休年龄不足 5 年的，不足年限每减少 1 年，一次性工伤医疗补助金和一次性伤残就业补助金递减 20%，但属于《中华人民共和国劳动合同法》第三十八条规定的情形除外。

因工伤人员退休或者死亡使劳动关系终止的，不享受本条第一款第二项规定的待遇。

第四十二条 （工伤复发）

工伤人员工伤复发，经鉴定委员会确认需要治疗的，享受本办法第三十二条、第三十三条、第三十五条至第三十八条规定的工伤保险待遇。

工伤人员与用人单位解除或者终止劳动关系，并按照本办法规定享受一次性工伤医疗补助金和一次性伤残就业补助金的，不再享受本办法第三十二条、第三十三条、第三十五条至第三十八条规定的待遇。

第四十三条 （因工死亡待遇）

从业人员因工死亡，其近亲属按照下列规定从工伤保险基金领取丧葬补助金、供养亲属抚恤金和一次性工亡补助金：

（一）丧葬补助金为从业人员因工死亡时6个月的上年度全市职工月平均工资。

（二）供养亲属抚恤金按照从业人员生前本人工资的一定比例发给其生前提供主要生活来源、无劳动能力的亲属。其中，配偶每月40%，其他亲属每人每月30%；孤寡老人或者孤儿每人每月在上述标准的基础上增加10%。核定的各供养亲属的抚恤金之和不应高于因工死亡人员生前本人工资。

（三）一次性工亡补助金标准为从业人员因工死亡时上一年度全国城镇居民人均可支配收入的20倍。

工伤人员在停工留薪期内因工伤导致死亡的，其近亲属享受本条第一款规定的待遇。

致残一级至四级的工伤人员在停工留薪期满后死亡的，其近亲属可以享受本条第一款第一项、第二项规定的待遇。

供养亲属的具体范围，按照国家有关规定执行。

第四十四条 （待遇调整）

伤残津贴、供养亲属抚恤金、生活护理费的标准，由市人力资源社会保障局根据全市职工平均工资和生活费用变化等情况适时调整。调整办法由市人力资源社会保障局拟订，报市人民政府批准后执行。

第四十五条 （与其他赔偿关系）

由于第三人的原因造成工伤的，由第三人支付工伤医疗费用。第三人不支付工伤医疗费用或者无法确定第三人的，由工伤保险基金先行支付。工伤保险基金先行支付后，社保经办机构有权按照规定向第三人追偿。

由用人单位或者工伤保险基金先行支付的停工留薪期工资福利待遇、一次性伤残补助金、一次性工亡补助金等其他工伤保险待遇的费用，工伤人员或者其近亲属在获得第三人赔偿后，应当予以相应偿还。

第四十六条 （因工外出发生事故或在抢险救灾中下落不明人员的待遇）

从业人员因工外出期间发生事故或者在抢险救灾中下落不明的，从事故发生当月起 3 个月内照发工资，从第 4 个月起停发工资，由工伤保险基金按照本办法第四十三条第一款第二项所规定的标准，向其供养亲属按月支付供养亲属抚恤金。生活有困难的，可以预支一次性工亡补助金的 50%。从业人员被人民法院宣告死亡的，按照本办法第四十三条规定处理。

第四十七条 （待遇停止）

工伤人员有下列情形之一的，停止享受工伤保险待遇：

（一）丧失享受待遇条件的；

（二）拒不接受劳动能力鉴定的；

（三）拒绝治疗的。

第四十八条 （保险责任确定）

用人单位分立、合并、转让的，承继单位应当承担原用人单位的工伤保险责任。

用人单位实行承包经营的，工伤保险责任由从业人员劳动关系所在单位承担。

从业人员被借调期间受到工伤事故伤害的，由原用人单位承担工伤保险责任，但原用人单位与借调单位可以约定补偿办法。

劳务派遣单位的从业人员在劳务派遣期间受到工伤事故伤害的，工伤保险责任由劳务派遣单位或者用工单位承担，具体认定办法由市人力资源社会保障局制定。工伤保险浮动费率责任由用工单位承担。

企业破产的，在破产清算时依法拨付应当由单位支付的工伤保险待遇费用。

第四十九条 （境外赔偿）

从业人员被派遣出境工作，依据前往国家或者地区的法律应当参加当地工伤保险的，参加当地工伤保险，其国内工伤保险关系中止；不能参加当地工伤保险的，其国内工伤保险关系不中止，按照本办法规定享受工伤保险待遇。

第五十条 （办理享受待遇的手续）

从业人员因工伤亡的，由用人单位、工伤人员或者其近亲属到社保经办机构办理工伤保险待遇手续，并提供下列相应材料：

（一）填写完整的工伤保险待遇申请表；

（二）工伤医疗费用支付凭证；

（三）工伤人员与承担工伤保险责任用人单位存在劳动关系的证明材料；

（四）待遇享受人的身份证明及与因工死亡人员的供养关系证明；

（五）下落不明或者宣告死亡的证明材料；

（六）其他相关材料。

社保经办机构应当自接到享受工伤保险待遇申请之日起30日内，对工伤人员或者其近亲属享受工伤保险待遇的条件进行审核。符合条件的，核定其待遇标准并按时足额支付；不符合条件的，应当书面告知。

第六章 特别规定

第五十一条 （非全日制从业人员的规定）

招用非全日制从业人员的用人单位应当按照本办法规定的缴费基数和费率，为其缴纳工伤保险费。

非全日制从业人员因工作遭受事故伤害或者患职业病后，与用人单位的劳动关系按照《中华人民共和国劳动合同法》、《上海市劳动合同条例》的规定执行，享受下列工伤保险待遇：

（一）按照本办法规定由工伤保险基金支付的工伤保险待遇；

（二）由承担工伤保险责任的用人单位参照本办法规定支付停工留薪期待遇，且不得低于全市职工月最低工资标准；

（三）致残一级至四级的，由承担工伤保险责任的用人单位和工伤人员以享受的伤残津贴为基数，一次性缴纳基本医疗保险费至工伤人员到达法定退休年龄，享受基本医疗保险待遇；

（四）致残五级至十级的，由承担工伤保险责任的用人单位按照本办法规定的标准支付一次性伤残就业补助金。

第五十二条 （协保人员的工伤待遇）

用人单位使用经就业登记的协保人员的，协保人员的工资收入不计入用人单位工伤保险缴费基数。

协保人员发生工伤的，可以按照本办法规定享受工伤保险待遇，社保经办机构按照规定核定用人单位下一年度的浮动费率。

第五十三条 （非正规就业劳动组织从业人员的规定）

非正规就业劳动组织参照本办法规定的缴费基数和费率缴纳工伤保险费后，其按照规定在市或者区、县人力资源社会保障局进行登记的从业人员发生工伤的，可以享受本办法规定由工伤保险基金支付的工伤保险待遇。

第五十四条 （非城镇户籍外来从业人员的特别规定）

因工致残一级至四级的非城镇户籍外来从业人员，可以按照本办法规定的待遇项目标准和支付方式，享受工伤保险待遇，也可以选择按一次性领取的方式享受。选择一次性领取工伤保险待遇的，由工伤人员在首次申领待遇时向社保经办机构提出，并以协议方式确认。一经确认，不再变更，其工伤保险关系终止，并与用人单位的劳动关系解除或者终止。

因工致残一级至四级的非城镇户籍外来从业人员选择按一次性领取的方式享受工伤保险待遇的，其工伤复发医疗费以及经鉴定委员会鉴定可以享受的一次性伤残补助金、伤残津贴、生活护理费和经确认配置辅助器具费等，由工伤保险基金一次性支付，支付标准由市人力资源社会保障局另行拟订，报市人民政府批准后执行。

第五十五条 （有关待遇计发的特别规定）

按照本办法规定计发的一级至十级工伤人员一次性伤残补助金，低于3896元乘以与伤残等级相应的下列月份数之积的，差额部分由工伤保险基金予以补足：一级伤残的，为24个月；二级伤残的，为22个月；三级伤残的，为20个月；四级伤残的，为18个月；五级伤残的，为16个月；六级伤残的，为14个月；七级伤残的，为12个月；八级伤残的，为10个月；九级伤残的，为8个月；十级伤残的，为6个月。

按照本办法规定计发的一级至四级工伤人员当年度伤残津贴和因工死亡人员

供养亲属抚恤金，低于市人力资源社会保障局公布的上述两项工伤保险待遇最低标准的，按最低标准计发。

第七章　法律责任

第五十六条　（指引条款）

违反本办法规定的行为，《中华人民共和国社会保险法》、《工伤保险条例》等法律法规有处理规定的，从其规定。

第五十七条　（相关机构的法律责任）

工伤康复机构、辅助器具配置机构不按服务协议提供服务的，市医保经办机构、社保经办机构可以解除服务协议。

市医保经办机构、社保经办机构不按时足额结算费用的，由市人力资源社会保障局责令改正，工伤康复机构、辅助器具配置机构可以解除服务协议。

第五十八条　（应参保未参保或者未按规定缴费的规定）

用人单位未依法缴纳工伤保险费的，按照《中华人民共和国社会保险法》和《社会保险费征缴暂行条例》的有关规定处理。

应当参加工伤保险而未参加或者未按规定缴纳工伤保险费的用人单位，未参加工伤保险或者未按规定缴纳工伤保险费期间，从业人员发生工伤的，由用人单位按照本办法规定的工伤保险待遇项目和标准支付费用。用人单位不支付的，从工伤保险基金中先行支付。从工伤保险基金中先行支付的费用，应当由用人单位偿还。用人单位不偿还的，社保经办机构依法追偿。

用人单位参加工伤保险并补缴应当缴纳的工伤保险费、滞纳金后，由工伤保险基金和用人单位依照本办法的规定支付新发生的费用。

第五十九条　（争议处理）

工伤人员与用人单位发生工伤保险待遇方面争议，适用劳动人事争议处理的有关规定。

第六十条　（行政复议和行政诉讼）

单位和个人对市或者区、县人力资源社会保障局，或者社保经办机构、医保经办机构依照本办法规定作出的具体行政行为不服的，可以依法申请行政复议或者提起行政诉讼。

第八章 附 则

第六十一条 (本人工资的定义)

本办法所称本人工资，是指工伤人员因工作遭受事故伤害或者患职业病前12个月平均月缴费工资。本人工资高于本市职工平均工资300%的，按照本市职工平均工资的300%计算；本人工资低于本市职工平均工资60%的，按照本市职工平均工资的60%计算。

第六十二条 (关于适用范围的特别规定)

国家对国家机关和参照公务员法管理的事业单位、社会团体的工伤保险另行作出规定的，按照国家规定进行调整。

第六十三条 (施行日期和废止事项)

本办法自2013年1月1日起施行。2004年6月27日上海市人民政府令第29号发布、并根据2010年12月20日上海市人民政府令第52号《上海市人民政府关于修改上海市农机事故处理暂行规定等148件市政府规章的决定》修正的《上海市工伤保险实施办法》同时废止。

上海市城镇生育保险办法

（2001年10月10日上海市人民政府令第109号发布　根据2004年8月30日上海市人民政府令第33号《上海市人民政府关于修改〈上海市城镇生育保险办法〉的决定》第一次修正　根据2009年3月30日上海市人民政府令第11号《上海市人民政府关于修改〈上海市城镇生育保险办法〉的决定》第二次修正）

第一条　（目的和依据）

为了保障妇女生育期间的基本生活和医疗需求，促进妇女就业，根据《中华人民共和国劳动法》和本市实际，制定本办法。

第二条　（适用范围）

本办法适用于具有本市城镇户籍并参加本市城镇社会保险的从业或者失业生育妇女。

第三条　（管理部门）

上海市人力资源和社会保障局（以下简称市人力资源社会保障局）是本市城镇生育保险的行政主管部门，负责本市城镇生育保险的统一管理。市和区、县生育保险经办机构（以下简称经办机构）负责城镇生育保险的具体管理工作。

市卫生、人口和计划生育、财政等部门按照各自职责，协同做好城镇生育保险管理工作。

本市社会保险经办机构负责城镇生育保险费的征缴工作。

第四条 （缴费主体）

本市行政区域内的城镇企业、事业单位、国家机关、社会团体、民办非企业单位、个体工商户（以下统称用人单位）依照本办法规定，缴纳城镇生育保险费。

第五条 （登记手续）

用人单位应当向市人力资源社会保障局指定的社会保险经办机构办理城镇生育保险登记手续。其中，新设立的用人单位应当自设立之日起 30 日内，办理有关登记手续。

用人单位依法终止或者城镇生育保险登记事项发生变更，应当自有关情形发生之日起 30 日内，向原办理登记机构办理注销或者变更登记手续。

第六条 （缴费基数的计算方式及缴费比例）

用人单位缴纳城镇养老保险费缴费基数，为本单位缴纳城镇生育保险费基数。

用人单位每月按缴费基数 0.5%的比例缴纳城镇生育保险费。个人不缴纳城镇生育保险费。

城镇生育保险费缴费比例的调整，由市人力资源社会保障局会同市财政局共同提出，报市政府批准后执行。

第七条 （城镇生育保险费的列支渠道）

用人单位缴纳的城镇生育保险费，按照财政部门规定的渠道列支。

第八条 （征缴管理）

用人单位缴纳城镇生育保险费的程序以及征缴争议的处理，按照国家和本市社会保险费征缴管理的有关规定执行。

第九条 （基金来源）

城镇生育保险基金的来源：

（一）用人单位缴纳的城镇生育保险费；

（二）城镇生育保险基金的利息收入；

（三）城镇生育保险基金的增值运营收入；

（四）按照规定收取的滞纳金；

（五）其他依法应当纳入城镇生育保险基金的资金。

城镇生育保险基金不敷使用时，由地方财政补贴。

第十条 （待遇项目及支付渠道）

城镇生育保险待遇项目包括：

（一）生育生活津贴；

（二）生育医疗费补贴。

从业妇女的生育生活津贴由城镇生育保险基金支付，失业妇女的生育生活津贴由失业保险基金支付；生育妇女的生育医疗费补贴由城镇职工基本医疗保险基金支付。

第十一条 （基金管理）

城镇生育保险基金实行全市统筹。城镇生育保险基金纳入财政专户，实行收支两条线管理。城镇生育保险基金应当专款专用，任何单位和个人不得擅自动用。

城镇生育保险基金的管理和监督，依照国家和本市社会保险基金的有关规定执行。

第十二条 （预决算）

城镇生育保险基金的年度预算和决算，由市经办机构负责编制，市人力资源社会保障局审核，市财政局复核，报市政府批准。

第十三条 （津贴、补贴申领条件）

申领生育生活津贴、生育医疗费补贴的妇女必须同时具备下列条件：

（一）具有本市城镇户籍；

（二）参加本市城镇社会保险；

（三）属于计划内生育；

（四）在按规定设置产科、妇科的医疗机构生产或者流产（包括自然流产和人工流产）。

第十四条 （享受生育生活津贴的期限）

符合本办法第十三条规定的生育妇女，按照下列期限享受生育生活津贴：

（一）妊娠7个月（含7个月）以上生产的，按3个月享受生育生活津贴；

（二）妊娠不满7个月早产的，按3个月享受生育生活津贴；

（三）妊娠3个月（含3个月）以上、7个月以下流产的，按1个半月享受生育生活津贴；

（四）妊娠 3 个月以下流产或者患子宫外孕的，按 1 个月享受生育生活津贴。

按照前款第（一）项、第（二）项规定享受生育生活津贴的生育妇女，还可以按照下列规定享受生育生活津贴：

（一）难产的，增加半个月的生育生活津贴；

（二）符合计划生育晚育条件的，增加一个月的生育生活津贴；

（三）多胞胎生育的，每多生育一个婴儿，增加半个月的生育生活津贴。

第十五条 （月生育生活津贴标准）

从业妇女的月生育生活津贴标准，为本人生产或者流产当月城镇养老保险费缴费基数；从业妇女生产或者流产前 12 个月内因变动工作单位缴费基数发生变化的，月生育生活津贴按其生产或者流产前 12 个月的实际缴费基数的平均数计发。

从业妇女缴纳城镇养老保险费不满一年的，或者虽满一年但缴费基数低于市人力资源社会保障局规定的最低标准的，其月生育生活津贴，按最低标准计发。

失业妇女的月生育生活津贴，按市人力资源社会保障局规定的最低标准计发。

生产或者流产的从业妇女已经享受的生育生活津贴不足其应享受的工资性收入的，不足部分的发放，按照国家和本市有关规定执行。

第十六条 （生育医疗费补贴标准）

符合本办法第十三条规定的妇女，可以享受生育医疗费补贴。支付标准为：

（一）妊娠 7 个月（含 7 个月）以上生产或者妊娠不满 7 个月早产的，生育医疗费补贴为 3000 元；

（二）妊娠 3 个月（含 3 个月）以上、7 个月以下自然流产的，生育医疗费补贴为 500 元；

（三）妊娠 3 个月以下自然流产的，生育医疗费补贴为 300 元。

第十七条 （申领津贴、补贴的手续）

符合本办法第十三条规定的妇女生育后，可以到指定的经办机构申请领取生育生活津贴、生育医疗费补贴。申请时需提供下列材料：

（一）人口和计划生育管理部门出具的属于计划内生育的证明；

（二）本人的身份证；

（三）医疗机构出具的生育医学证明。

申领人是失业妇女的除提供前款规定的材料外，还需提供经失业保险机构审核的《劳动手册》。

受委托代为申领的被委托人，还需提供申领人出具的委托书和被委托人的身份证。

任何人不得提供虚假的材料冒领或者多领生育生活津贴、生育医疗费补贴。

第十八条 （审核与计发）

经办机构应当自受理申请之日起20日内，对生育妇女享受生育生活津贴、生育医疗费补贴的条件进行审核。对符合条件的，核定其享受期限和标准，并予以一次性计发；对不符合条件的，应当书面告知。

第十九条 （失业妇女的特别规定）

失业妇女领取生育生活津贴以后，不再享受《上海市失业保险办法》规定的生育补助金。

失业妇女生育所发生的检查费、药费、住院医疗费总额超过生育医疗费补贴标准以上的部分，仍可按《上海市失业保险办法》的规定申领医疗补助金。

第二十条 （经办机构经费）

经办机构开展城镇生育保险所需经费，由财政部门按规定核定。

第二十一条 （医疗机构的义务）

经办机构审核个人提供的材料时，需要医疗机构出具有关记录和病情证明的，医疗机构应当予以配合。

医疗机构及其工作人员不得出具虚假证明或者伪造病史。

第二十二条 （个人违法责任）

违反本办法第十七条第四款规定，提供虚假材料冒领、多领生育生活津贴、生育医疗费补贴的，由市人力资源社会保障局责令其限期退回，并处以警告、100元以上1000元以下的罚款。

第二十三条 （经办机构的法律责任）

经办机构工作人员滥用职权、徇私舞弊、玩忽职守，致使城镇生育保险基金流失的，经办机构应当追回流失的城镇生育保险基金，并给予有关责任人员行政处分；情节严重构成犯罪的，依法追究刑事责任。

第二十四条 （参照执行）

下列从业的生育妇女，参照本办法执行：

（一）具有本市户籍，参加本市农村社会保险，但按本市城镇社会保险规定的缴费比例缴纳养老保险费、医疗保险费的生育妇女；

（二）在本市城镇就业并参加本市城镇社会保险的非本市城镇户籍生育妇女。

单位有参加本市农村社会保险，但按本市城镇社会保险规定的缴费比例缴纳养老保险费、医疗保险费的职工的，参照本办法的规定缴纳城镇生育保险费。

第二十五条 （其他有关事项）

参加本市小城镇社会保险的用人单位缴纳生育保险费以及生育妇女享受生育保险待遇的有关事项，按照本办法的有关规定执行。

第二十六条 （费用结算）

按照本办法规定应由城镇职工基本医疗保险基金和失业保险基金支付的费用，由经办机构从城镇生育保险基金中按照规定支付后，再与本市城镇职工基本医疗保险经办机构和失业保险经办机构分别结算。

第二十七条 （实施日期）

本办法自 2001 年 11 月 1 日起施行。市政府以前发布的有关规定与本办法不一致的，以本办法为准。

上海市人民政府关于修改《上海市城镇生育保险办法》的决定

（2009年3月30日上海市人民政府令第11号公布）

市人民政府决定，对《上海市城镇生育保险办法》作如下修改：

一、第三条第二款修改为：

市卫生、人口和计划生育、财政等部门按照各自职责，协同做好城镇生育保险管理工作。

二、第十条修改为：

城镇生育保险待遇项目包括：

（一）生育生活津贴；

（二）生育医疗费补贴。

从业妇女的生育生活津贴由城镇生育保险基金支付，失业妇女的生育生活津贴由失业保险基金支付；生育妇女的生育医疗费补贴由城镇职工基本医疗保险基金支付。

三、第十一条第一款修改为：

城镇生育保险基金实行全市统筹。城镇生育保险基金纳入财政专户，实行收支两条线管理。城镇生育保险基金应当专款专用，任何单位和个人不得擅自动用。

四、第十五条第一款和第二款修改为三款，分别为：

从业妇女的月生育生活津贴标准，为本人生产或者流产当月城镇养老保险费缴费基数；从业妇女生产或者流产前 12 个月内因变动工作单位缴费基数发生变化的，月生育生活津贴按其生产或者流产前 12 个月的实际缴费基数的平均数计发。

从业妇女缴纳城镇养老保险费不满一年的，或者虽满一年但缴费基数低于市人力资源社会保障局规定的最低标准的，其月生育生活津贴，按最低标准计发。

失业妇女的月生育生活津贴，按市人力资源社会保障局规定的最低标准计发。

五、增加一条作为第二十六条：

按照本办法规定应由城镇职工基本医疗保险基金和失业保险基金支付的费用，由经办机构从城镇生育保险基金中按照规定支付后，再与本市城镇职工基本医疗保险经办机构和失业保险经办机构分别结算。

六、相关部门名称的调整：

本办法中的“上海市劳动和社会保障局”修改为“上海市人力资源和社会保障局”，“市劳动保障局”修改为“市人力资源社会保障局”。

本决定自公布之日起施行。《上海市城镇生育保险办法》根据本决定作相应调整和修改后，重新公布。

上海市人民政府关于修改《上海市城镇生育保险办法》的决定

（2004年8月30日上海市人民政府第33号令发布）

市人民政府决定，对《上海市城镇生育保险办法》作如下修改：

一、第六条第二款修改为：

用人单位每月按缴费基数0.5%的比例缴纳城镇生育保险费。个人不缴纳城镇生育保险费。

二、第十四条第二款第（二）项修改为：

符合计划生育晚育条件的，增加一个月的生育生活津贴；

三、第十五条第一款和第二款分别修改为：

从业妇女的月生育生活津贴标准为本人生产或者流产当月城镇养老保险费缴费基数，当月缴费基数低于上年度全市职工月平均工资的，按照上年度全市职工月平均工资计发；个人缴纳城镇养老保险费不满一年的，月生育生活津贴标准按照上年度全市职工月平均工资计发。

失业妇女的月生育生活津贴标准按照上年度全市职工月平均工资计发。

四、第十六条修改为：

符合本办法第十三条规定的妇女，可以享受生育医疗费补贴。支付标准为：

（一）妊娠7个月（含7个月）以上生产或者妊娠不满7个月早产的，生育医疗费补贴为3000元；

（二）妊娠 3 个月（含 3 个月）以上、7 个月以下自然流产的，生育医疗费补贴为 500 元；

（三）妊娠 3 个月以下自然流产的，生育医疗费补贴为 300 元。

五、增加一条作为第二十五条：

参加本市小城镇社会保险的用人单位缴纳生育保险费以及生育妇女享受生育保险待遇的有关事项，按照本办法的有关规定执行。

本决定自发布之日起施行。《上海市城镇生育保险办法》根据本决定作相应调整和修改后，重新发布。

《关于本市劳动者在履行劳动合同期间患病或者非因工负伤的医疗期标准的规定》

（沪府发［2002］16号）

各区、县人民政府，市政府各委、办、局：

现发布《关于本市劳动者在履行劳动合同期间患病或者非因工负伤的医疗期标准的规定》，请认真按照执行。

二〇〇二年四月三十日

为保证《上海市劳动合同条例》顺利实施，切实保障劳动者的合法权益，现对本市劳动者在履行劳动合同期间患病或者非因工负伤的医疗期标准作如下规定：

一、医疗期是指劳动者患病或者非因工负伤停止工作治病休息，而用人单位不得因此解除劳动合同的期限。

二、医疗期按劳动者在本用人单位的工作年限设置。劳动者在本单位工作第1年，医疗期为3个月；以后工作每满1年，医疗期增加1个月，但不超过24个月。

三、劳动者经劳动能力鉴定委员会鉴定为完全丧失劳动能力但不符合退休、退职条件的，应当延长医疗期。延长的医疗期由用人单位与劳动者具体约定，但约定延长的医疗期与前条规定的医疗期合计不得低于24个月。

四、下列情形中关于医疗期的约定长于上述规定的，从其约定：

（一）集体合同对医疗期有特别约定的；

（二）劳动合同对医疗期有特别约定的；

（三）用人单位内部规章制度对医疗期有特别规定的。

五、本规定施行前已经履行的劳动合同，其医疗期按照当时的法规、规章规定执行。

六、本规定自 2002 年 5 月 1 日起施行。

上海市高级人民法院关于审理劳动争议案件若干问题的解答

（沪高法民一〔2006〕17号）

一、企业高级管理人员要求企业支付薪酬

（一）对于企业的现任法定代表人或负责人要求企业支付薪酬的纠纷，劳动争议处理机构不予受理。

企业的法定代表人或负责人要求企业支付薪酬的纠纷，符合以下情形的，劳动争议处理机构可以受理，但应慎重审查其诉讼请求：

1. 法定代表人或负责人已经工商登记变更；

2. 法定代表人或负责人虽未经工商变更登记，但股东大会或董事会已通过变更决议；

3. 法定代表人或负责人已不能行使法定职权。

（二）审理中，企业高级管理人员仅凭单位盖章确认的欠薪证明，要求企业支付高额薪酬的，或者企业对其高级管理人员主张的诉讼请求和事实予以确认；劳动争议处理机构应向当事人释明，要求当事人进一步提供其他证据加以证明，防止损害国家、社会、集体及他人的合法利益。

（三）对于欠薪事实明确但具体欠薪金额不明确，当事人经释明后未能提供其他证据证明高额欠薪事实，且企业已处于经营困难、濒临破产并存在大量对外债务的情况下，劳动争议处理机构可参照本市相同或相近行业职工平均工资标准予以确认，本市相同或相近行业没有职工平均工资标准的，可参照本市职工平均工资标准予以确定。

二、在国内就业的外国人适用中国劳动标准的问题

(一）原劳动部、公安部、外交部、原对外贸易经济合作部等四部门颁布的外国人在中国就业管理规定（劳部发（1996）29号）第二十二条、第二十三条规定的最低工资、工作时间、休息休假、劳动安全卫生、社会保险等方面的劳动标准，当事人要求适用的，劳动争议处理机构可予支持。

(二）当事人之间在上述规定之外约定或履行的其他劳动权利义务，劳动争议处理机构可按当事人的书面劳动合同、单项协议、其他协议形式以及实际履行的内容予以确定。

(三）当事人在上述（一)、(二）所列的依据之外，提出适用有关劳动标准和劳动待遇要求的，劳动争议处理机构不予支持。

三、关于单位值班的若干问题

(一）以下情形中，劳动者要求单位支付加班待遇的，劳动争议处理机构不予支持：

1. 因单位安全、消防、假日等需要担任单位临时安排或制度安排的与劳动者本职工作无关的值班；

2. 单位安排劳动者从事与其本职工作有关的值班任务，但值班期间可以休息的。

(二）上述情形中，劳动者可以要求单位按照规章制度、集体合同、单项集体协议、劳动合同或惯例等支付相应待遇。

四、从事自由职业人员到单位工作后的劳动关系处理问题

(一）从事自由职业人员在为单位提供属于民事劳务过程中发生的纠纷，不属于劳动争议，劳动争议处理机构不予受理。

(二）登记为自由职业的人员被单位录用，并符合标准劳动关系的条件的，劳动争议处理机构可以确认其与该单位存在劳动关系。

劳动关系存续期间的社会保险转为应参保险种缴纳，相应的差额由当事人按规定的比例各自承担。

因单位未为该类人员缴纳社会保险费期间而给劳动者造成的有关损失，劳动者可以要求用人单位缴纳。

五、关于不具备劳务派遣资格的单位从事劳务派遣的问题

在劳动争议案件审理中，发现劳务派遣单位虽不具备劳务派遣资格，但已与其派出的劳动者签有劳动合同、与实际使用单位签有派遣协议等情形的，劳动争议处理机构按以下方式处理：

（一）实际使用单位需要继续使用劳动者，劳动者同意在实际使用单位工作的，双方劳动关系于明确达成合意之时成立。

（二）实际使用单位与劳动者就劳动关系的成立未能达成合意的，对争议发生前的权利、义务，劳动争议处理机构可按原协议处理。被派人员与派遣单位按照现有劳动合同履行。

（三）用人单位将其职工的劳动关系转入不具劳务派遣资格的单位，作为劳务派遣人员继续使用的，该派遣关系不成立。若用人单位与职工原签有书面劳动合同的，双方劳动权利、义务内容可参照原劳动合同确定；若双方原未签有书面劳动合同的，应按事实劳动关系处理。

六、关于用人单位调整劳动者工作内容和工资报酬的问题

（一）用人单位与劳动者对调整工作内容和工资报酬有明确的书面约定，或者虽无明确书面约定但已通过实际履行等方式默示调整了原合同约定的，视为双方对变更达成一致。

（二）用人单位在劳动者不胜任工作、劳动者医疗期满后不能从事原工作、对负有保守用人单位商业秘密的劳动者采取保密措施等情形下依法调整劳动者工作内容和工资报酬，用人单位应对调整劳动者工作内容的合理依据承担举证责任。

（三）劳动合同中明确约定调整工作内容与工资报酬的有关调解，当事人可按约定履行。劳动合同中虽有工作内容和工资报酬调整的约定，但调整的调解和指向不明确的，用人单位应当提供充分证据证明调整的合理性，用人单位不能证明调整合理性的，劳动者可以要求撤销用人单位的调整决定。

七、用人单位为其引进的部分非本市户籍人员办理本市户籍，可约定其为特殊待遇

当事人通过书面合同约定，明确将用人单位为引进人员办理本市户口作为特殊待遇，并据此设定服务期和违约责任的，劳动争议处理机构可予确认。

服务期期限和违约金数额应当合理确定，审理中发现所设定的服务期期限和违约金数额不合理的，可以根据当事人的具体违约原因、违约程度酌情调整。

八、用人单位解除特殊劳动关系应否支持经济补偿金的问题

用人单位应参照国家有关标准为特殊劳动关系人员提供与劳动过程直接相关的劳动待遇及保障（如最低工资、工作时间及劳动保护），但用人单位解除特殊劳动关系时可以不支付经济补偿金。

用人单位克扣或者无故拖欠特殊劳动关系人员工资报酬的，以及拒不支付上述人员延长工作时间工资报酬的，除应全额支付工资报酬外，还应加付相当于工资报酬 25%的经济补偿金。

九、外地劳动力在本市就业引发纠纷的是否应受仲裁前置约束

外地劳动者在本市就业产生的争议，经调解不成的，可以向劳动争议仲裁委员会申请仲裁，对仲裁裁决不服的，可以向人民法院起诉。

上海市高院关于适用《劳动合同法》若干问题的意见

（沪高法［2009］73号）

上海市高级人民法院　上海市人保局

一、律师事务所等组织与其工作人员之间纠纷的处理

律师事务所中专职从事行政事务或勤杂工作的劳动者、在律师事务所从事法律事务并领取固定工资或底薪的劳动者，与律师事务所之间就劳动报酬等事项产生的纠纷，属于劳动争议，按照劳动争议的有关规定处理。其他涉及律师事务所与律师之间因合伙利益的分配方式及具体利益分配等问题产生的纠纷，属于民事纠纷，适用相关民事法律处理。

会计事务所、基金会等组织与职工之间产生的纠纷，与前款情况相似的，参照前款规定处理。

二、劳动关系双方当事人未订立书面合同的处理

劳动合同的订立和履行，应当遵循诚实信用原则。劳动者已经实际为用人单位工作，用人单位超过一个月未与劳动者订立书面合同的，是否需要双倍支付劳动者的工资，应当考虑用人单位是否履行诚实磋商的义务以及是否存在劳动者拒绝签订等情况。如用人单位已尽到诚信义务，因不可抗力、意外情况或者劳动者拒绝签订等用人单位以外的原因，造成劳动合同未签订的，不属于《中华人民共和国劳动合同法实施条例》（以下简称"《实施条例》"）第六条所称的用人单位"未与劳动者订立书面劳动合同"的情况；因用人单位原因造成未订立书面劳动合同的，用人单位应当依法向劳动者支付双倍工资；但因劳动者拒绝订立书面劳动合同并拒绝继续履行的，视为劳动者单方终止劳动合同。

劳动合同期满后，劳动者继续为用人单位提供劳动，用人单位未表示异议，但当事人未续订书面劳动合同的，当事人应及时补订书面劳动合同。如果用人单位已尽到诚实信用义务，而劳动者不与用人单位订立书面劳动合同的，用人单位可以书面通知劳动者终止劳动关系，并依照《劳动合同法》第四十七条规定支付经济补偿；如劳动者拒绝订立书面劳动合同并拒绝继续履行的，视为劳动者单方终止劳动合同，用人单位应当支付劳动者已实际工作期间的相应报酬，但无须支付经济补偿金。

三、劳动合同变更的形式要求

《劳动合同法》第三十五条规定，劳动合同变更的应当采取书面形式。这里的书面形式要求，包括发给劳动者的工资单、岗位变化通知等等。因为随着劳动合同的持续履行，劳动合同双方的权利义务本身就必然会不断变化。如随着劳动者工作时间的增加，其休假、奖金标准发生的自然变化等等，都属于劳动合同的变更。因此，对于依法变更劳动合同的，只要能够通过文字记载或者其他形式证明的，可以视为“书面变更”。

四、涉及无固定期限劳动合同的几个问题

（一）应订未订无固定期限劳动合同的处理

劳动者提出订立无固定期限劳动合同的请求符合法律规定，用人单位未依法与其订立的，根据《最高人民法院关于审理劳动争议案件适用法律若干问题的解释》（法释［2001］14号）第十六条第二款的规定，可以“视为双方之间存在无固定期限劳动合同关系，并以原劳动合同确定双方的权利义务关系”。其中，“原劳动合同确定的双方权利义务关系”，包括书面合同方式确定的权利义务关系和以事实劳动关系方式确定的权利义务关系。

（二）符合订立无固定期限劳动合同的条件，但当事人订立了固定期限合同的效力

劳动者符合签订无固定期限劳动合同的条件，但与用人单位签订固定期限劳动合同的，根据《劳动合同法》第十四条及《实施条例》第十一条的规定，该固定期限劳动合同对双方当事人具有约束力。合同期满时，该合同自然终止。

（三）因法定顺延事由，使得劳动者在同一单位工作时间超过十年的，是否作为签订无固定期限劳动合同的理由

劳动合同期满，合同自然终止。合同期限的续延只是为了照顾劳动者的特殊情况，对合同终止时间进行了相应的延长，而非不得终止。《劳动合同法》第四十五条也明确规定："劳动合同期满，有本法第四十二条规定情形之一的，劳动合同应当延续至相应的情形消失时终止。"在法律没有对终止的情况做出特别规定的情况下，不能违反法律关于合同终止的有关规定随意扩大解释，将订立无固定期限合同的后果纳入其中。因此，法定的续延事由消失时，合同自然终止。

（四）用人单位与劳动者连续订立几次固定期限劳动合同以后，续订合同应当订立无固定期限合同

《劳动合同法》第十四条第二款第（三）项的规定，应当是指劳动者已经与用人单位连续订立二次固定期限劳动合同后，与劳动者第三次续订合同时，劳动者提出签订无固定期限劳动合同的情形。

五、用人单位解除劳动合同时如需要向劳动者支付一个月的替代通知期工资（简称"代通金"），其支付标准如何确定

用人单位是否需要支付"代通金"，应当根据法律的规定来判断，法律没有规定的，不能要求用人单位支付。

《实施条例》规定"代通金"的支付标准，应当以上个月的工资标准确定，但只以单月的工资为准，可能过高或过低，既有可能对用人单位不利，也有可能对劳动者不利，从整体上看不利于促进和形成和谐稳定的劳动关系。所以，结合劳动法和劳动合同法的立法精神，上个月的"工资标准"，应当是指劳动者的正常工资标准。如其上月工资不能反映正常工资水平的，可按解除劳动合同之前劳动者十二个月的平均工资确认。

六、劳动合同期满而约定的服务期未到期的处理

服务期是用人单位以给付一定培训费用为代价，要求接受对价的劳动者为用人单位相应提供服务的约定。用人单位依约支付相应对价后，即已完全履行自己的合同义务，是否要求劳动者履行提供服务则成为用人单位的权利。基于民事权利都可以放弃的原则，在劳动合同期满后，用人单位放弃对剩余服务期要求的，应当准许。此时，劳动合同可以终止，但用人单位不得向劳动者追索服务期的赔

偿责任；用人单位继续提供工作岗位并要求劳动者履行服务期约定的，双方当事人应当继续履行。继续履行合同期间，用人单位不提供工作岗位的，视为其放弃对剩余服务期的要求，劳动合同终止。

七、劳动者违反合同约定的期限解除合同，用人单位要求劳动者返还特殊待遇的处理

用人单位向劳动者支付报酬，劳动者付出相应的劳动，是劳动合同双方当事人的基本合同义务。用人单位给予劳动者价值较高的财务，如汽车、房屋或住房补贴等特殊待遇的，属于预付性质。劳动者未按照约定期限付出劳动的，属于不完全履行合同。根据合同履行的对等原则，对劳动者未履行的部分，用人单位可以拒绝给付；已经给付的，也可以要求相应返还。因此，用人单位以劳动者未完全履行劳动合同为由，要求劳动者按照相应比例返还的，可以支持。

八、用人单位因“违法解除或终止合同”需向劳动者支付赔偿金的适用范围

根据《劳动合同法》第四十八条的适用前提，是劳动合同应当履行而实际上已经不再继续履行，不包括劳动合同本来就符合解除和终止条件的情况，即用人单位在不具备合法解除或终止条件的情况下解除合同。因此，如果依法已经具备解除或终止的条件，只是用人单位在办理解除或终止的程序上存在瑕疵的，不属于本条规定的范围。如用人单位在已经具备解除条件的情况下，只是存在未提前30天通知劳动者等程序瑕疵的，则用人单位应当通过支付相应的“代通金”等方式加以补正，但无需支付赔偿金。

九、劳动者以用人单位未“及时、足额”支付劳动报酬及“未缴纳”社保金为由解除合同的，“及时、足额”支付及“未缴纳”情形的把握

用人单位依法向劳动者支付劳动报酬和缴纳社保金，是用人单位的基本义务。但是，劳动报酬和社保金的计算标准，在实际操作中往往比较复杂。而法律规定的目的就是要促使劳动合同当事人双方都诚信履行，无论用人单位还是劳动者，其行使权利、履行义务都不能违背诚实信用的原则。如果用人单位存在有悖诚信的情况，从而拖延支付或拒绝支付的，才属于立法所要规制的对象。因此，用人单位因主观恶意而未“及时、足额”支付劳动报酬或“未缴纳”社保金的，可以作为劳动者解除合同的理由。但对确因客观原因导致计算标准不清楚、有争议，导致用人单位未能“及时、足额”支付劳动报酬或未缴纳社保金的，不能作为劳动者解除合同的依据。

劳动者以存在《劳动合同法》第三十八条规定的其他情形为由主张解除劳动合同的，应当遵循合法、合理、公平的原则，参照前款精神处理。

十、《劳动合同法》第九十七条第一款“继续履行”的理解

根据《劳动合同法》第九十七条第一款的规定，“本法实施前已依法订立且在本法施行之日存续的劳动合同继续履行”。因此，在《劳动合同法》施行之前签订劳动合同，《劳动合同法》施行之后发生原合同约定的终止事由，但劳动者在用人单位连续工作已满十年，按照《劳动合同法》的规定应当订立无固定期限合同，劳动者也提出要求订立无固定期限劳动合同的，应当订立无固定期限劳动合同。

十一、用人单位要求劳动者承担合同责任的处理

劳动合同的履行应当遵循依法、诚实信用的原则。劳动合同的当事人之间除了规章制度的约束之外，实际上也存在很多约定的义务和依据诚实信用原则而应承担的合同义务。如《劳动法》第三条第二款关于“劳动者应当遵守劳动纪律和职业道德”等规定，就是类似义务的法律基础。因此，在规章制度无效的情况下，劳动者违反必须遵守的合同义务，用人单位可以要求其承担责任。劳动者以用人单位规章制度没有规定为由提出抗辩的，不予支持。但在规范此类行为时，应当仅对影响劳动关系的重大情况进行审核，以免过多干涉用人单位的自主管理权。

十二、劳动者占有用人单位价值较高的财产时，用人单位与劳动者约定设置担保的效力

根据《劳动合同法》第九条的规定，用人单位不得在招工时扣押劳动者身份证件、要求劳动者提供担保或收取劳动者财务。在劳动合同履行过程中，对于劳动者占有单位价值较高的财物，单位为防止财物灭失或被轻易毁坏，与劳动者约定设置了相应的合理担保的，法律没有禁止，可以认定有效。但该约定为流押、流质担保，或者名义上为财务“担保”实际上却是要求劳动者购买该财务的，该约定无效。

十三、当事人对竞业限制条款约定不清的处理

劳动合同当事人仅约定劳动者应当履行竞业限制义务，但未约定是否向劳动者支付补偿金，或者虽约定向劳动者支付补偿金但未明确约定具体支付标准的，基于当事人就竞业限制有一致的意思表示，可以认为竞业限制条款对双方仍有约束力。补偿金数额不明的，双方可以继续就补偿金的标准进行协商；协商不能达成一致的，用人单位应当按照劳动者此前正常工资的 20%~50%支付。协商不能达成一致的，限制期最长不得超过两年。

十四、如何把握同工同酬的标准

同工同酬是劳动法确立的一项基本规则，用人单位必须严格遵守。但由于劳动者存在个体差异，因此，不能简单以不同劳动者是否在相同岗位工作作为“同工”的标准，而应综合考虑劳动者的个人工作经验、工作技能、工作积极性等特殊因素，允许用人单位依此对相对工作岗位的劳动者在劳动报酬方面有所差别。

十五、用人单位依法终止工伤职工的劳动关系后相关待遇的支付

用人单位依法终止工伤职工的劳动合同，除依法支付经济补偿外，还应当按工伤保险的规定支付一次性工伤医疗补助金和伤残就业补助金的，主要是指以下情形：

（一）劳动合同期满的；

（二）用人单位被依法宣告破产的；

（三）用人单位被吊销营业执照、责令关闭、撤销或者用人单位决定提前解散的；

（四）自用工之日起一年内，劳动者不愿意订立书面劳动合同的。

十六、如何看待“退休年龄”和“依法享受基本养老保险待遇”作为终止劳动合同的依据的关系

《劳动合同法》第四十四条规定，劳动者开始依法享受基本养老保险待遇的劳动合同终止，而《实施条例》第二十一条规定，劳动者达到退休年龄的劳动合同终止。用人单位依据前述规定，均可以终止劳动合同。

十七、当事人因《劳动合同法》第八十五条规定引起争议的处理

本条规定的权利行使主体均为“劳动行政部门”，相对应的执法措施也是“责令”，包括加罚 50%~100%赔偿金的规定，也是劳动行政部门对用人单位进行行政处罚的依据。因此，本条规定涉及的内容，不是劳动争议处理的范围，本条规定也不能作为劳动争议纠纷裁决的依据。

十八、如何把握《实施条例》第十条规定的劳动者非因本人原因，由原用人单位被安排到新用人单位工作，其连续工作年限的计算问题

2008年9月18日之后，不是由劳动者本人提出，而是由用人单位以组织调动、委派等方式安排到另外一个用人单位工作，且用人单位未向劳动者支付解除或终止合同的经济补偿金的，属于非因劳动者本人原因而由单位安排到新用人单位的情况。如，用人单位根据工作需要，在关联企业之间、集团企业内部调整劳动者具体工作单位等等。2008年9月18日之前产生的类似问题，按当时的规定处理。

十九、企业改制、转制劳动者工作年限的计算

用人单位已按国家和地方有关转制、主辅分离、辅业改制、劣势企业关闭退出和富余人员安置等规定，办理了解除劳动合同手续并依法支付经济补偿金的，工作年限不连续计算。

二十、用人单位未经法定程序即实行经济性裁员的处理

根据《劳动合同法》第四十一条的规定，企业进行经济性裁员必须满足一定的前提条件，用人单位在未满足该条件的情况下进行裁员，被裁的劳动者要求恢复劳动关系的，可以支持。

二十一、关于经济补偿金“分段计算”的问题

根据《劳动合同法》第九十七条的规定，《劳动合同法》施行之日存续的劳动合同，在《劳动合同法》施行后解除或终止的，其经济补偿金的具体计算方法如下：

（一）《劳动合同法》与2008年1月1日之前施行的相关法律法规的规定（以下简称“以前规定”）均规定应当支付经济补偿金的情况，且劳动者的月平均工资不高于上年度本市职工月平均工资三倍的，经济补偿金的计算基数按劳动者在劳动合同解除或终止前十二个月的月平均工资确定。

（二）《劳动合同法》规定应当支付经济补偿金的情形，且不属于以前规定中“经济补偿金总额不超过劳动者十二个月的工资收入”情形的，经济补偿年限自用工之日起计算。《劳动合同法》规定应当支付经济补偿金的情形，但属于以前规定中“经济补偿金总额不超过劳动者十二个月的工资收入”情形的，劳动者在《劳动合同法》施行前的经济补偿年限按照以前规定计算；劳动者在《劳动合同法》施行后的工作年限在计算经济补偿年限时并入计算。

（三）符合《劳动合同法》规定三倍封顶的情形，实施封顶计算经济补偿年限自《劳动合同法》施行之日起计算，《劳动合同法》施行之前的工作年限仍按以前规定的标准计算经济补偿金。

（四）根据《劳动合同法实施条例》第二十五条的规定，用人单位违反《劳动合同法》的规定解除或终止劳动合同，依法支付劳动者赔偿金，赔偿金的计算年限自用工之日起计算。如劳动者在劳动合同被违法解除或终止前十二个月的月平均工资高于上年度本市职工月平均工资三倍的，根据《劳动合同法》第八十七条规定，应当按照第四十七条第二款规定的经济补偿标准计算。

二十二、境外单位在沪设立的办事机构的诉讼主体地位

境外公司在沪设立办事机构的，该机构已经合法办理了登记手续，并按照相关法律规定通过对外服务机构招用劳动者，劳动者就相关劳动权利义务与该办事处产生纠纷的，可以该办事机构作为劳动争议的当事人；该办事机构未按照相关法律规定通过对外服务机构招用劳动者，劳动者就报酬支付等问题与该办事处产生纠纷的，作为民事纠纷处理，该办事机构可以作为民事诉讼的当事人。

上海市劳动和社会保障局关于本市企业职工疾病休假工资或疾病救济费最低标准的通知

（沪劳保发［2000］14号）

各有关委办、各主管局、控股（集团）公司，各　区、县劳动局：

为了保障本市企业职工疾病休假期间的基本生活，根据国家有关规定，经研究决定自2000年4月1日起：

一、企业支付职工疾病休假期间的病假工资或疾病救济费不得低于当年本市企业职工最低工资标准的80%。

二、企业职工疾病休假工资或疾病救济费最低标准不包括应由职工个人缴交的养老、医疗、失业保险费和住房公积金。

特此通知。

二〇〇〇年三月十四日

上海市劳动局关于本市企业女职工生育期间工资支付的解释口径

（沪劳保发（96）57号）

各主管局、控股集团公司，各区、县劳动局：

为进一步实施《上海市实施〈中华人民共和国妇女权益保障法〉办法》和《上海市女职工劳动保护办法》，保障女职工在生育期间的待遇，现对女职工生育期间的工资支付规定解释如下：

一、女职工按《上海市女职工劳动保护办法》享受产假，产假期间工资不得低于其原工资性收入。

二、女职工按《上海市女职工劳动保护办法》享受两个半月产前假和六个半月哺乳假的，期间的工资不得低于其原工资性收入的80%。

三、本文所称原工资性收入指女职工请产前假或请产假前正常出勤月的，企业根据国家和本市的规定以及劳动合同的约定，以各种形式支付给劳动者的报酬，即列入工资总额统计的全部工资收入。

四、本文自发文之日起执行。

一九九六年七月一日

上海市人力资源和社会保障局关于调整本市企业高温季节津贴标准的通知

（沪人社综发［2011］43号）

各有关委、办、局，各控股（集团）公司、企业（集团）公司，各区县人力资源和社会保障局，各有关用人单位：

根据卫生部、劳动和社会保障部、国家安全监管总局、全国总工会《关于进一步加强工作场所夏季防暑降温工作的通知》（卫监督发［2007］186号）要求，现就调整本市企业高温季节津贴标准有关事宜通知如下：

一、企业每年6月至9月安排劳动者在高温天气下露天工作以及不能采取有效措施将工作场所温度降低到33℃以下的（不含33℃），应当向劳动者支付高温季节津贴，标准为每月200元。

二、企业在发放劳动保护性质的高温季节津贴的同时，应继续做好夏季工作现场清凉饮料的供应。

三、有雇工的个体经济组织、民办非企业单位参照执行。

四、本通知自2011年6月1日起施行，《关于本市企业高温季节津贴标准的通知》（沪劳保综发［2007］30号）同时废止。

上海市人力资源和社会保障局

二○一一年七月一日

上海市劳动局关于《上海市城镇生育保险办法》实施中若干问题处理意见的通知

（沪劳保福发［2002］18号）

各委、办、局，控股（集团）公司，市社会保险事业基金结算管理中心，各区、县劳动和社会保障局、人事局、社会保险事业管理中心：

为了更好地贯彻实施《上海市城镇生育保险办法》（以下简称《办法》），现对实施中若干问题的处理意见通知如下：

一、符合《办法》规定条件的从业的生育妇女在领取生育生活津贴期限内，其所在单位不再支付产假工资，但对因本人上一年度月平均工资收入高于全市职工月平均工资300%、超过部分不计入缴费基数而不足其缴费年度工资性收入的，不足部分应由所在单位以生育生活津贴的形式支付。

二、符合《办法》规定条件、因特殊情况在外省市医疗机构生产的生育妇女，申请享受生育保险待遇时须提供当地县级以上医疗机构出具的生产情况证明和婴儿出生证明。

三、符合《办法》规定条件的非本市城镇户籍的生育妇女，申请享受生育保险待遇时须提供户籍所在地的计划生育行政部门出具的计划生育证明和现居住地街道（镇）计划生育行政部门出具的《申请享受生育保险待遇计划生育审核表》。

四、符合《办法》规定条件的生育妇女生产或者流产时不幸死亡的（以《生育医学证明》为准），仍可按规定享受生育医疗费补贴和生育生活津贴，生育生活津贴的享受期限应计算至死亡当月。

五、按本市企业职工最低月工资标准享受生育生活津贴的，在规定的享受期限内适逢本市企业职工最低月工资标准调整的，享受期限内的月生育生活津贴全部按就高的原则执行。

六、从业的生育妇女在领取生育生活津贴期间，所在单位和个人仍应按规定缴纳社会保险费。单位在确定个人下一年度月缴费基数时，应将生育妇女按规定享受的生育生活津贴和享受生育生活津贴的期限剔除计算。

本通知自 2001 年 11 月 1 日起实施。

二〇〇二年四月二十七日

上海市劳动和社会保障局、上海市人口和计划生育委员会关于简化申请享受生育保险待遇程序的通知

（沪劳保福发［2003］22号）

各委、办、局、控股（集团）公司，市社会保险事业基金结算管理中心，各区（县）劳动和社会保障局、社会保险事业管理中心，各区（县）人口计生委：

为进一步方便生育妇女领取生育生活津贴或生育医疗费补贴，简化申领程序，现就办理申请享受生育保险待遇的程序通知如下：

一、符合享受生育保险待遇条件的生育妇女生产或流产后可直接到就近的各区、县社会保险经办机构办理享受生育保险待遇的申领手续。

二、符合享受生育保险待遇条件的生育妇女办理申领手续时需填写《办理生育保险待遇申请表》并提供下列材料：

1. 生育妇女本人身份证及本人实名制的银行存折（原件及复印件）；

2. 医疗机构出具的《生育医学证明》；

3. 生育妇女夫妻双方的户口簿、结婚证或《独生子女证》。

经批准再生育的，另需提供市或者区、县人口和计划生育行政部门出具的生育批准书。

失业的生育妇女另需提供经失业保险机构审核的《劳动手册》。

参加本市农村社会保险的生育妇女，另需提供本人农保账户所在地的区、县农村社会养老保险事业管理中心出具的《生育保险待遇申领表（农保）》。

非本市户籍的生育妇女，另需提供户籍所在地的县级人民政府计划生育行政部门或者乡（镇）人民政府、街道办事处出具的允许生育的证明。

三、符合享受生育保险待遇条件的生育妇女生产或流产后可以委托他人办理申领手续，被委托人另需提供本人的身份证（原件和复印件）和委托人的委托书。

四、各区、县社会保险经办机构应当加强生育保险待遇申领工作的审核，及时将生育妇女的《生育医学证明》复印件及其户籍地址通报给所在地的区（县）人口计生委。各区（县）人口计生委应当加强生育保险待遇申领工作的事后监督，如发现计划外生育的妇女冒领或骗领生育保险待遇的，应积极配合劳动保障部门查处。

五、本通知自 2003 年 5 月 1 日起施行。《关于申请享受生育保险待遇办理计划生育审核手续的规定》（沪人计生委［2002］33 号）同时废止。

二〇〇三年四月二十二日

上海市企业工资支付办法

（沪劳保综发［2003］3号）

为维护劳动者通过劳动获得劳动报酬的权利，规范企业的工资支付行为，根据《中华人民共和国劳动法》和有关法律、法规的规定，结合本市实际情况，制定本办法。

一、本办法适用于本市行政区域内的各类企业、个体经济组织（以下统称用人单位）和与之形成劳动关系的劳动者。

二、本办法所称工资是指用人单位根据国家和本市的规定，以货币形式支付给劳动者的报酬。即列入工资总额统计的货币收入。

三、工资应当以法定货币形式支付。

四、用人单位通过银行发放工资的，应当按时将工资划入劳动者本人账户。

用人单位直接发放工资的，应当将工资支付给劳动者本人，并办理签收手续。劳动者本人因故不能领取工资时，可由其委托亲属或他人代领。

五、用人单位应当书面记载支付劳动者工资的数额、项目、时间、本人姓名等，并按有关规定保存备查。单位不管以何种形式发放工资，都应当向劳动者提供一份本人的工资清单。

六、用人单位应当每月至少支付一次工资。支付工资的具体日期，由用人单位与劳动者约定。如遇法定休假节日或休息日，通过银行发放工资的，不得推迟支付工资；直接发放工资的，应提前支付工资。

对实行年薪制或按考核周期兑现工资的劳动者，用人单位应当每月按不低于最低工资的标准预付工资，年终或考核周期期满时结算。

七、用人单位与劳动者终止或依法解除劳动合同的，用人单位应当在与劳动者办妥手续时，一次性付清劳动者的工资。

八、劳动者在法定工作时间内依法参加社会活动的，用人单位应视同其提供了正常劳动而支付工资。

九、劳动者在依法享受婚假、丧假、探亲假等假期期间，用人单位应当按国家规定支付假期工资。假期工资的计算基数按以下原则确定：

（一）劳动合同有约定的，按不低于劳动合同约定的劳动者本人所在岗位（职位）相对应的工资标准确定。集体合同（工资集体协议）确定的标准高于劳动合同约定标准的，按集体合同（工资集体协议）标准确定。

（二）劳动合同、集体合同均未约定的，可由用人单位与职工代表通过工资集体协商确定，协商结果应签订工资集体协议。

（三）用人单位与劳动者无任何约定的，假期工资的计算基数统一按劳动者本人所在岗位（职位）正常出勤的月工资的70%确定。

按以上原则计算的假期工资基数均不得低于本市规定的最低工资标准。法律、法规另有规定的，从其规定。

十、用人单位确因生产经营困难，资金周转受到影响，暂时无法按时支付工资的，经与本单位工会协商一致，可以延期在一个月内支付劳动者工资。延期支付工资的时间应告知全体劳动者，并报主管部门备案，无主管部门的报市或区、县劳动保障行政部门备案。

十一、劳动者与用人单位形成劳动关系后，在试用、实习期期间提供了正常劳动，用人单位支付的工资不得低于本市规定的最低工资标准。

十二、用人单位停工、停产在一个工资支付周期内的，应当按约定的标准支付劳动者工资。超过一个工资支付周期的，用人单位可根据劳动者提供的劳动，按双方新约定的标准支付工资，但不得低于本市规定的最低工资标准。

十三、用人单位根据实际需要安排劳动者在法定标准工作时间以外工作的，应按以下标准支付工资：

（一）安排劳动者在日法定标准工作时间以外延长工作时间的，按照不低于劳动者本人小时工资标准的150%支付工资；

（二）安排劳动者在休息日工作，而又不能安排补休的，按照不低于劳动者本人日或小时工资标准的200%支付工资；

（三）安排劳动者在法定休假节日工作的，按照不低于劳动者本人日或小时工资标准的300%支付工资。

用人单位依法安排实行计件工资制的劳动者在法定标准工作时间以外工作的，应当根据以上原则相应调整计件单价。

经劳动保障行政部门批准实行综合计算工时工作制的用人单位，劳动者综合计算工作时间超过法定标准工作时间的，应当视为延长工作时间，并按本条第（一）项的规定支付劳动者延长工作时间的工资；用人单位在法定休假节日安排劳动者工作的，按本条第（三）项的规定支付工资。（劳动法意见第62条）

经劳动保障行政部门批准实行不定时工时制的用人单位，在法定休假节日安排劳动者工作的，按本条第（三）项的规定支付工资。

十四、加班加点的日工资计算：按本办法第九条原则确定的计算基数，除以每月平均制度工作天数20.92天；小时工资的计算：日工资除以8小时。

在制度工作日内请病、事假等的日工资计算：按本办法第九条原则确定的计算基数，除以发生当月的计薪日。计薪日是指国家规定的制度工作日加法定休假日。

十五、被人民法院判处管制、缓刑的劳动者，继续在原单位工作的，用人单位按劳动合同的约定或本单位规章制度的规定支付劳动者工资。

十六、劳动者违反劳动纪律或规章制度被用人单位处分并降低其工资待遇的，降低后的工资不得低于本市规定的最低工资标准。

十七、劳动者因涉嫌违法犯罪被拘押或者其他客观原因，使劳动合同中止履行的，用人单位不再支付劳动者工资，但法律、法规规定的或者劳动合同另有约定的除外。

十八、用人单位破产，其欠付劳动者工资的，应当按照《中华人民共和国企业破产法》、《中华人民共和国公司法》规定的清偿顺序予以清偿。

十九、用人单位不得克扣劳动者工资。有下列情况之一的，用人单位可以代扣工资：

（一）代缴应由劳动者个人缴纳的个人所得税；

（二）代缴应由劳动者个人承担的各项社会保险费用；

（三）法院判决、裁定中要求代扣的抚养费、赡养费；

（四）法律、法规规定可以从劳动者工资中扣除的其他费用。

二十、用人单位克扣或者无故拖欠劳动者工资的，以及拒不支付劳动者延长工作时间工资的，除在规定的时间内全额支付劳动者工资外，还应支付克扣或拖欠工资额的25%的补偿金。

二十一、用人单位支付劳动者的工资低于本市最低工资标准的，要在补足低于标准部分的同时，另外支付相当于低于部分25%的补偿金。

二十二、劳动者因本人原因给单位造成经济损失，用人单位依法要其赔偿，并需从工资中扣除赔偿费的，扣除的部分不得超过劳动者当月工资收入的20%，且扣除后的剩余工资不得低于本市规定的最低工资标准。

二十三、用人单位单方解除劳动者的劳动关系，引起劳动争议，经劳动争议仲裁部门或人民法院裁决撤销单位原决定的，用人单位应当支付劳动者在仲裁、诉讼期间的工资。其标准为：用人单位作出决定之月时该劳动者所在岗位前12个月的月平均工资乘以停发月份。双方都有责任的，根据责任大小各自承担相应的责任。

二十四、实行非全日制劳动合同的劳动者，小时工资按用人单位与劳动者约定确定，但不得低于本市规定的小时最低工资标准。

二十五、用人单位与职工代表可以根据本办法确定的原则，经过集体协商，制定本单位的工资支付办法，并告知本单位的全体劳动者。

二十六、劳动者与用人单位因工资支付发生劳动争议的，当事人可依法向劳动争议仲裁机关申请仲裁。对仲裁裁决不服的，可以向人民法院提起诉讼。

二十七、本办法自2003年4月1日起执行。原《上海市企业工资支付暂行办法》废止。原有关规定与本办法不一致的，以本办法规定为准。